아고라 볼셰비키총서 2

# 제국주의와
# 전쟁

아고라 볼셰비키 총서 2

1판 1쇄 발행  2016년 10월 20일

지은이  레온 트로츠키 외
옮긴이  볼셰비키그룹
펴낸이  김찬

펴낸곳  도서출판 아고라
출판등록  제2005-8호(2005년 2월 22일)
주소  경기도 파주시 가온로 256 1101동 302호
전화  031-948-0510
팩스  031-948-4018

ⓒ 볼셰비키그룹, 2016
ISBN  978-89-92055-56-7  04300
      978-89-92055-52-9  04300(세트)

\* 책값은 뒤표지에 있습니다.

아고라 볼셰비키총서 2

# 제국주의와 전쟁

레온 **트로츠키** 외 지음
**볼셰비키그룹** 옮김

AGORA

| 차 례 |

제국주의와 사회주의자

　20세기 초 자본주의가 제국주의 체제로 발전한 이후, 제국주의는 현대를 일관되게 지배한 현상이었다. 노동계급과 세계 모든 인민이 이 썩어문드러진 자본주의 체제로부터 해방되어 인류 문명을 보존하고 재건하는 길에서 제국주의에 대한 이해는 가장 중요한 문제다.

　'독점과 국가독점 단계에 도달한 금융자본이 초과이윤을 수취하고 그것을 최대화하기 위해 경제적 후진 지역을 착취하고 그것을 안정적으로 유지하고 최대화하기 위한 정치적·군사적 침략과 억압'이 제국주의의 본질이다. 기성 체제에 대한 도전과 저항을 가혹하고 잔인하게 억눌러 자본주의 세계체제를 지탱한 주역이 또한 제국주의다. 지금 세계에서 일어나는 굵직한 사안들 대부분은 거의 모두 제국주의적 현상이다.

　그 중에서도 1, 2차 세계대전을 통해 먹이사슬의 정점에 확고부동하게 올라선 미 제국주의는 지금의 제국주의 현상을 단연 대표한다고 할 수 있다. 전세계 130여 개국에 20만 명 이상의 병력을 배치하고, 전세계에서 두 번째로 국방비를 많이 쓰는 중국의 5배, 상위 15

개국 국방비 총액의 두 배 이상을 쓰는 나라가 미국이다. 아프가니스탄, 이라크, 조지아, 리비아, 우크라이나, 시리아, 팔레스타인, 온두라스, 터키 등 거의 모든 분쟁 지역에 미국이 직접 관련되어 있고, 식민지 내정에 깊숙이 관여하여 전쟁, 쿠데타, 내란, 요인 암살 등의 배후에 미국이 있다는 것 또한 널리 알려진 사실이다.

한반도 역시 마찬가지다. 동아시아와 한반도 그리고 남한의 국내외 정세에서 미 제국주의는 핵심 동인이다. 연중무휴로 전개되는 한미일 합동군사훈련, 제주 해군기지, 생화학 실험, 사드 배치 등은 그중 잘 알려진 몇 가지 사례다.

제국주의는 이 시대 거의 모든 기회주의의 근원이다. 제국주의는 자본주의 발전의 최고 형태고 자본주의 먹이사슬의 가장 높은 곳에 위치하여, 자본주의 저항세력에게 가해지는 가장 강력한 압력이기 때문이다. 그리고 기회주의는 썩어문드러진 이 자본주의 체제가 연명할 수 있는 비결이다. 사민주의, 스탈린주의, 국가자본주의론, 노동자주의 등 이 시대 핵심 기회주의 조류 모두는 이 제국주의와 깊이 연관되어 있다.

이 책의 PART 1은 제국주의 체제의 최근 현황을 개괄하는 두 편의 글로 구성되어 있다. 이 부에서 첫째, 1990년대 소련과 동유럽 '퇴보한/기형적 노동자국가'의 붕괴 이후 미국을 중심으로 하는 제국주의 국가들의 식민지 약탈이 노골화되었다는 점, 둘째, 그 동안 제국주의 부의 집중이 더욱 가속화되어 세계적인 양극화 현상이 극심한 지경에 이르고 있고 그에 따라 저항이 빈번히 발생하고 있다는 점, 셋째, 여전히 제국주의 먹이사슬의 정점에 미국이 있으나, 유럽의 제국주의 경쟁국, 중국과 러시아 등 비제국주의 강국 그리고 식민지 인민의 저항으로 상당한 도전을 받고 있다는 점 등을 지적한다.

PART 2에서는 여덟 편의 글을 통해 최근의 제국주의 식민지 침략을 다룬다. 전세계, 즉 아프가니스탄, 이라크, 팔레스타인, 리비아, 시리아 등의 중동, 남미의 베네수엘라, 동유럽 우크라이나 등에서 일어난 제국주의 군사적 침략과 약탈 그리고 그에 대한 토착 인민 저항의 역사를 구체적으로 다룬다. 이 글들을 통해 독자는 각 지역의 역사와 식민지 침략의 구체적 양상을 이해하고, 나아가 제국주의로 고통받는 피억압인민들과 깊은 연대감을 느낄 것이라고 기대한다.

PART 3에 실린 다섯 편의 글은 제국주의에 대한 기회주의적 태도를 집중적으로 살핀다. 눈을 내리깔고 제국주의와 맞서기를 회피하는 비겁한 기회주의를 합리화하는 주된 방식은 '양비론'이다. 즉 상대국 역시 '제국주의'라고 규정하거나, 식민지 저항세력의 비민주성, 반동성 등을 극단적으로 부각하여 '제국주의자나 그에 맞서는 세력이나 그 놈이 그 놈이다. 다를 바가 없다'는 논리를 펴는 것이다.

여기에 실린 글들 중 「중일전쟁에 대하여」는 기회주의에 대한 전형적 논박이다. 트로츠키는 이 글에서 "착취자와 피착취 국가들을 구별하지 않고 '혁명적 패배주의'를 일반화하는 것은 볼셰비키주의를 심각하게 희화화하는 것이고 그러한 희화화를 통해 제국주의의 시중을 드는 것"이라고 통렬하게 지적한다. 이어서 "레닌은 이 추상적이고 아무 쓸모없는 반대에 맞서 한평생을 싸웠습니다. 그에게 세계 노동계급의 이해는 제국주의에 맞선 민족적·애국적 전쟁에 나선 피억압인민을 원조하는 것으로 표현되었습니다. 세계대전 이후 4반세기가 흐르고 10월 혁명이 일어난 지 20년이 지났음에도 아직 그것을 이해하지 못하는 자들은 혁명 전위에 의해 최악의 적으로 가차 없이 내쳐져야 합니다"라고 지적한다. 이 글은 90년 전 것이지만, 마치 어제

씌어진 것처럼 읽힌다.

다른 네 편의 글은 그 임무를 지금 시점에서 수행하는 후배 혁명가들의 응답이다. 제국주의에 대한 기회주의가 어떤 논리를 갖고 있는지, 이러저러한 제국주의 침략에서 그들은 무엇이라고 주장하며 '실질적으로!' 제국주의 편에 섰는지에 대한 기록이고, 그 "최악의 적"들에 대한 "가차 없"는 투쟁이다.

자본주의는 썩을 대로 썩었고 자본주의 체제 내 모든 탈출구는 막혀 있다. 착취와 억압은 극에 달했고, 심지어 문명의 절멸이라는 공포에 시달리고 있다. 지배계급에겐 대안이 없다. 오직 노동계급만이 이 위기를 극복할 유일한 세력이다. 노동계급의 계급적 각성이 절실하고 그 중 먼저 깨달은 부위, 즉 전위의 결집이 최우선적 임무다.

'인류의 역사적 위기는 혁명 지도력의 위기로 환원된다.'

볼셰비키그룹

**PART 1**

# 세계화, 제국주의, 전쟁

# 쇠퇴하는 미 제국

국제볼셰비키그룹★2009년

"미국 시대는 끝나지 않았다. 그것은 재구축되어야 한다. 미국이 쇠퇴한다고 보는 것은 미국의 위대한 약속과 세계에 대한 역사적 사명을 무시하는 것이다."(《포린어페어스》, 2007년 7·8월) 이렇게 선언하며 버락 오바마는 대통령으로서의 임기를 시작했다. 세계에 군림해온 시대가 빠르게 저물고 있다는 미 지배계급의 짙은 우려와 쇠퇴가 멈춰지거나 최소한 늦춰지기라도 해야 한다는 소망을, 이 선언은 직접적으로 반영하고 있다.

그러나 아프가니스탄 점령에 성공했을 때만 해도, 미 부르주아지 클럽과 회의실 분위기는 전혀 달랐다. 미국 지배자들은 압도적 군사력이 세계 지배를 영원히 보장해줄 것이라는 생각에 도취되어 있었다. 《뉴욕타임스》의 2003년 1월 5일 표지는 '아메리카 제국'을 소리높여 선언했다. 그리고 관련 기사에서 하버드대학교 교수인 마이클 이그나티에프(현 캐나다 자유당의 지도자)는 다음과 같이 설명했다. "제국의 힘이란 …… 세계의 현재 질서를 강제하고 그 세계 질서가 곧 미국의 이해인 것을 의미한다. 그것은 미국이 원하는 모든 규칙(시장에서부터 대량살상무기까지)을 확립하되, 미국의 이익에 반하는 다른 규칙들(도쿄 기후변화협약과 국제범죄법정과 같은)은 폐기하는 것을 의미한다."

이그나티에프에 따르면, "역사상 가장 가공할 만한 군사력으로 무장한 세계 헤게모니가 시장과 인권 그리고 민주주의를 강제하고 있다. 이 제국이 지배하는 21세기는 정치과학의 영역에서 새로운 일이 될 것이다." 1948년, '최고 기밀' 메모에, '미국의 세기'의 주 설계자인 조지 케넌(George Kennan, 1950년대에 모스크바 주재 미국대사를 역임한 그는 대표적인 소련 전문가로 통했다. 또 냉전시대 소련에 맞서 '봉쇄정책'을 입안했던 미국의 외교정책 전문가다–옮긴이)은 '자유세계의 거인'에 대한 더 노골적인 평가를 했다.

게다가 우리는 전체 인구의 6.3퍼센트에 불과하지만, 세계 부의 약 50퍼센트를 차지하고 있다. 이 불균형은 특히 우리와 아시아인을 비교할 때 극명하게 나타난다. 우리는 시기와 원망의 대상이 될 수밖에 없다. 앞으로 **우리의 진짜 임무는 국가 안전에 대한 침해 없이 이 불균형을 유지할 수 있는 관계를 고안해내는 것**이다. 그렇게 하기 위해, 우리는 모든 감상과 공상을 배제해야 한다. 우리는 국가 목표와 관련된 직접적인 모든 사안들에 관심을 집중시켜야 한다. 세계에 선행을 베풀거나 그럴듯한 이타심을 가질 여유가 있다고 우리 스스로를 속이지 않아야 한다.

—《정책계획연구 23》, 1948년(강조는 인용자)

오늘 미 제국은 '인권과 민주주의'의 이타적 공급자라기보다는 학살, 암살, 유괴, 고문을 자행하는 악당으로 알려져 있다. 미군이 자행한 아프가니스탄 시민 학살은 외국군 주둔에 대한 인민의 저항을 부추겼다. 페르시아 만(灣) 유전을 선점하여 경제적 쇠퇴를 되돌리려는 야심찬 계획은 점령지 이라크의 대중적 반대로 어려움을 겪고 있다.

1953년 아이젠하워 행정부의 국방장관 상원 인준 청문회에서 GM 전(前) 회장 찰스 윌슨은 "나는 여러 해 동안 우리나라에 유리한 것은 GM에도 유리하고 그 역도 마찬가지라고 생각했다"고 말한 바 있다. 당시 GM은 가장 생산성이 높고 가장 앞선 기술력을 가진 세계에서 가장 큰 자동차회사였다. 당시 미국 제조업은 미국 GDP의 27퍼센트를 차지하고 있었고 전세계 생산의 45퍼센트를 책임지고 있었다. GM이 파산 위기에 몰려 있는 지금, 미국 제조업은 GDP의 12퍼센트에 불과하고 전세계 생산의 25퍼센트로 축소되었다.

최근의 경제위기가 촉발되기 전, (해고와 공장 폐쇄를 동반하는) 기업 인수와 합병, 유가증권 판매 그리고 주식·외환 투기 등을 통해, 금융은 미국 경제에서 가장 역동적이며 이윤을 많이 남기는 부문이었다. 월스트리트 금융 기생충들에게 수십 년간 막대한 이윤을 안겨준 이 창조적 '자유 시장'은 정부 감독관이나 자산평가기관의 묵인이나 조장하에 총체적 사기 행각을 벌여왔다는 사실이 드러나고 있다.

미국은 여전히 세계에서 가장 강력한 경제력을 유지하고 있지만, '선진 자본주의' 국가들의 자동적(적어도 마지못해서라도) 충성은 더 이상 기대하기 어렵다. 세계 기축통화로서의 달러에 대한 신뢰 역시 추락하고 있다. 미국 채권이나 여러 정부 부채에 대한 주구매자(중국, 일본, 러시아, 사우디아라비아 그리고 그 밖의 중동 왕조들)들이, 미 정부가 어느 날 부채에서 벗어나기 위해 인플레이션정책을 취한다면 자신들은 휴지 조각을 쥐게 될 것이라고 우려하고 있기 때문이다.

영국은행의 전(前) 수석 경제학자인 윌럼 뷔터는 달러 탈출 러시를 예상하는 사람 가운데 하나다. 그는 《텔레그래프》와의 인터뷰에서

"지난 8년 동안 힘을 남용하며 오만하게 행동했던 부시 행정부의 제국주의적 확장은 미국을 재정적·경제적·정치적·도덕적으로 약화시켰다. 심지어 관타나모 수용소에 대해서도 눈 하나 깜짝 않는 가장 확고한 외국투자자들도 이 금융체제가 몰락해가고 있다는 것을 깨닫게 될 것이 분명하다"고 말했다. 또한 "자신의 부채를 깎아내고 달러 붕괴를 막기 위해 미국이 대량의 인플레이션정책을 취할지도 모른다고 의심한다는 것은 선택의 여지가 생각보다 훨씬 좁다는 것을 의미한다"고도 말했다.

국제 금융거래 매개체로서의 달러에 대한 신뢰 하락은 유로의 이자율을 높여왔다. 그러나 유럽연합의 핵심 국가(프랑스, 독일, 영국)들 사이의 긴장과 경쟁으로 인한 불안정성은 이 같은 흐름을 방해하고 있다. 유럽의 거부들은 하나같이 미국 자본주의가 오랫동안 특권을 누리게 해온 국제 '금융체제'를 뜯어고쳐야 한다고 주장하고 있다. 국제 금융기관들과 그들 사이의 거래를 감시할 초국적 금융기구를 설립하자는 것이 그들이 제시하는 방안들 중 하나다. 그것은 최근까지 월스트리트가 해오던 역할이다.

불과 6개월 전, 5~6개의 거대투자은행들이 국제 금융을 실질적으로 결정하며 군림해왔다. 거래를 관장하고, 어떤 기업(심지어 국가)이 투자 대상으로 적합한지를 발표하고, 기업이(그리고 국가가) 무시하지 못할 충고를 해왔다. ……

지금 그 거만한 기관들은 사라지거나 고분고분해졌다. 그리고 국제 금융질서가 요동하자, 몇몇 일본 지도자들은 일본이 좀더 적극적으로 경제 주도권을 행사해야 한다고 말한다.

—《뉴욕타임스》, 2008년 10월 21일

미 금융위기를 보며 일본 은행가들이 기회를 엿보는 동안, 일본산업의 선발 주자들은 자신의 국제 경쟁자들이 주춤거리는 사이, 생산성 향상을 통해 이득을 얻으려 하고 있다.

샤프의 책임자인 노부유키 수가노는 "우리는 좀더 장기적인 안목을 지녀야 한다. 만약 다른 회사들이 투자에 소극적이라면 우리는 앞서나갈 수 있다"고 말한다. ……

많은 경제 전문가들은, 명확한 수치로 입증할 수는 없지만, 일본 기업들이 생산과 연구, 개발에 다른 나라 기업들보다 높은 수준의 투자를 유지하고 있다고 말한다.

—《뉴욕타임스》, 2008년 12월 12일

세계에서 세 번째로 큰 규모의 제국주의 경제를 가지고 있는 독일 지배자들은 의심의 여지 없는 미국 헤게모니 시기는 끝났음을 확실히 알고 있다.

은행 위기는 세계 금융시장과 정치에 대한 미국 지배를 뒤집어놓고 있다. 선진 자본주의 국가들은 경기하강에 빨려들어가고 있다. 자본주의가 잘나가던 시기는 끝나가고 있고 미국의 군사적 우월성은 쇠퇴하고 있다. ……

모든 이들에게 규칙을 강요하고 그들이 사업하는 방식과 사고가 성공에 이르는 유일한 길이라고 생각하게 하는 힘세고 거만한 슈퍼파워의 시대가 더 이상 아니다.

그들이 추구했던 가치가 신뢰받지 못하고, 벌어지고 있는 사태를 이해하는 데 실패한 정치가들과 미국인의 번영이라는 환상을 팔아보려 했던 경제지도자들 같은 엘리트들은 더더욱 신뢰받지 못하는 새로운 미국이 우리 앞에 있다.

—「세계 경제의 지배권을 상실한 미국」,《슈피겔》온라인판, 2008년 9월 30일


유럽연합의 핵심 구성원인 독일은 미국의 영향력 축소에 따라 자신의 영향력이 확대되리라 기대하고 있다.

한편 미국은 군사적 우월성 지속에 대한 희망을 놓지 않고 있다.


    미국은 세계질서 속에서 강대국들과 새로운 강국들이 능동적인 역할을 하도록 애쓸 것이다. 또한 다른 나라가 지역이나 세계 안보를 독점하지 않도록 할 것이다. 군사적 경쟁자가 미국이나 친미 국가들에 적대적 행동을 하거나 지역적 패권을 가질 파괴적 능력을 개발하지 못하도록 할 것이다. 만약 억제가 실패한다면, 미국은 그 적대세력의 전략과 목표를 인정하지 않을 것이다.

—미 국방부, 『4개년 국방백서』, 2006년 2월


미국 국가정보위원회는 미국이 2025년 무렵 "가장 강력한 역할을 수행할 것으로 보이지만, 군사부문까지 포함한 미국의 상대적 힘은 쇠퇴할 것이고 영향력은 한정될 것이다"라고 예측한다(「변화된 세계」, 『2025년 세계 동향』, 2008년 11월). 2004년 보고서가 미국의 우월성은 "절대 뒤집힐 수 없는" 것으로 간주했던 반면, 2008년 위원회는 미국 통치자들에게 "다극화된" 세계에 대비해야 한다고 충고하고 "자원민족주의 세계로 빨려들면서 권력 경쟁의 위험성이 점점 커지고 있다"고 우려를 표현했다. 한편으로, "권력은 변하게 마련이다. 알맞은 때에 정확한 정보를 통한 개입은 부정적 상황전개나 그 가능성을 낮출 수 있을 것이다"라며 그들의 독자를 안심시키려 한다. 그 보고서의

작성자는 다음과 같이 경고한다.

> 역사적으로 다극체제는 양극체제나 단극체제보다 불안정했다. 지금 진행되고 있는 여러 경향을 촉진하는 금융 불안정성에도 불구하고, 세계체제가 멈춰버린 1914~18년과 같은 완전한 붕괴로 나아가고 있다고 믿지는 않는다. 그러나 다음 20년의 전환기는 위험으로 가득 차 있다. 전략적 경쟁은 무역, 투자, 기술 혁신과 자원 획득 등을 둘러싸고 펼쳐질 것이라고 보인다. 무기 경쟁, 영토 확장, 군사적 충돌 같은 19세기형 경쟁을 배제할 수 없다.

아직까지 미국의 군사력에 맞설 만한 세력은 없어 보인다. 그러나 미국의 경제적·기술적 우월성이 잠식되면서, 워싱턴은 '지역적·국제적 안보를 독점'할 능력을 잃게 될 것이다. 선진 제국주의 국가들이 각축을 벌임에 따라, 세계 자본주의 정점의 경제적·군사적·정치적 질서는 재편될 것이다.

프랑스와 독일은, 소련을 억제하기 위해 창설한 미국 주도 제국주의 세력의 축인 나토(NATO)로부터 독립하여 작전을 펼칠 수 있는 유럽군사동맹을 건설하려는 방안을 만지작거리고 있다. 2003년 이라크를 둘러싼 갈등이 절정에 달했을 때, 파리와 베를린은 자율적인 유럽 군사지휘부 논의를 다시 시작했다. 워싱턴은 다음과 같이 즉각 반대했다. "독립적인 지휘부 건설이 동맹의 분열을 조장하는 지렛대로 작용할 것이라고 확신한다."

2008년 12월 소말리아 해적을 소탕한다는 명분을 내건 '아틀란타 작전'에 유럽 각국 전함 예닐곱 대가 모였을 때, 《포린폴리시》 웹사이트는 다음과 같은 논평을 실었다.

일반적으로 말해서, 영국이 유럽연합과의 군사적 협력 속에 자신의 역할을 한정지어온 반면, 프랑스는 보다 독립적인 군사적 역할을 추구해왔다. 프랑스는 독립적인 유럽 군사력을 나토에 대한 대안, 즉 미국 영향력에 맞서기 위한 능력으로 여긴다. 반면 영국은 미국과의 협력을 중요하게 여기고 그리하여 나토를 선호한다.

이라크와 아프가니스탄에서 벌어지는 미국의 군사모험에 적극적인 하위 파트너로서의 영국의 가치는 영국이 유럽연합의 일원이라는 사실 때문에 더 컸었다. 그러나 영국 자본주의는 미국이 겪고 있는 것과 아주 유사한 경제 붕괴에 시달리고 있다. 대처/블레어주의의 지난 30년 동안, 제조업의 심각한 파괴와 런던을 '투기자본의 천국'으로 만든 비대한 금융부문으로 인해, 불과 1년 사이 영국은 전후 경제의 기적을 이룬 주인공에서 '유럽의 병자'로 전락했다.

## 이라크와 이란 : 미국 정책의 실패들

미국의 지위 하락으로 누가 동맹자이고 누가 적대자인지를 명확히 판정하는 것이 불가능해졌다. 이라크에 대한 '충격과 공포' 작전은, 바그다드에 본부를 둔 새로운 석유 식민지를 모델로 하는 비민주의 정권들의 안전을 지켜줄 강력한 군사기지들을 통해, 중동에 대한 '완전한 지배'를 미국에 안겨줄 것으로 기대됐다. 유럽은 45퍼센트, 일본은 거의 90퍼센트의 석유를 이 지역에 의존하는 상황에서, 이라크 정복은 미국 기업들이 한몫을 챙기는 데에 그치지 않고 주요 경쟁자들에 대한 우월적 위치를 확고히 해줄 것으로 기대되었다.

이라크 인민의 예상치 못했던 저항은 그 계산을 송두리째 뒤엎어 놓았다. 제국주의와 토착 무장 세력 사이의 군사적 충돌에서, 토착 무장 세력의 미추(美醜)에 관계 없이, 혁명가들은 후자의 편을 든다. 이라크 저항의 축을 구성하는 바트 당과 이슬람근본주의자들의 반동적 혼합물에 어떠한 정치적 지지도 보내지 않으면서, 마르크스주의자는 제국주의 세력과의 군사적 갈등에서 그들이 승리하길 바란다.

이라크를 점령하는 6년 동안 미국은 군사, 정치, 자원 등 어떤 부분에서도 분명한 성과를 거두지 못했다. 오히려 4천 명 이상의 전사자와 수만 명의 불구자를 안긴 값비싼 재앙으로 이라크 전쟁은 변하고 있다. 전세계의 반미 감정 증가나 앞으로 있을 군사모험에 대한 미국 내 반대파의 부활과 같은 '계산되지 않는' 손실을 빼놓고라도, 이 범죄적 침략에 들어갈 비용은 3조 달러에 육박할 것으로 예상되고 있다. 물론 가장 큰 피해를 입은 것은 이라크 인민이다. 100만 명 가량이 죽었고 수백만 명이 불구가 되거나 주거지에서 쫓겨났다.

2008년 11월, 미국과 이라크의 주둔군지위협정(SOFA)은 알말리키 수상의 협상과 시아파 주도 이라크 의회의 승인을 통해 통과된 바 있다. 이라크 전문가 주안 콜에 따르면 이 협정은 "장기 주둔의 희망을 꺾어놓았다."

그렇게 확고한 군사적 승리를 거두고 그 성과를 차지한 침략자가, 정복당한 자가 제기하는 굴욕적인 조항을 이렇게 순순히 받아들인 일은 아마도 인류 역사상 없을 것이다. 민주당이 완전 철수를 위한 일정표를 제기했을 때 그들은 '투항자'라고 욕을 먹었었는데, 부시가 맺은 협약은 그들의 것과 거의 유사한 것이다.

—《네이션》, 1월 12일

이란 종교 지도자들은 미국의 이라크 침략으로 인해 가장 큰 이익을 얻은 자들이다. 이라크 바트 당 정권의 전복으로 제일 신경 쓰였던 중동의 경쟁자가 사라지고, 제국주의 조언자들의 소망과 달리 이란과의 관계 개선에 적극적인 시아파 정권이 그 자리에 들어섰다. 이 사실은 이란 '정권을 갈아치우려는' 미국의 계획을 대단히 복잡하게 만들고 있다.

2006년, 이란인들에게 훈련받고 러시아제 무기로 무장한 대(對)탱크 특공대를 선두로 한 헤즈볼라 전사들은 레바논을 침략한 이스라엘 군에게 눈부신 승리를 거두었다. 이 승리는 중동 지역에 커다란 반향을 일으켰다. 헤즈볼라는 레바논 남부의 통제권을 수립하였고, 이란-시리아 동맹 군대를 철수하게 한 2005년 미국 주도의 '세다르 혁명(Cedar Revolution)'을 효과적으로 무력화시켰다. 역시 이란의 지원을 받는 하마스는, 지난 12월 어린이를 포함한 비무장 시민 수백 명을 살해한 이스라엘의 가자 지구 침략에 변변히 저항하지 못했다. 그러나 이스라엘의 야만적 폭력으로도 하마스를 종식시키지 못했고, 오히려 하마스가 시온주의 인종분리정책에 저항할 유일한 팔레스타인 조직이라는 믿음만 더 두터워졌다. 이스라엘은 1970년대에 팔레스타인해방기구(PLO)에 맞세우기 위해, 암암리에 하마스를 지지했다. 팔레스타인해방기구는 지금 팔레스타인 인민 대부분에게 무기력하고 부패한 조직이라는 비난을 받고 있다.

미국과 이스라엘의 협박에 도전적으로 맞서고 헤즈볼라와 하마스를 지원하는 것을 통해, 이란은 무슬림 세계에서 '반제국주의' 저항의 지도자로 떠오르고 있다. 그로 인해 중동 지역의 사우디아라비아, 이집트 그리고 그 밖의 친미 아랍정권들이 긴장하고 있다. 점차 커져가는 이란의 영향력은 중동을 넘어 남중아시아로 확장되고 있다.

엄청난 화석에너지를 보유하고 있는 (아프가니스탄을 포함한) 카스피 해
지역을 누가 차지하느냐가 새로운 쟁탈전의 핵심이다. 미국 전략 담당자
들은, 아시아 에너지 공급망에 있는 러시아, 중국, 이란 그리고 남중아시
아 국가들(일본까지 포함할 수도 있는)이 경제적으로 통합하고 미국과 유럽
이 장악하고 있는 세계 석유/가스 시장을 뒤흔들 에너지협약을 체결할 가
능성을 심각하게 우려하고 있다. 그렇게 되면 세계의 중심축이 서양에서
동양으로 옮겨가게 될 것이다.

—《먼슬리리뷰》, 2006년 6월


공공부문을 외국 투자자들에게 개방하는 이란의 계획은 애초에
IMF가 권장했던 계획이다. 그러나 이 계획은 자국민들의 이란 자산
취득을 금지했던 미국에 문제를 안겨주고 있다.

미국 기업들이 외국 직접투자자 명단에서 빠져 있는 반면, 독일, 이탈
리아, 일본은 석유와 가스, 석유화학산업, 발전 그리고 건설과 은행에 이
르기까지 막대한 투자 자산을 가지고 있다. 그들은 중국, 러시아와 더불어
사유화 계획의 주된 수혜자들이다. ……
2008년 5월 미 의회가 통과시킨 H. RES CON 362법안(핵개발을 추구하
는 이란을 압박할 목적으로 만든 법안—옮긴이)의 경제제재의 주된 장애물은,
이 경제제재가 (유럽연합과 일본의) 기업들이 이란 사유화 계획에서 한몫
잡을 기회를 막는다는 점이다. ……
이란의 사유화 계획은 미국의 경제 전략적 이해에 부합하지 않는다. 이
계획은 이란과 오랫동안 무역과 투자관계를 맺어온 나라들을 선호한다.
……
이 계획은 중국, 러시아, 유럽 그리고 일본 투자자들을 선호하는 반면

미국 투자자들은 배제시키고 있다. ……

그것은 미국 헤게모니를 갉아먹는다. 그것은 경제와 군사적 수단을 통해 미국 주도의 세계질서를 구축하려는 워싱턴의 계획에 반한다.

—미쉘 초수도프스키, Israelenews.com, 2008년 7월 7일


유럽 석유기업들이 이란과 에너지계약을 체결하는 것은 약속위반이라는 미국의 항의에 대해 프랑스의 토탈(Total)은 2008년 7월 사우스파르스 가스 계약은 수십억 달러에 달하는 계약이었다고 항변한다(《타임스》 런던판, 2008년 7월 11일). 러시아의 가스프롬(Gazprom)도 제재 약속을 위반했다. 몇 달 후 이란 석유장관은 러시아–이란 에너지협력회사 창설을 발표했다(《타임스》 테헤란판, 2008년 10월 16일). 이스트캐롤라이나 대학 안보연구프로그램 책임자인 잘릴 로산델은 러시아와 이란의 관계가 최근 개선되고 있다며 다음과 같이 지적한다.


러시아는 이란에 미사일, 비행기 등 각종 최신기기와 군사장비 들을 팔고 부세르에 핵발전소를 건설하고 있다. 이란은 또한 상하이협력기구의 회원이 되기를 원한다. 그렇게 되면 이란은 유엔안전보장이사회에서 거부권을 가지고 있는 중국, 러시아와 같은 자리에 앉을 수 있고, 사실상 러시아와 상호방위조약을 맺는 결과가 될 것이다.

—Bitterlemons-international.org, 2008년 9월 4일


## 상하이협력기구 : 중앙아시아를 둘러싼 경쟁

상하이협력기구(SCO)는 중국이 러시아, 카자흐스탄, 키르기스스

탄, 타지키스탄, 우즈베키스탄 등과 맺은 느슨한 지역 협력기구다.

중국과 러시아 동맹의 근본적 전략 목표는 중앙아시아에 대한 미국 영향력을 축소시키고 공동 패권지역을 수립하는 것이다. 중국의 가장 큰 목표는 이 지역의 막대한 에너지 자원을 차지하는 것이다. 또한 중국은 상품 시장 투자처, 이슬람운동에 맞선 협력 등을 기대한다. 모스크바는 중국과의 동맹을 통해 인근 지역에 대한 영향력 회복을 바란다. 중앙아시아 정권들은 반대자들에 맞서 자기 정권에 대한 지지, 경제 원조 그리고 무역과 투자의 증대를 원한다.

　　　　　　　　　　—《파워앤인터레스트뉴스리포트》, 2005년 7월 12일

2005년 투르크메니스탄, 몽골, 파키스탄과 인도가 상하이협력기구에 참가할 수 있도록 해달라는 미국의 요청은 거절당했다. 상하이협력기구는 '평화작전 2007'이라는, 군사적 동맹을 향한 작지만 의미심장한 걸음을 떼었다. 카자흐스탄, 키르기스스탄, 타지키스탄, 우즈베키스탄의 병사들과 더불어 6천 명의 중국, 러시아 군대가 합동군사훈련을 수행하였다.

한편 미국은 핵무기 보유를 승인하고 장거리 작전수행능력 향상을 도우면서 인도를 지역적 동맹으로 키우고 있다.

워싱턴의 카네기국제평화재단의 인도 태생 학자인 에쉴리 텔리스는 "10년 뒤에 인도는 인도양의 모든 섬들의 안전을 책임질 수 있을 것이다. 미국과의 협력 속에서 페르시아 만의 안전도 책임지게 될 것이다. 나는 중앙아시아 나라들에도 그렇게 되리라 생각한다"고 말했다.

　　　　　　　　　　—《인터내셔널헤럴드트리뷴》, 2008년 9월 22일

파키스탄 다음의 적으로 여기는 중국에 대한 인도 군부의 반감이, 이 밀접한 미국-인도 협력의 바탕이 되고 있다.

중국이 인도 주변국들을 동맹자로 끌어들이는 것을 보며 인도 통치자들이 긴장하고 있다. 인도 통치자들은 파키스탄의 과다르, 방글라데시의 치타공 그리고 미얀마의 양곤에 중국이 건설한 군사기지가 들어선다는 것에 특히 화가 나 있다. ……

미정부 안보고문이며 케임브리지 장기전략연구소 소장인 재클린 뉴마이어는 "이 지역의 지배권을 둘러싸고 인도와 중국 간의 장기적 경쟁이 시작되는 것으로 보인다. 인도는 서서히 자신이 지역의 패자임을 선언하려 하지만 중국이 그 길에 걸림돌이 되고 있다"고 말했다.

—앞의 글

인도는 최근에 '말라카 해협을 작전권으로 하는 해군기지'를 완성했다. 말라카 해협은 "중국이 수입하는 석유의 80퍼센트가 지나가는 통로다."(《텔레그래프》런던판, 2008년 9월 14일) 최근 몇 년간 미국과 가까워지면서, 다른 한편으로 인도 부르주아지는 상하이협력기구와의 군사적 끈을 유지하려 한다. 인도는 중앙아시아의 석유와 가스에 관심을 가지고 있고 이를 위해 타지키스탄 공군기지 건설을 도왔다.


## 아프가니스탄과 중앙아시아 에너지

아프가니스탄 탈레반을 분쇄하겠다는 오바마의 약속은 지켜지기 어려울 것으로 보인다. 나토 점령에 대해 격화되는 저항은 대중적 지지를 얻고 있다. 미군들에 의한 무자비한 시민 피해는 2001년 미국의 아프간 꼭두각시로 낙점된 하미드 카르자이 대통령마저 자신의 주인을 비난하게 만들었다. 병력을 두세 배로 늘리면 어느 정도 전쟁을 연장할 수 있겠지만, 그렇게 하더라도 미국 주도 점령군의 궁극적 패배는 피할 수 없을 것으로 보인다.

아프간-파키스탄 국경지대에 살고 있는 파쉬툰 부족에 뿌리 내리고 있는 탈레반 저항군은 파키스탄의 안정을 심각하게 흔들고 있다. 미국이 가진 이 지역의 중요자산인 파키스탄 군사독재자 무샤라프가 2008년 쫓겨났다. 뒤이어 등장한 파키스탄민중당 지도자 알리 자르다리는 미국 하수인이며 간교한 사기꾼으로 정평이 나 있다. 그는 나토의 아프간 전쟁에 이전과 같은 수준의 지원을 군부와 정보기관으로부터 끌어내지 못하고 있다. 파키스탄 공군과 육군 개입을 증가시켜 만회해보려는 미국의 시도는 전국적인 분노를 자아냈고 이슬람 저항세력의 영향력이 파쉬툰 지역을 넘어 더 넓게 퍼지게 했다. 경제가 붕괴직전에 이르자, 파키스탄 정부는 기초적인 물품을 수입할 수 있도록 원조해달라고 제국주의자들에게 간청하게 되었다. 또 다른 한편, 핵무기 사용이라는 측량할 수 없는 재앙으로 귀결될 수 있는 파키스탄과 인도의 군사적 긴장은 격화되고 있다.

2001년 미국의 아프간 침공 결정은 한 달 전에 있었던 세계무역센터 붕괴에 대한 복수라고 선전되었다. 하지만 언론매체는 아프간이 중앙아시아의 석유와 가스를 통제하는 전략적 요충지라는 점은 다루지 않았다. 1999년 심의된(통과된 적은 없는) '실크로드 전략 법안'은 "남코카서스와 중서부아시아 나라들과의 끈끈한 정치·경제·안보 협력"을 강화하여 "국제 투자 유인"과 "시장경제의 발전"을 이룰 것을 주창했다. 그 법안 제창자들은 "남쪽(이란과 이라크—옮긴이), 북쪽

(러시아-옮긴이), 동쪽(중국-옮긴이)의 정치적·경제적 압력으로 인해 위태로운 그 지역의 안정성 확보"(106차 의회의 '1999년 실크로드 전략 법안')를 특히 염두에 두었다.

2001년 미국에 대한 테러 공격 이후, 아프간 침공을 위한 미군 임시병참기지를 과거 소비에트 소속 국가였던 우즈베키스탄과 키르기스스탄에 건설하는 것을 러시아 정부는 용인했다. 하지만 러시아 정부는 그 기지들이 탈레반 정권이 전복된 후에도 남아 있는 것에 불만을 표시하고 있다. 그리고 이 지역에 대한 미국의 영향력을 제어하기 위해 움직이기 시작했다. 2005년 우즈베키스탄은 미국에 기지 폐쇄를 요구했고, 키르기스스탄은 최근에 같은 요구를 했다. 모스크바는 자기들의 이해와 관련이 있는 한도 내에서만 아프가니스탄, 이란 그리고 중동 지역에서 미국과 협력하려 하고 있다. 그러나 미국이라는 초강대국의 지배는 다극 세계질서를 통해 대체되어야 한다고 러시아 정부는 공공연히 주장한다.


## 러시아의 부활

2008년 11월의 미국 국가정보위원회 보고서는 중앙아시아 에너지를 둘러싸고 러시아와의 경쟁이 심해질 것이라고 예측한다.

보다 미래지향적이고 영향력 있는 외교정책은 서구, 아시아 그리고 중동 자본의 중요한 파트너이자 미국 지배에 대한 지도적 반대 세력으로서 세계무대의 주역으로 재등장한 러시아를 고려해야 한다. 에너지 초강대국이 되려는 야망의 관건인 코카서스와 중앙아시아 에너지 장악은 인근 지역에 대한 영향력을 재구축하는 추동력이 될 것이다.

이 보고서는 러시아 군이 남오세티야의 분리 지역을 장악하려는 조지아 대통령 미하일 사카쉬빌리의 시도를 분쇄한 뒤 3개월이 지난 시점에 공개되었다. 충분히 유순하지 않은 세바르드나제 대통령을 CIA가 후원한 '장미 혁명'으로 내쫓고 권력을 잡은 사카쉬빌리는 미국의 괴뢰로 널리 알려져 있다.

> CIA는 소련 붕괴 이후 조지아에 깊숙이 개입해왔다. 그러나 부시 행정부 아래에서 조지아는 미국의 완전한 위성국가가 되었다. 조지아 군대는 미국과 이스라엘에 의해 훈련되고 무장되었다. 조지아는 이라크에 세 번째로 많은 군대를 파견한 바 있다. 그래서 러시아와의 전쟁이 발발한 이후 미국은 800대의 수송기를 동원하여 그들을 돌려보내야 했다.
>
> —《가디언》, 2008년 8월 14일

조지아 군을 분쇄하고 그들이 후방으로 운송하지 못한 군사장비를 파괴한 다음 러시아 군은 조지아 지역에서 철수했다. 소련에서 물려받은 러시아의 대규모 핵무기는 미국과 전략적 균형을 대략 맞추고 있다. 이러한 조건이 꼭두각시 정권을 구원하기 위한 군사개입 가능성을 저지하고 있다. 사카쉬빌리의 야망을 분쇄하는 것을 통해, 모스크바는 인근 지역에 대한 자신의 권리를 주장할 준비가 되어 있다는 신호를 미국과 유럽연합에 보냈다.

러시아의 조지아 침공에 대한 파리와 베를린의 비난은 워싱턴의 그것보다 훨씬 부드러웠다. 2008년 9월 프랑스 수상 프랑수아 피용과 러시아 푸틴 수상은 에너지와 자동차 그리고 우주 협약을 체결했다고 발표했다. 조지아에서 발생한 사건을 "우리와 무관한 일이다"라는 말로 한쪽으로 치워버리고, 피용은 "유럽연합과 러시아 그리고 프랑스와 러시아 사이의 동반 관계를 강화하는 것은 매우 중요한 일이다"라고 선언했다.(《로이터》, 2008년 9월 20일) 몇 달 뒤, 독일과 러시아는 "독일 석유회사 E.On에 러시아 가스 매장지 시추권을 제공하는 오랫동안 기다려왔던 에너지협약"을 추진하기로 합의했다. 러시아의 가스는 두 나라가 건설하려고 하는 노드스트림 해저가스수송관을 통해 공급될 것이다(《BBC뉴스》, 2008년 10월 2일). 《뉴욕타임스》는 2008년 12월 2일, 다음과 같이 지적했다.

재기한 그리고 때때로 적대적인 러시아 정부와 새로운 관계를 정립하기 위해 우리가 애쓰는 것처럼, 독일도 러시아와 밀접한 상업·문화·외교 관계를 유지하기 위해 노력하고 있다. 그 관계는 냉전 이후, 어떤 분야는 그보다 이전부터, 증진되어왔다.

독일과 프랑스는 폴란드와 체코공화국에 '미사일 방어체제'를 구축하자는 미국의 도발적 제안을 별로 달가워하지 않는다. 겉으로는 이란을 겨냥한 것이라고 하지만, 그 같은 방어체제의 궁극적 목적은 나토의 선제공격에 대한 러시아의 방어능력을 무력화시키는 것이다.

프랑스와 독일의 정책은 많은 부분 일치하지만, 항상 같은 것은 아니다. 프랑스가 주도하는 '지중해 연합'에 대해 독일이 보낸 차가운 반응이 그 증거다. 그 연합은 남부유럽과 북아프리카 그리고 중동 지역의 유대를 강화하기 위함이라고 선전되었다. 그러나 독일의 눈에 이 연합은 과거 식민지에 대한 프랑스 자신의 영향력을 확대하려는 속보이는 술수에 지나지 않는다.

그 지중해 연합 창립에 참가한 사람 가운데 하나는 알 아사드 시리아 대통령이다. 그는 자기 정권의 국제적 관계를 넓히고 싶어한다. 과거 프랑스 식민지였고 지금 이란과 함께 하는 시리아는 2003년 이라크 침공 이후, 부시 정권 살생부의 앞자리에 올라 있는 나라다. 이스라엘과 미국의 비난을 받으며, 알 아사드는 러시아의 흑해함대가 시리아의 지중해 항구를 이용할 수 있도록 허가한 바 있다.

러시아 또한 지중해에서 능동적으로 활동해왔다. 2006년 러시아 정부는 유럽에 대한 중요 가스공급자이자 러시아 무기상들의 중요 고객인 알제리가 소련 시절부터 가지고 있던 47억 달러가 넘는 빚을 탕감해주었다. 러시아 에너지재벌 가스프롬은 리비아 가스 전부를 사겠다고 제안했다. 《뉴욕타임스》는 2008년 11월 2일 "유럽 천연가스 시장을 독점"하려는 러시아의 야망을 언짢은 투로 비판했다.


## 라틴아메리카 : 미국의 장악력이 느슨해지다

2008년 8월 블라디미르 푸틴은 "쿠바와 다른 나라들에 대한 우리의 지위를 회복해야 한다"고 선언했다.(《인터내셔널헤럴드트리뷴》, 2008년 8월 4일) 다음 달 "각각 12발의 크루즈 미사일과 200 킬로톤의 핵탄두를 탑재할 수 있는" 두 대의 러시아 폭격기가 훈련에 참가하기 위해 베네수엘라로 날아갔다(AFP, 2008년 10월 12일). 러시아 루크오일과 가스프롬은 최근에 베네수엘라 국영석유회사와 수십억 달러에 해당하는 계약을 체결했다. 한편 차베스 정권은 40억 달러에 달하는 러시아 무기를 구입하기로 했다. 2008년 11월 베네수엘라의 수도인 카라카스 방문 기간, 드미트리 메드베데프 러시아 대통령은 러시아는 베네수엘라의 원자로 건설을 도울 용의가 있다고 발표했다. 메드베데프 방문 기간 러시아 흑해함대에서 파견된 배들은 베네수엘라 해군과 합동군사훈련을 실시했다. 이 훈련이 던지고자 한 메시지는 너무 분명했다.

러시아의 남미 침범은 자신의 영향권에 미국이 공격적으로 침범한 것에 대한 응답임이 거의 확실하다. 모스크바는 백악관이 도발을 부추겼다고 여기는 조지아 8월 전쟁 그리고 코소보 독립에 대한 미국의 지원과 더불어 동유럽에 미사일 방어체제를 구축하려는 계획에 화가 나 있다.

—《뉴욕타임스》, 2008년 11월 22일

미국 지배계급이 자신의 텃밭이라고 생각하는 남미에서 고조되고 있는 좌익 민중주의는 미국 헤게모니가 약화되고 있다는 것을 보여주는 것이다. 베네수엘라 우고 차베스 대통령은 그를 제거하려는 서너 번에 걸친 미국의 시도에도 살아남아 석유 매장지를 다시 국유화했다. 그는 그 지역에 번져가는 새로운 흐름의 선두에 서 있다. 베네수엘라의 본보기를 따라 막대한 양의 석유와 가스를 수출하는 남미 국가인 에콰도르와 볼리비아도 에너지 자원 재국유화에 착수했다.

2008년 9월 15일, 미국과 긴밀히 협력하고 있는 콜롬비아와 칠레 대표까지 참여한, 남미공화국연합(UNASUR) 회의에서 볼리비아 동부의 석유 매장 지역 분리주의에 대한 미국의 지원을 만장일치로 비난했다. 7개월 전인 2008년 2월 볼리비아는 아르헨티나, 우루과이 그리고 베네수엘라를 따라 미국의 '미주대륙 학교'에 불참하기로 했다. 조지아 주(洲) 포트베닝에 있는 그 학교는 수년 동안 6만 명이 넘는 남미와 중미 군사간부들에게 폭동진압, 고문, 심리전, 암살 그리고 유사 과목들을 가르쳐왔다.

2008년 11월, 에콰도르 정부위원회는 IMF와 국제은행 그리고 외국 채권자들에게 진 국가부채는 부당한 것이라고 선언했다. 그 부채는 미국의 지원을 받는 악독한 군사 독재 정권에 의해 탕진되었고 그중 많은 부분은 미국 다국적 기업들의 이익으로 이미 돌아갔다는 이유에서다. 평균보다 이자율이 높았고, 반복된 구조조정을 통해 실제로 진 빚보다 부채가 훨씬 부풀려졌다는 것도 비판했다. 이러한 관점에서 두드러진 외국 소유 부채 40억 달러를 갚지 말라고 위원들은 조언했다.

미 제국주의는 더 이상 남미에서 벌어지는 사안에 대해 이전과 같은 정도로 개입하지 못한다. 하지만 아직 남아 있는 영향력을 과소평가해서는 안 된다. 미국은 여전히 수천억 달러에 해당하는 투자와 군부, 경찰, 경제 엘리트와의 깊은 관계를 바탕으로 이 지역 거의 모든 나라에서 막대한 영향력을 행사한다. 쿠바만이 예외다.

## 전쟁과 혁명의 시대

미국 지배 쇠퇴의 부산물 가운데 하나는 국제적 군비 증강이다. 독일과 일본은 평화적인 외양을 벗고 재무장 계획에 착수했다. 비슷한 작용이 이른바 '유엔 평화유지군'에 자국 군대를 파견하고 있는 캐나다나 덴마크, 네덜란드 같은 이삼류 제국주의 국가들에서도 벌어지고 있다. 그들은 더 큰 포식자들의 예비 부대로서의 자기 가치를 드러내기 위해 애쓰고 있다. 한 조각이라도 더 얻어먹기 위해.

마르크스주의자들은 자본주의의의 군사주의에 무조건적으로 반대한다. 우리는 독일의 영웅적 국제주의자 칼 리프크네히트와 로자 룩셈부르크의 정책에 기초한다. 그들은 1차 세계대전에 반대하며 자본주의 전쟁기계에 단 한 푼도, 단 한 사람도 제공할 수 없다고 공개적으로 주장했다는 이유로 감옥에 갇혔다. 제국주의 경제 갈등이 군사적 형태로 전개될 경우, 선배 혁명가들이 양차 세계대전 당시 그러했던 것처럼, 리프크네히트의 선언이 옳다는 것을 노동자들에게 확신시키는 것이 호전적인 나라에 있는 혁명가들의 임무다. "주적은 국내에 있다!"

선진 자본주의 세계에 점점 번져가고 있는 군사주의, 외국인혐오증 그리고 경제민족주의는 테러에 대한 공포, 국가가 조장하는 광적 애국주의 그리고 반(反)이민 공격과 더불어 부르주아 민주주의와 노동자의 생활 여건에 대한 다각적 공격을 수반한다. 이른바 '자유세계'의 지배자들은 심화된 전체주의적 방법을 통해 국민을 자기편으로 만들기 위해 의식적으로 노력한다. 계급의식을 지닌 노동자들은 시민의 자유에 대한 모든 공격에 완강히 반대하고 프롤레타리아 대중조직 속에서 긴축, 임금삭감과 해고에 맞서 싸워야 한다. 정당한 연금과 의료, 주택 그리고 완전고용을 주장하며 공격적으로 투쟁해야 한다. '그와 같은 것은 사회가 감당할 수 없는 요구'라는 자본가들의 주장에 대해 "사회주의적 몰수 강령, 즉 부르주아지의 경제적 지배의 종식과 정치적 타도"로 응답하라고, 레온 트로츠키는 혁명가들에게 조언했다(「이행강령」, 1938년).

몇몇 부르주아 분석가들은 지속되는 경제 불황이 제국주의 핵심 국가들에서 사회적 격동을 낳을 것이라고 진작부터 걱정하고 있다. 2008년 10월 28일 《파이낸셜타임스》의 마틴 울프는 "신용자산의 증발, 치솟는 실업, 여러 사업체의 붕괴"는 "시장경제 자체의 정당성"

을 위협하는 "재앙"으로 귀결될지 모른다고 초조해 한다. 75년 전 트로츠키도 비슷한 전망을 내놓았다.

상업·공업·농업 그리고 금융의 파멸적 위기와 국제적 경제 관계의 단절, 인류의 생산력의 감소, 계급적·국제적 갈등의 첨예화 등은 쇠퇴한 자본주의의 특징들이다. 그리고 이러한 것들은 우리의 시대가 전쟁과 혁명의 시대라는 레닌주의적 규정을 명백히 확인해주는 것이다.

—「전쟁과 제4인터내셔널」, 1934년 6월

자본주의는 이미 오래전에 그 진보적 역할을 소진했다. 세계의 갈등 속에서 각국 부르주아지는 노동계급의 생활수준을 깎아내고 다른 자본주의 경쟁자들보다 상대적 우위에 서는 것을 통해 살아남으려 애쓰고 있다. 현재의 세계적 경제 위기는, 한편으로 수십억의 인민을 굶주리게 하고 다른 한편으론 조만간 핵전쟁을 낳을지도 모르는 자본주의적 경쟁에 인류를 숨막히게 만드는, 이 사회체제의 극도로 불합리한 성격을 드러내고 있다.

자본주의체제에서 억압받는 모든 인민의 운명적 지도자인 세계 노동계급만이 이 같은 악몽으로부터 사회혁명을 통해 인류를 구원할 객관적 이해와 사회적 힘을 갖고 있다. 제국주의 희생자들의 분노를 사회주의 미래를 향한 희망으로 바꾸어내기 위해서는, 대중적 혁명 조직이 필요하다. 노동계급과 그 동맹자들의 정치적 동원은 오직 세계혁명정당을 건설하는 것을 통해서만 이뤄질 수 있다. 그러한 정당은 모든 피억업자와 피착취자의 이해를 적극적으로 수용하는 한편, 반드시 프롤레타리아에 뿌리를 두어야 한다. 국제볼셰비키그룹은 그와 같은 조직을 건설하기 위한 정치 투쟁에 헌신하고 있다.

# 자본축적과 신식민지 약탈

국제볼세비키그룹★2009년

레닌의 가장 가까운 동료 가운데 한 명이었던 니콜라이 부하린은
「제국주의와 세계 경제」에서 (오늘날 '세계화'로 부르는) '경제 국제화'
에 대해 설명한다. 그는 보다 싼 원자재와 노동력, 넓은 시장과 더 많
은 이윤을 가져다줄 수 있는 투자 대상을 찾기 위한 움직임은 두 가
지 모순된 경향을 띤다고 설명한다. 그 두 경향 중 하나는 '자본 이익
의 세계화'인데, 이것은 노동의 세계적 분업으로 형성되고 국경을 넘
어 자본의 상호의존성을 강화시킨다. 다른 하나는 그 반대 경향으로,
'자본 이익의 국가화'다. 이것은 모든 기업들이 국내외에서의 이윤
을 보장받기 위해 자국 국가기구에 의존하는 것이다.

레닌은 그의 노작인 『제국주의, 자본주의의 최고 단계』에서 다음
과 같이 기술하고 있다. "만약 제국주의를 아주 간명하게 정의해야
한다면, 우리는 제국주의를 독점 단계의 자본주의라고 해야 한다."
자본주의의 '독점 단계'는 소수의 선진국에서 발전되었다. 그곳에서
소수의 거대기업은 경쟁자들을 차차 제거한 후 은행과 합병을 통해
거대 트러스트를 설립한다. 국내 시장을 장악한 후, 그들은 새로운

시장을 찾아 나선다. 그들은 국내에서 정부 계약 우선권을 얻기 위한 자원과 관계망을 확보할 뿐만 아니라, 식민지에서 도로·항만·철도·군사기지 건설 투자 기회를 얻기 위한 관계망을 구축한다.

국내외에서의 인수합병은 큰 물고기가 작은 물고기를 잡아먹는 것과 같은 자본축적 효과를 낳으며, 이 경향은 점차 강화되어 오늘날에도 계속되고 있다. 제국주의 국가라고 불리는 몇몇 강대국들의 자원·경제력 집중은 오늘날에 더욱 뚜렷하게 나타나고 있다. 최근 유엔에서는 세계 100대 다국적 기업에 대해 다음과 같이 밝힌 바 있다.

이 기업들 중 85개 기업은 EU, 일본, 미국에 본사를 두고 있으며, 특히 미국 기업은 21개나 된다. 100대 기업 중, 72개 기업이 미국, 프랑스, 독일, 영국, 일본 등 다섯 나라에 뿌리를 두고 있다.
— 유엔무역개발협의회, 「2008년 세계투자보고서」

레닌은 자원과 시장 그리고 영토를 위한 제국주의 국가들의 상호 경쟁이 국제정치를 규정하고 있다고 지적하며 다음과 같이 말했다.

세계의 경제적 분할에 근거한 특정 관계들이 자본가 동맹들 사이에서 성립되고 그와 동시에, 그리고 그것들과 관련되어 정치적 동맹, 즉 국가들 사이의 일정한 관계들이 세계의 영토 분할에, 식민지를 위한 투쟁에, 즉 '영토를 위한 투쟁'에 근거하여 성립됨을 자본주의 최고 단계 시대는 우리에게 보여준다.

다른 국적의 독점자본가들 사이의 '영토' 지배를 위한 경쟁은 군사적 대결을 낳는다. 20세기의 양차 세계대전은 이러한 갈등에 기원을 두고 있다. 평화적 시기에도 군사력의 위협은 이른바 "보이지 않는 손"의 작용에 상당한 영향을 행사한다고 부하린은 지적했다. 그는 다음과 같이 말했다.

자본 수출은 열강들 사이의 갈등을 첨예하게 만든다. 이미 자본 투자 기회나 이권을 위한 투쟁 등은 항상 군사적 압력에 의해 강화되었다. 군사적으로 강한 열강 자본가들의 책동에 의해 종속된 정부 또는 국가는 보통 군사적으로 가장 강력한 국가에 특권을 넘겨준다.

2차 세계대전 후 미국이 경제적·군사적 헤게모니를 장악하고, 자본주의 열강들이 소련을 공동의 적으로 규정하게 됨에 따라, 그들 사이의 적대 관계는 다소 완화되었다. 그러나 소비에트 블록에서의 반혁명의 승리, 미국과 그 경쟁자들 사이의 격차 축소는 1914년과 1939년에 전쟁을 일으켰던 이 나라들이 다시금 대적하게 만들었다.

## 워싱턴 컨센서스 : 신식민지 약탈

오늘날 '선진 자본주의' 국가들에 의한 후진국 착취 메커니즘은 식민지 시대 때보다 노골적으로 작동하지 않는 것으로 보인다. 지금은 완곡하게 '개발도상국'이라 불리는 나라들은, 레닌 시대엔 유럽, 미국 또는 일본의 명백한 식민지였다. 2차 세계대전 이후 옛 식민지 제국의 해체는 겉으로는 독립국가이나 실제로는 토착 지배자들이 선진국 자본의 경쟁자가 아니라 하수인 노릇을 하는 신식민지 국가를 창출해냈다. 최근에 선진국의 기업들은 싼 노동력과 자유무역지대가 있는 신식민지로 생산설비와 서비스를 '아웃소싱' 해왔다. 신식민지의 부를 빨아내기 위한 방법은 다양하다. 투자 이윤 챙기기, 상품 판매, 라이센스 계약, 이전 가격 조작, 공공이나 개인의 채무 또는 토지 임대에 대한 이자 수취.

1970년대에 서방의 주요 은행들은 신식민지 국가들의 경제개발을 촉진시킨다는 명목으로 이들 정권에 저리로 대출을 해주었다. 부패한 공직자들은 이 자금 중 많은 부분을 횡령했고, 이는 종종 제국주의 은행들의 묵인하에 이루어졌다. 남은 자금의 일부는 대출 은행과 연계된 제국주의 기업들의 이익을 위한 계획에 사용되었다. 많은 경우 채무 상환은 부채 '돌려막기'에 의해 계속되었다(예를 들면, 새로운 더 많은 대출로 이전의 빚을 갚는 방식). 결국 1980년대 이자율의 상승은 많은 제3세계 국가에 채무 위기를 일으켰다. 채권을 상환할 수 없을 지경에 이를 정도로 경제는 위축되었고 화폐 가치는 떨어졌다.

국제통화기금(IMF)은 이 위기에 대해 관세 인하, 국영기업의 민영화(특히 공공부문), 제조업자와 농민에 대한 보조금 삭감, 규제철폐를 내용으로 하는 '구조조정 프로그램'을 강제하는 '구제계획'으로 대응하였다. 후진국의 경제성장과 근대화를 위하는 것이라고 선전되지만, ('워싱턴 컨센서스'로 알려진) 이 처방은 개발도상국으로부터 선진국으로 부가 흘러들어가게 했고, 또한 그들의 경제를 세계 자본주의 체제하에서 더욱더 종속적인 위치로 고정시키는 효과를 낳았다.

관세 철폐는 국외 거대기업을 위한 새로운 시장을 열어놓았고 그들의 값싼 상품으로 국내 생산자들은 파산했다. 외국 농업회사와 토착 엘리트가 토지를 사들여 수출에 목적을 둔 대농장을 설립함에 따라 국내 식품생산은 줄어들었다. 농업생산의 '세계화'는 지난 수십년간 각지에서 쫓겨난 수많은 영세농민들을 도시빈민으로 만들고, 최빈국들의 먹거리 대부분을 제국주의 기업농업에 의존하도록 만들었다.

아이티는 '시장 자유화'와 '자유무역'이 가난한 신식민지에 얼마나 충격적인 결과를 낳는지를 보여주는 대표적 사례다. 1995년 IMF의 차관을 제공받는 조건으로 아이티 정부는 쌀의 수입관세를 35퍼센트에서 3퍼센트으로 낮추는 데 동의했다. 그 결과 미국쌀이 대량으로 쏟아져들어와 토착 농민들이 생산한 쌀보다 싸게 팔렸고, 수많은 농민들이 파산했다. 부르주아 이데올로그들은 관세나 기타의 국가 개입에서 시장의 자유를 보호함으로써 만들어지는 '공정경쟁'과 '동등한 경쟁'을 통해 '효율성'이 성취될 수 있다고 나발을 불어댄다. 그러나 미국 생산자들이 아이티 농부들보다 싼값에 쌀을 팔 수 있는 이유는 단지 그들이 정부로부터 막대한 장려금을 받기 때문이다.

2003년에 미국 정부는 13억 달러를 농지의 경작을 지원하는 데 투입하고, 농부들의 작물 재배 비용을 지원하는 데 18억 달러를 투여했다. 이는 실제 생산비용의 72퍼센트를 차지한다.

—「옥스펌 보고서」, 2005년 4월

제국주의자들의 '개발'은 수십 년간 신식민지 경제를 지체시키고 기형화했다. 세계 인구의 3분의 1이 넘는 25억 인구가 2달러도 안 되는 돈으로 하루하루 목숨을 부지하고 있다. 약 10억여 명은 장기적 영양실조 상태이며, 추산에 따르면 13억 명이 안전한 식수를 마시지 못하는 상태다. 세계은행과 IMF를 위해 정치평론가들이 개발이나 근대화 같은 단어를 떠벌여대지만, 피비린내 나는 식민지 정복으로 형성된 세계 자본주의는 항상 식민지 국가들에서 선진국으로 부를 뽑아내는 깔대기로 작동해왔다.

최근 200년 동안에 세계불평등은 꾸준히 증가하고 있다. 세계 소득 분포(국가 간)의 장기적 추세 분석은 최부국과 최빈국 사이의 격차를 보여준다. 1820년 3:1, 1913년 11:1, 1950년 35:1, 1973년 44:1, 1992년 72:1.

　　　　　　　　　　　　　　　—유엔개발계획, 「인력개발 보고서」, 1999년


개인 소득의 격차는 그보다 더 심각하다.


　　세계 500대 부자들의 소득 총합은 극빈층 4억 1,600만 명의 소득을 합친 것보다 더 많다. 이 극단 너머로, 25억의 인구(세계 인구의 약 40퍼센트)가 하루에 2달러에 미치지 못하는 액수로 생활하고 있는데 이는 세계소득 총액의 5퍼센트를 차지하고 있다. 10퍼센트의 부자들은 거의 대부분 고소득 국가에서 살고 있으며, 소득 총액의 54퍼센트를 차지하고 있다.

　　　　　　　　　　　　　　　　　　　　　　　　—앞의 글


　　국제적인 빈부 격차 증대와 함께 제국주의 체제 중심부의 사회 양극화도 진행되고 있다. 미국에서 1981~2005년 동안 실질임금은 정체되었다. "99.9퍼센트 납세자들의 실질소득은 약 세 배 증가했다. 그런데 최고소득층 1만 3천 명이 포함된 99.99퍼센트 납세자들의 실질소득은 다섯 배 증가했다."(래리 바텔스, 『불평등 민주주의 : 新금광시대의 정치경제학』, 2008년) 이 사실은 '선진국'과 '후진국' 노동자들 사이에 본질적으로 동일한 이해가 있음을 나타낸다. 오직 생산자들의 민주주의로 조직되고 이윤보다 인간이라는 원칙이 지배하는, 전 세계적으로 계획된 사회주의 경제만이 유일하게 빈곤, 기아, 인종주의와 전쟁의 위협을 제거할 수 있다.

**PART 2**

# 21세기의 제국주의

# 이라크, 크게 무리하고 있는 제국주의

국제볼셰비키그룹★2005년

"모든 대의는 무의미하다. 피의 웅덩이에 너무 깊이 빠져 있다. 더 이상
이 짓을 하지 않고 되돌아가더라도 끔찍하기는 마찬가지다."

—〈맥베스〉 3막 4장

앞의 구절은 셰익스피어의 비극 〈맥베스〉의 일부다. 여기서 충직
한 장수였던 맥베스는 왕권을 탐하여 왕을 비롯하여 수많은 사람들
을 죽인 자신의 행위를 반추하고 있다. 그리고 피의 웅덩이에 너무
깊이 빠져 있어서 이 모든 것을 되돌리는 것은 불가능하다고 판단한
다. 그러면서도 이 만행을 계속하는 것만이 난관을 헤쳐나갈 유일한
길이라고 생각한다. 미국의 지배계급 역시 자신이 메소포타미아에서
저지르고 있는 만행에 대해 맥베스와 유사한 결론을 내리고 있다. 세
계 지배를 위한 이라크 정복은 거대한 피바람을 동반하는 엄청난 도
박이다. 그러나 이 도박은 지금 미국 군사력의 한계를 드러냈을 뿐이
며 미국의 외교적 입지를 약화시켰다. 이로써 2001년 9월 세계무역
센터에서 벌어진 끔찍한 테러의 피해자로 미국이 가지고 있었던 '세

계 최고의 민주주의체제'라는 도덕적 자산마저 고갈되었다. 거대 제국 미국의 파괴 행위에 대한 세계 인민의 분노 때문에 미국 제품은 세계 시장에서 별로 인기가 없다. 반면 오사마 빈 라덴은 중동의 남자애들에게 최고의 인기를 누리게 되었다. 자신을 공격하지도 않은 이라크에 대해 미국은 군사 공격을 감행했다. 그리고 있지도 않은 '대량살상무기'에 대해서는 자기방어를 위해 선제공격을 할 수밖에 없었다고 공식적으로 합리화했다. 그러나 이 설명은 이제 무지몽매한 이라크를 '해방'시키고 중동의 모든 인민에게 평화와 민주주의를 선사하겠다는 열망으로 바뀌었다. 그러나 미국이 이라크를 점령한 진짜 이유는 언제나 명백했다. 이라크는 미국이 조종하는 중동의 이른바 '민주주의' 국가들의 중심축이 될 것이었다. 그리고 이 국가들을 통해 미국은 중동의 석유를 장악하고, 더 나아가 '새로운 미국의 세기'에 도전할 모든 잠재적 경쟁 국가들을 제압하여 헤게모니를 확보할 생각이었다. 현재 미국은 이라크 전역에 영구 군사기지들을 건설하고 있다. 그리고 이라크의 미 대사관에 3천여 명의 요원을 고용할 계획을 가지고 있다. 이렇게 될 경우 이라크의 미 대사관은 미국의 해외 공관들 가운데 가장 큰 규모를 자랑하게 될 것이다.

처음에는 모든 일이 잘 풀리는 듯했다. 그러나 결국 일이 꼬이게 됐다. 사담 후세인의 이라크 군대에 맞서 미군은 별다른 희생 없이 빠르게 승리를 거두었다. 1년 6개월 전에 아프가니스탄의 탈레반 정권을 군사적으로 제압한 뒤 연이어 얻은 승리였다. 이로써 미국은 자신의 위력을 세계에 인상적으로 각인시켰다. 물론 이것도 미리 계획한 시나리오의 일부에 불과했다. 이라크에 대한 대대적인 파괴 및 살상은 미국에게 도전해야겠다고 결심했을 신식민지 지배자들을 '충격과 공포'에 빠뜨리기에 충분했다. 한때 '중동의 미친 개'로 인식되던 리비아의 인민주의 지도자 무아마르 카다피는 현재 미국의 '테러 대전'에 봉사하는 심부름꾼 소년으로 변신했다. 리비아에 대한 경제 봉쇄가 풀리자마자 거대 석유회사인 로열더치셸은 재빨리 선수를 쳐서 리비아와 2억 달러어치의 석유 탐사 계약을 체결했다. 그리고 옥시덴털 피츠로울리엄과 코노코필립스 등 미국의 거대 석유회사들도 한때 자신들이 장악했던 리비아의 유전에 다시 모습을 나타낼 계획을 가지고 있다.

그러나 후세인 정권을 타도한 후 제국주의 '해방군'에게 제대로 풀린 일은 하나도 없었다. 이라크가 미국에게 즉각적인 위협이 될지 모른다는 등의 기이한 거짓말들은 후세인 정권과 알 카에다 그룹이 연계되었다는 황당한 주장과 함께 그릇된 것이었다고 공식 발표되어야 했다. 미군에 대한 이라크 이슬람교 반군의 저항은 미군의 이라크 점령 자체를 어느 정도 정당화한다고 생각되었다. 그러나 이 생각은 미국 내 과격파 기독교인들에게만 설득력이 있는 것으로 입증되었다. 미국에게 위협이 되는 나라를 미리 골라잡아서 전쟁을 벌인다는 것이 이른바 부시의 '족집게 전쟁'이다. 그러나 그의 전쟁에 대한 지지도는 전쟁이 계속되자 점차 낮아지고 있다. 그의 정책을 지지하는 미국인들은 대부분 상황을 잘 몰라서 그를 지지하고 있을 뿐이다. 2004년 11월 8일자 《뉴욕타임스》는 매릴랜드 대학교가 실시한 여론 조사 결과를 보도했다. 이 조사에 따르면 부시에게 표를 던진 유권자의 3분의 2 이상은 사담 후세인이 오사마 빈 라덴과 협력한 '명백한 증거'가 있다고 믿고 있었다. 사실을 말하면 이 두 인물은 모두 미국이 길러내고 무장시킨 자들이었다. 이 공통점만이 이 두 인물을 연관시키고 있을 뿐이다.

이라크 전쟁이 시작될 시점에 전쟁에 대한 반대 여론은 미국 역사상 어떤 전쟁보다 컸었다. 이 점은 상당히 중요하다. 수천만의 미국인들은 이라크에 대한 부시의 '전쟁'이 실은 잔인한 식민지 강탈임을 알고 있었다. 부시 행정부는 모든 일이 착착 진행되고 있다고 주장하고 있지만 미군 사상자의 속출 때문에 이것이 황당한 주장이라는 것이 증명되고 있다. 범죄적 성격이 짙은 이 정책에 대한 미국인들의 반대는 시간이 흐를수록 더 거세질 것이다.

모두 유엔의 지지를 받았던 1991년 이라크 전쟁, 1999년 유고슬라비아 공습, 2001년 아프가니스탄 침공 등에서 프랑스와 독일 지배계급은 미국의 군사적 공격에 반대하기보다는 함께하는 것을 통해 얻을 것이 더 많다고 계산했다. 그러나 2003년 이라크 전쟁에 대해 이들은 정반대의 결론을 내렸다. 군사적으로는 미국이 자신의 경쟁자들인 다른 제국주의 국가들보다 월등히 앞서고 있으나 미국의 경제적 지위는 추락하고 있다. 매년 6천억 달러에 달하는 무역수지 적자와 매년 4천억 달러에 달하는 부시 행정부의 무분별한 재정 적자 등이 이를 드러내고 있다. 특히 중동의 에너지 자원을 직접 장악하려는 시도가 실패할 경우 미국은 중대한 위기를 맞을 가능성이 있다. 이 시도가 성공할 경우 미국의 부르주아 계급은 투자한 것의 수십 배 또는 수백 배의 소득을 올릴 것이다. 그러나 이라크를 제압하고 이 지역에 대한 통제권을 확보하지 못할 경우 다른 제국주의 경쟁국에 대비된 미국의 하락세는 극적으로 가속화될 것이다.

현재 제국주의 국제질서의 모습은 1914년 1차 세계대전 전의 상황과 유사해지고 있다. 그 당시 제국주의 주요 강대국들 사이의 경쟁관계는 서서히 과열되다가 결국 2천만 명 이상의 사람을 죽인 야만적인 세계 전쟁으로 폭발했다. 이 지옥과도 같은 유혈참사가 진행되고 있을 때 1917년 러시아 10월 혁명의 지도자 레닌은 이렇게 말했다.

제국주의는 ⑴ 독점체와 금융자본의 지배가 확립되었으며 ⑵ 자본 수출이 대단한 중요성을 획득했으며 ⑶ 국제 트러스트들 사이에 세계의 분할이 시작되었고 ⑷ 거대 자본주의 국가들 사이에 세계의 영토 분할이 완료된 단계의 자본주의다.

—『제국주의, 자본주의 최고의 단계』

제국주의가 단순히 '나쁜 정책'이라는 주장을 거부하면서 레닌은 '영향권의 재분할 그리고 시장과 원자재와 값싼 노동력에 대한 접근을 둘러싼 경쟁은 자본주의 발전의 불가피하고 필연적인 결과'라고 말했다. 유엔, 국제통화기금, 세계무역기구, 세계은행 등 2차 세계대전 후 수립된 초국적 기구들은 민족국가들 위에 군림하지 않는다. 그리고 제국주의 강대국들 사이의 이해관계가 일치할 때에만 작동할 수 있다. 자본주의 기업들은 세계를 무대로 하여 활동하고 있다. 그러나 거의 예외 없이 이들은 한 국가에 본부를 두고 있다. 그리고 필요할 경우 관세, 보호무역정책, 무역 전쟁 그리고 결국 군사적 전쟁 등을 통해 자신들이 대주주로 있는 자국 부르주아 국가기구의 지원을 받는다.

미국의 이라크 점령은 이스라엘의 이해관계와 일치하고 있다. 그러나 시온주의 신보수주의자들(neo-conservatives)의 사악한 집단에 의해 이 정책이 부시에게 강요된 것은 아니다. 아무리 허술하게 진행되고 있더라도 부시의 이라크에 대한 강도 전쟁은 미국 민주당과 공화당 양당의 오랜 정책을 반영하고 있다. 미국은 1998년에 바그다드의 '정권 교체'를 공식 정책으로 채택했다. 이때는 민주당의 빌 클린턴이 백악관의 주인이었다. 2001년 9월 11일 테러 공격에 의해 미국 내에는 공포심과 분노가 조성되었다. 이로 인해 후세인 타도 전략은 황금 같은 기회를 제공받았다.

현재 이라크에는 10여 개의 미군 기지가 건설되고 있다. 이를 통해 미국 국방부는 중동 지역에서 군사정책적 자율권을 완벽히 부여받을 것으로 기대하고 있다. 이 구상은 미국의 군사적 자원 운용의 주요한 전환을 의미한다는 점에서 대단히 중요하다. 그 동안 존재했던 서유럽 중심의 자원 운용 방식은 이제 중동에서 동남아시아에 걸친 일련의 미군 기지들을 통해 주요 유전 매장지대들을 미국이 통제하는 것으로 바뀌고 있다. 또한 이를 통해 중국에 대한 미국의 포위망이 좁혀지고 있다.

미국은 2001년 아프가니스탄 침공을 이용하여 타지키스탄, 키르기스스탄, 우즈베키스탄 등에 군사기지를 건설했다. 오랫동안 중동에서 미국의 하수인 역할을 해왔으며 현재 더욱 불안정한 모습을 보이고 있는 사우디아라비아에서 미국은 대부분의 군대를 철수시켰다. 대신 미국은 바레인과 카타르에 군사기지들을 운용하고 있다. '민주주의'에 대한 미국의 열성은 중동의 전제주의 정권들에게는 전혀 적용되지 않고 있는 것처럼 보인다. 이것은 파키스탄의 군사독재자 페르베즈 무샤라프 장군에게도 마찬가지다. 그는 선거로 집권한 정권을 몰아내고 권력을 장악했는데, 현재 이 지역에서 미국의 아주 중요한 동맹자가 되었다. 사실 미국은 자신에게 불쾌한 정책을 구사한 민주 정부 타도 공작에 대한 오랜 기록을 가지고 있다. 여기에는 1953년 이란의 모사데크 정권부터 2002년 베네수엘라의 차베스 정권에 이르기까지 여러 정권들이 망라되어 있다.

# 이라크 사람들은 우리를 증오한다. 우리를 죽이려 한다.

부시는 이라크 전쟁과 관련해 성급하게 "군사적 임무가 완료되었다"고 선언했다. 그러고 나서 몇 개월 후인 2003년 7월 그는 미국의 점령에 감히 도전하는 이라크의 '인간 망나니들'은 미군에 의해 즉시 제압될 것이라고 자신있게 예상했다. 그리고 이렇게 큰소리쳤다. "덤빌 놈들은 나올 테면 나와봐라!" 그의 소망은 이루어졌다. 미군이 별로 없는 이라크 북부의 쿠르드 지역을 제외한 이라크 전역에서 미군 점령에 대한 저항운동이 벌어지고 있다는 사실이 곧 명백해졌다.

1991년 아버지 부시 대통령은 유엔의 지원을 받아 미군보다 훨씬 열세인 후세인의 군대를 손쉽게 패배시켰다. 그리고 방어 능력이 전혀 없는 수만 명의 이라크 징집군을 잔인하게 학살했다. 그는 지금 아들 대통령이 열성적으로 치르고 있는 비싼 점령 비용을 회피하기 위해 후세인의 바트 당 정권을 그대로 두기로 결정했다. 조금만 있으면 미국에 유순한 정권이 등장하고 후세인이 타도될 것으로 자신했기 때문이었다.

그러나 제국주의 국가들의 압박, 여러 차례 시도된 미 중앙정보국 주도의 쿠데타, 다수의 어린이를 포함한 100만 명 이상의 이라크 인민을 죽인 10년간의 유엔 경제봉쇄 등에도 불구하고 후세인은 권력에서 물러나지 않았다. 그리고 유엔 경제봉쇄의 의도하지 않은 결과가 하나 생겨났다. 이라크의 석유는 미국의 통제권에서 벗어났고 프랑스와 러시아의 석유회사들이 바트 당 정권과 엄청난 규모의 계약을 체결했다. 이라크를 직접 장악하여 아버지의 계산 실수를 만회하려고 아들 부시가 일어났고 그는 곧 백악관의 주인이 되었다.

이라크 인민의 "진정한 공감"을 얻고 제국주의자들이 수십 년간 지지해온 후세인 정권으로부터 이라크 인민을 "해방시킨다"는 것이 미국이 공식적으로 주장하는 대 이라크 정책이다. 그러나 이라크 침공의 서막을 알리는 대대적인 바그다드 공습이 '충격과 공포'라는 이름으로 개시되었다. 이렇게 시작된 미국의 이라크 군사정책은 이라크 인민에게 테러를 가하는 것에 초점이 맞춰져 있었다. 이를 통해 미국의 정책에 이라크 인민이 강제로 굴복하게 만들자는 것이었다. 아부그라이브 감옥에서 자행된 미군의 범죄적 포로 학대는 사진으로 찍혀서 미국 백악관의 전쟁 선전에 확실한 똥칠을 했다. 미국이 제네바 협약에서 이미 탈퇴했고 '불법 전사'라고 간주하는 자들에 대해 고문을 '합법화했다'는 점을 고려하면 이 학대 사진들은 놀랄 일은 아니었다. 아부그라이브 감옥의 학대 실태를 폭로한 미국의 기자 시모어 허쉬는 이렇게 보도했다.

　　아부그라이브 감옥에서 저질러진 만행의 뿌리는 몇몇 예비군들의 범죄적 성향에 있지 않다. 진짜 뿌리는 국방부 장관 럼스펠드가 작년에 승인한 결정들에 있다. ……

　　녹슨 구리의 청색 등 여러 암호들을 통해 국방부의 포로학대 작업은 정보 당국 내부에 이미 알려져 있었다. 이 작업은 이라크 포로들에 대한 신체적 강제와 성적 모욕을 권장했다. 이를 통해 증대하고 있는 이라크 저항 세력에 대한 정보를 더 많이 확보하려고 했다.

—《뉴요커》, 2004년 5월 24일

이라크에 배치되기 전에 텍사스 주의 포트후드 기지에서 배운 것을 어느 미군은 이렇게 요약했다. "이라크 현지 문화에 대한 교육은 10초밖에 걸리지 않는다. 이라크 사람들은 우리를 증오한다. 우리를 죽이려 한다. 이 사실만 알면 된다."(《토론토 스타》, 2004년 6월 26일) '해방군'이 증오의 대상이 되는 이유는 명백하다. 20년간 지속된 전쟁과 제국주의 국가들의 잔인한 경제제재 등으로 이라크의 사회적·경제적 기초가 거의 다 파괴되었고 인민은 거지가 되었기 때문이다.

도시를 벗어난 많은 곳에서 토양의 염분화, 펌프 고장, 퇴적물로 막힌 수로 등으로 농업은 계속해서 악화되고 있다. 한편 농업과 관련된 물자들을 외국으로부터 수입하는 현상이 늘어나고 있다. 증대하는 농촌의 실업 때문에 바스라, 바그다드 등 대도시의 빈민촌 인구는 급증했다. 북부 지역 외의 대다수 도시들에서 중소기업들은 값싼 외국 제품의 유입 및 법과 질서의 붕괴로 크게 타격을 입었다. 1980년대 내내 지속된 이란–이라크 전쟁으로 이라크의 제조업 분야는 무기 생산 쪽으로 치우쳐 있었다. 이렇게 해서 70년대부터 축소된 이라크의 제조업 대부분은 민영화가 아니라 폐쇄에 직면하고 있다. 이 결과 한때 숙련을 자랑했던 노동인구는 일이 없어 놀고 있다. 이라크 전쟁 이전의 노동력 가운데 3분의 2가 실업자일 수도 있다. 이라크의 선전 책자들은 이렇게 말한다. "이라크는 대(大)중동권을 위해 화물 운송을 맡는 거대한 두바이가 될 것이다. 이렇게 되면 이라크는 미래 중동 지역의 무역 중심지로 부상할 것이다." 그러나 이 책자들이 제시하는 전망은 뻔하다. 이라크 인민은 먼 미래에 화물 처리 내지 창고 관리 일꾼으로서 세계 경제에 통합될 것이다. 매일 같이 제공되는 군사 공동성명서들은 깊어가는 사회위기를 감추고 있다. 눈에 보이는 미국의 점령군은 이라크 인민의 분노를 즉시 폭발시킬 대상에 불과하다.

—《뉴레프트리뷰》, 2004년 7·8월호

영국의 최고 의학 전문지 《랜싯》은 이렇게 발표했다. "2003년 3월 미군 침공 이후 1년 6개월 동안 최소한 10만 명의 이라크 인민이 사망했다. 사망자의 대부분은 미·영 연합군의 공습 피해자였다. 후세인 정권보다 현재 이라크 민간인이 급작스럽게 사망할 위험도는 58배나 더 높다."(《가디언위클리》, 2004년 11월 5일)

경제제재, 공습, 전쟁 등으로 이라크를 황폐화시킨 후 미국은 이라크의 석유 수출 대금에서 나온 190억 달러의 '이라크 개발 기금'과 미 의회에서 배정한 240억 달러로 이라크를 '재건하겠다'고 약속했다. 하지만 이 기금들의 대부분은 외국, 특히 미국 업자들에게 배당되었다. 2004년 10월까지 이 기금들의 아주 적은 비율만이 용수, 방역, 보건, 교량, 도로 등에 쓰였을 뿐이다.(《가디언위클리》, 2004년 10월 22일)

기금들의 대부분은 미군기지 건설에 쓰이고 있다. 점령군 당국의 최고 우선순위는 '보안'이었고 그 다음이 송유관 복구 공사였다. 미국은 이라크 침공 전의 수준으로 전기 공급, 하수처리시설, 식수 공급 등을 회복시키지 못했다. 이 때문에 '재건'에 대한 미국의 약속들은 쓰디쓴 농담이 되어버렸다.


## 공룡 미국에 도전하다

미국 정부는 이라크에서 곧 완벽한 군사적 승리를 거두게 될 것이라는 발표를 공식적으로 되풀이했다. 그리고 '결정적 전환 국면'에 대해서도 공식 발표를 계속했다. 이것을 미국의 거대 언론들은 앵무새처럼 반복했다. 그러나 미국이 이라크를 제압한다는 데 회의적인 전망을 내놓는 입장이 서서히 고개를 들기 시작했다. 2003년 12월 사담 후세인의 생포로 저항세력이 심각한 타격을 입을 것이라는 예측이 있었다. 그러나 이 예상은 크게 빗나간 것으로 밝혀졌다. 또한 오랫동안 미 중앙정보국의 하수인이었던 아야드 알라위에게 공식적으로 '주권'이 이양된 후에는 무장 저항이 사그라질 것이라는 예상도 나왔다. 그러나 이 예상 역시 맞지 않았다. 이라크의 소수 세력이 된 수니파는 미군 점령에 강력히 저항하면서 선거 불참을 선언했다. 이 상황에서 새로운 임시 괴뢰 '정부'를 구성하기 위한 2005년 1월의 선거는 근본적인 것을 하나도 바꿀 수 없었다.

미 점령군에 대한 저항세력의 정교하고도 치열한 공격은 미 제국주의의 군사적 모험의 대가를 꾸준히 높여왔다. 그리고 1991년과는 달리 이번에는 미국이 전쟁 비용을 경쟁국이나 괴뢰정권들에게 전가할 수가 없다. 애초에 국방부는 초전 박살을 기대하고 있었다. 그리고 이라크 경제를 신속히 복구하여 이라크를 '해방시킨 자들'의 이윤 확보 기회를 최대화하려고 했다. 그러나 분배할 전리품이 당분간은 없을 것이라는 사실이 명확해지자 미국은 경쟁 강대국들과의 다자간 비용 분담에 관심을 표명하기 시작했다.

몇 개월 동안 프랑스, 독일, 러시아 등 유럽 국가들은 큰 소리로 미국의 이라크 점령을 반대하며 강력하고도 독자적인 유엔의 역할을 전면에 내세웠다. 그러나 이들은 달리 설명할 수 없을 정도로 이상하게 이 특별 군대를 위한 병력과 호위군을 제공하지 않았다. 유엔의 이 특별 군대는 초동 단계에는 1천여 명의 중무장한 병사들 그리고 60여 명 이상의 가볍게 무장한 호위군이 필요할 것이다.

　　　　　　　　　　　　　　　　　　　—《뉴욕타임스》, 2004년 7월 20일

다른 강대국들이 미국의 중동 유전 장악 기도에 드는 비용을 분담하지 않으려는 것이 "달리 설명할 수 없을 정도로 이상하"지는 않다. 후세인 정권이 체결한 계약들을 무효화시킴으로써 미국은 프랑스와 러시아의 에너지회사들에게 수십억 배럴의 석유에 대한 접근을 차단시켰다. 그러나 미국이 기가 죽는 것을 고소하게 바라보면서도 미국의 경쟁국들은 세계 경제에 어느 정도 질서가 유지되는 데 이해관계를 가지고 있다. 따라서 미국이 완전히 찌그러지는 것이 제국주의 세계질서를 위협하는 불안 요인이 될지도 모른다고 우려하고 있다.

미 점령군 당국은 '연합'군, 계약업자, 외국 용병 등에게 완전한 기소 면책 특권을 부여한다는 포고령을 발표했다. 그리고 이것을 이라크 괴뢰 정권들은 옹호해왔다. 그러나 이들은 저항세력의 공격으로부터 면책 특권을 부여받지는 못했다. 2004년 4월 팔루자의 저항군은 4명의 미국 흑수(黑水) 보안 용병들을 살해했다. 그리고 이들의 시체를 언론에 공개했다. 그러자 제국주의 선전가들은 이 '민간인들'에 대한 극악무도한 취급에 대해 열을 올리며 비난했다. 그러나 미군이 이에 대한 보복으로 팔루자를 공격하여 600여 명의 주민을 살해했을 때 이들은 분노 비슷한 것도 표현하지 않았다. 한편 아랍 전역에 미군의 잔인한 학살 장면이 텔레비전 화면으로 방송되자 이라크에는 수니파, 시아파 할 것 없이 미군에 대한 증오심과 저항의 파도가 크게 상승했다.

이라크의 다수파인 시아파는 미군 점령에 대한 저항의 수위를 높였다. 그러자 이에 놀란 미군 당국은 점령군에 대한 주요 반대자인 무크타다 알 사드르를 침묵시키려는 엉성한 시도를 했다. 이라크 괴뢰정부가 그의 신문을 폐간시키고 그에 대한 체포 영장을 발부하자 사드르의 '마디 군대(Mahdi army, '마디'는 이슬람교의 구세주를 뜻한다—옮긴이)'가 무장 저항을 시작했고 시아파의 성지 나자프와 바그다드의 북적거리는 시아파 빈민굴인 '사드르 시' 등을 장악했다. 일부 사드르의 무장군은 수니파 저항세력과 함께 미군에 저항했다.

　4월에는 이라크 전역에 미군에 대항하는 광범위한 봉기가 일어났다. 바쿠바에서는 수니파와 시아파가 연합하는 드문 경우가 발생했다. 사드르의 시아파 추종자들은 관공서를 습격했고, 수니파 전사들은 미군과 교전을 벌였다.

—《뉴욕타임스》, 2004년 6월 28일

2004년 4월, 미군은 나자프와 팔루자를 공격했다. 이에 대한 대중의 분노는 너무 커서 미국이 직접 선정한 이라크 임시정부의 제국주의 하수인들조차 미국을 비난하지 않을 수 없었다. 대중의 봉기가 대대적으로 폭발할 가능성에 직면하자 미국은 군대를 철수시키고 두 도시를 저항세력에게 넘겨주었다. 사드르는 미군과 맞선 직후 인기가 치솟았다. 이것은 점령군에 대한 시아파의 분노를 나타내는 아주 의미심장한 징후였다.

　몇 달 전만 하더라도 이라크 인민의 1퍼센트 정도만이 사드르를 지지했다. 그러나 4월 후반에 이라크의 조사 및 전략 연구소가 실시한 여론조사에 따르면 이라크 인민의 32퍼센트가 그를 강력히 지지했고 35퍼센트는 어느 정도 그를 지지했다.

—《글로브앤드메일》(토론토), 2004년 6월 1일

미군이 나자프에 피비린내 나는 공격을 가한 직후인 2004년 8월에

사드르의 전사들은 이 도시에서 철수하는 문제를 놓고 미군과 협상을 벌였다.

나자프를 장악한 후 미군의 다음 목표물은 수니파의 아성인 팔루자였다. 냉소적으로 '정밀 폭격'이라고 불린 극악한 공습이 몇 개월 계속되자 10월 중순 팔루자의 주민 대부분은 집을 버리고 피난하지 않을 수 없었다. 그후 몇 주가 지나고 미국의 대통령 선거가 끝난 직후 미군은 이 도시에 대한 지상 공격인 '유령의 분노' 작전에 들어갔다. 저항세력에 대한 결정적인 타격으로 선전되었으나 이 공격의 진짜 목표는 점령에 반대한 것에 대해 주민들을 징벌하는 것이었고 미국 공룡에 저항하는 끔찍한 대가가 무엇인지를 보여주는 것이었다.

미군은 저항 받거나 패배될 수 없다는 것을 증명할 필요가 있었다. 이것이 광범위한 파괴를 가져오더라도 어쩔 수 없다. 평화롭게 살기를 원하는 팔루자 주민 대다수는 이미 피신했다. 남아 있는 자들은 나름의 선택을 한 것이다. 테러 분자들을 가차 없이 추격할 필요가 있다.

이것은 살해를 의미한다. …… 세계의 유화 세력들이 우리의 포로 학대에 대해 불평을 늘어놓는데 이 잔소리를 더 들을 필요가 없다. 테러 분자들은 폭탄이 터지는 먼지 속에서 죽어야 한다. 세계는 이들의 시체를 볼 필요가 있다. ……

팔루자가 카르타고처럼 완전히 초토화되어도 이것은 그럴 만한 가치가 있다. 우리의 의지력을 세계에 증명하고 미친놈들이 미국에 대적할 때 그 결과는 오직 하나뿐이라는 것을 보여주어야 한다.

—《뉴욕포스트》, 2004년 11월 4일

이 기사를 쓴 자는 랠프 피터즈인데 전쟁광인 그는 30만 주민들 가운데 피난을 하지 않고 남아 있는 주민은 죽어도 싸다고 생각한다고 밝혔다. 그러나 남아 있기로 작정한 주민들은 대개 나이가 많거나 병이 들어 이동할 수 없는 노약자들과 이들을 돌보기 위해 남아 있던 사람들이었다. 미국의 언론 대부분은 피터즈처럼 무지막지하지는 않았으나 결론은 그와 마찬가지였다. 1999년 나토 군이 공습을 하기 직전 수만의 알바니아계 소수민족이 코소보를 떠나 피난길에 올랐다. 그리고 이것은 슬로보단 밀로셰비치의 '인종 청소'와 '민족 학살' 정책의 증거로 제시되었다. 그러나 미군이 팔루자 주민 대부분을 피난민으로 만들었을 때 이는 미국의 거대한 전쟁기구의 '인도주의'를 증명하는 것으로 묘사되었다.

미군의 첫 번째 목표는 팔루자의 병원이나 의료기관 들을 점거하거나 파괴하는 것이었다. 2004년 4월에 그랬던 것처럼 민간인 사상자들의 사진이 유포되는 것을 막기 위해서였다. 이 결과 민간인 사망자의 수가 크게 증가했다는 사실은 미국의 전쟁 범죄자들에게는 관심 밖의 일이었다. 미군은 팔루자의 많은 곳을 초토화시켰다. 그러나 체첸의 수도인 그로즈니를 초토화시킨 러시아 군들과 똑같은 결정적 승리를 미군은 얻어낼 수 없었다. 대대적인 공격이 시작되기 전에 이미 저항군은 대부분 도시를 빠져나간 뒤였다. 뒤에 남은 투사들은 자신들의 전과를 잘 전해주었다. 몇 주일 동안 미군 70명 이상이 살해되었고 300여 명이 중상을 입었다.

오랫동안 후세인 정권의 탄압을 받아왔던 인구의 대다수 시아파와 지금은 정권에서 밀려난 수니파의 미·영 제국주의 연합 점령군에 대한 증오심은 굉장히 크다. 그래서 점령군 당국은 조금이라도 치안 장악력을 발휘할 이라크 경찰 및 군대를 구성할 수 없었다. 점령군의 하수인 역을 맡고 있는 보안기관들에 입사하는 대부분의 이라크인들은 가난한 실업자들로서 가족을 먹여 살리기 위해 고군분투하고 있는 남자들이다. 따라서 이들은 당연히 점령군이나 저항세력에 대한 전투를 달가워하지 않는다. 2004년 4월 팔루자 공격에 동원된 다수의 이라크인 보조 병력은 결국 저항군에 합류했다. 그리고 상당수가 11월에 경찰과 군대 대오에서 이탈했다. 게다가 보안기관 내부에 저항세력의 동조자들이 퍼져 있음이 분명하다. 과도정부의 수상이었던 알라위는 '이라크 정부군의 많게는 5퍼센트 가량이 저항세력의 동조자일지도 모른다'고 넌지시 말했다. 인구의 압도적 다수는 점령군이 물러가기를 원한다. 이 때문에 저항세력은 협조자들을 찾아내고 일을 시키는 데 큰 어려움이 없다. 알라위의 내무부에 따르면 2004년 마지막 4개월 동안 약 1,300명의 이라크 괴뢰 경찰이 저항세력에 의해 목숨을 잃었다.

이라크를 장악할 임무를 담당한 자는 미국 대사 존 네그로폰테였다. 그는 1980년대에 레이건 대통령에 의해 온두라스 특사로 파견되었다. 니카라과의 민족주의 좌파 정권인 산디니스타 정부에 대해 살해를 일삼는 반군을 조직하는 중심 역할을 했던 인물이 바로 그였다. 테러, 잔혹한 탄압, 경제제재 등을 동원하여 미국은 산디니스타 정권을 쫓아내고 엘살바도르의 대규모 좌익 봉기군을 진압했다. 그러나 1980년대 중앙아메리카와 지금 이라크는 아주 결정적인 측면에서 전혀 판이 다르다. 좌익에 대한 미국의 전쟁에 대해 엘살바도르와 니카라과 자본가 계급은 열성적으로 찬동했다. 그러나 지금 이라크에서는 수니파든 시아파든 미국의 이라크 석유자원 강탈을 도우려는 의미 있는 세력은 없다.

## '그럴싸한 선택들은 없다'

부시의 이라크 모험의 계획을 세워준 미국의 신보수(neo-conservative) 협잡꾼들은 쿠르드족, 시아파, 수니파를 이간질하고 민주적 외양을 갖춘 후 영구 점령을 합리화하기를 희망했다. 그러나 이 모든 계획은 '정권 교체'를 계획한 매파 똘마니들이 상상한 것보다 훨씬 어려운 작업인 것으로 입증되고 있다. 현재는 인구의 소수파인 수니파가 미군 점령에 가장 적대적이다. 그러나 미국은 분리 독립하려는 쿠르드족을 의심하고 있으며 인구의 다수파인 시아파에 대한 이란의 영향력 확대를 걱정하고 있다.

부시 대통령은 자기의 이라크 정책을 결정하고 있는 근거 없는 희망을 다음과 같은 말로 간략하게 표현했다. "1월에 있을 제헌의회 선거는 테러 분자들이 외국 군대의 점령에 저항하고 있다는 잘못된 생각을 없앨 것이다. 또한 테러 분자들이 실제로는 이라크 인민의 의지에 저항하고 있다는 점을 명확히 각인시킬 것이다."(《뉴욕타임스》, 2004년 12월 8일) "이라크 인민의 의지"는 외국 점령군을 쫓아내는 것에 있다. 이것은 의심의 여지가 없다. 그리고 없어진 것은 미국의 군사력이 무적이라는 잘못된 생각이다. 현재 이라크의 다수 지역은 미군 저항세력에 의해 장악되었다. 육상 도로에서의 사상자 수는 너무 많다. 2004년 12월 15일자 《뉴욕타임스》의 보도에 따르면 "한 달에 약 100여 명의 사망자와 부상자가 발생하고 있다." 그래서 다수 지역에서는 식수를 포함하여 점령군의 핵심 보급품은 비행기로 날라야 한다.

부시 일당은 공식적으로는 이라크 사태를 낙관했다. 그러나 미국 정보 당국의 전망은 상당 기간 일관되게 비관적이었다. 빌 클린턴 전 대통령의 고문이었던 시드니 블루멘설은 2004년 9월에 이렇게 말했다.

국가안보기구 의장을 역임한 퇴역 장군 윌리엄 오덤은 나에게 이렇게 말했다. "부시는 대량살상무기를 발견하지 못했다. 알카에다의 경우는 더 심각하다. 이 문제에 대해서도 그는 실패했다. 중동에 민주주의체제를 수립할 것이라고 그는 계획했다. 그러나 이 목표도 실패했다." 그는 이렇게 덧붙였다. "지금 우리가 추구하고 있는 정책은 빈 라덴 대신 그의 목표를 달성시켜주고 있다."

해병대 사령관과 미국 중부사령부 사령관을 역임한 퇴역 장군 조지프 호어는 이렇게 말했다. "부시와 그의 측근들이 계획한 대로 이라크 사태가 풀릴 것이라는 생각은 정말 웃긴다. 그럴싸한 선택들은 없다.'"

공군 전쟁 대학교의 전략학 교수 제프리 레코드는 이렇게 말했다. "밝은 빛이 한 줄도 보이지 않는다. 최악의 상황이 현실로 나타났다. 독일과 일본에서 2차 세계대전을 치른 이후 우리가 누렸던 장점들과 지금의 이라크 상황 사이에는 어떤 비교도 불가능하다."

—《가디언》, 2004년 9월 16일


2004년 11월 22일자 《뉴욕타임스》 사설은 팔루자 공격이 결론이 나지 않은 후 "작년의 '전쟁 임무 달성'은 '임무 달성 불가능'인 것처럼 보이기 시작했다"고 불평했다. 그러나 미국 부르주아 계급은 이라크 정복에 너무 많은 것을 투자했다. 따라서 실패할 경우 파생될 결과를 두려워하고 있다. 이 때문에 어느 분파도 아직은 이라크에서의 군대 철수를 요구하지 않고 있다.

# 미국 군사력의 피로 징후

미국 국방부는 저항세력에 맞설 의지와 능력이 있는 이라크 하수인 군대를 아직 조직하지 못했다. 그리고 '기꺼이 미국을 따르려는 연합국' 보조 군대는 자국 철수 등으로 녹아 없어지고 있다. 따라서 이미 지나치게 임무의 부하가 늘어난 병력을 더 조이는 것이 국방부의 유일한 방안이다. 현재 미국의 '스스로 지원하는 군대(자원군)' 가운데 수천 명은 더 이상 자원 복무자가 아니다. 복무 만료 시점이 가까워진 일부 병사들은 복무 연장 계약에 합의하든가 즉시 이라크로 발령이 나든가를 선택하도록 강요되고 있다. 한편 다른 병사들은 '병력 손실 막기(stop loss)' 명령에 따라 복무 연장 계약에 도장을 찍고 있다. 어느 하사는 이렇게 불평했다. "군 당국이 골대를 자기 마음대로 옮기고 있다."(《뉴욕타임스》, 2004년 10월 1일)

동시에 국방부는 국민방위군과 예비군 등 시간제 병력을 많이 활용하고 있다. 이들은 현재 이라크와 아프가니스탄 주둔 병력의 40퍼센트를 차지하고 있다. 이들은 직업군인이 아니다. 이들은 가끔 주말에 숲 속에서 병정놀이를 하면서 용돈이나 벌기 위해 계약서에 서명했을 뿐 머나먼 외국에서 살해되거나 병신이 되기를 원치는 않는다. 이들 가운데 다수는 1년이나 그 이상 이라크나 아프가니스탄으로 배치되어 근무하고 있다. 부시 행정부는 이교도들에게 '자유'를 확산시킨다는 번지르르하면서도 냉소적인 말을 늘어놓는다. 그러나 그 말은 몸이 성한 채 고향으로 돌아가는 행운을 누리더라도 직업 경력과 결혼 생활이 파괴되는 이 병사들에게는 전혀 위안이 되지 않는다.

자신의 자유시장 이데올로기에 따라 부시 행정부는 민간 분야로 들어가 병력 부족 문제를 해결해왔다. 아부그라이브 감옥에 근무하는 37명의 포로 심문자들 가운데 27명은 사기업인 CACI인터내셔널 사의 직원들이었다. 정규군보다 몇 배 많은 돈을 버는 '민간 군사업체'의 직원 2만여 명은 국방부가 아니라 이라크 '재건' 예산에서 봉급을 받는다.

자본주의 사회의 인종적·계급적 불평등은 제국주의 군대 내에서도 재생산되고 있다. 이 점을 마르크스주의자들은 잘 인식하고 있다. 제조업 기반이 해체된 미국 중부 지방에 살고 있으며 노동계급, 흑인, 라틴아메리카 계통 등의 청년들 다수는 대학교에도 갈 수 있고 평생의 저임금 단순노동 생활에서 탈출할 수 있는 유일한 기회를 군 복무에서 찾고 있다. 이라크에 주둔한 미군 병사들은 이라크 민간인들을 살해하면서 전쟁을 수행해야 하는 끔찍한 현실에 처해 있다. 그리고 이뿐이 아니다. 강제로 군 복무 계약이 연장되고 보수도 그리 높지 않으며 생명이 크게 위협받고 있다. 이 때문에 현재 미군의 사기는 크게 처져 있으며 군대 지원자도 크게 줄었다. 또한 간간이 명령 불복종 사건도 발생한다. 가장 잘 알려진 명령 불복종 사건은 2004년 10월 제343 병참 중대의 병사 18명이 '자살 행위와 같은 임무'를 거부한 경우였다. 이들은 '수니파 삼각지대'(수니파 저항세력의 아성)에 위치한 미군 기지에 제트기 연료를 수송하는 임무를 명령받았다. 그러나 저항세력의 로케트 포탄이나 도로에 설치된 다이너마이트에 의해 작살날 각오를 하지 않고서는 수행할 수 없는 임무였다. 주요 사회 위기가 폭발할 경우 미국의 지원군들은 각자 소속된 사회계급에 따라 분열을 겪기 시작할 것이다. 월남전이 끝나갈 무렵인 1970년대에 징집된 미군들은 대규모로 장교들의 명령을 거부하고 이들을 총살한 적이 있었다. 이 급격한 규율 와해 현상에 겁을 먹은 군 당국은 결국 월남에서 군대를 철수하기로 결정했다.

미국은 '점을 찍어놓고' 이라크에 전쟁을 걸었다. 자기 방어를 위해서 어쩔 수 없이 전쟁을 한 것이 아니다. 따라서 대가가 클 경우 미국 부르주아 계급은 링 안에 타월을 던져 기권을 할 수도 있다. 그러나 그럴 경우 '세계 유일의 초강대국'은 스타일을 구기게 될 것이다. 1983년 10월 '이슬람교도의 성전'이라고 내세우며 한 집단이 트럭으로 자살폭탄 공격을 감행하여 레바논의 수도 베이루트에 있던 제국주의 군대의 병영을 초토화시켰다. 이로 인해 미 해병대와 프랑스 공수부대의 300여 명이 죽었다. 그러자 제국주의자들은 꼬리를 내리고 레바논에서 황급히 철수했다. 이 군사적 패배와 이로부터 10년 뒤에 소말리아에서 일어난 유사한 사건은 아직도 생생히 기억되고 있다. 2004년 미국 대통령 선거 유세 도중에 부통령 딕 체니는 레이건과 클린턴 행정부가 테러분자들에게 이렇게 가르친 것을 비난했다.

"이들은 우리를 공격하고도 보복당하지 않았다." "우리를 충분히 강하게 타격하면 이들은 우리 정책을 변경시킬 수 있다." 레이건의 첫 번째 임기 중인 1983년 베이루트에서 미 해병대 병영이 공격당한 사건과 1993년 소말리아에서 미군들이 살해된 사건들을 체니는 언급했다.

—《뉴욕타임스》, 2004년 9월 7일

제국주의 군대가 이라크에서 패배할 경우 부시 행정부의 위세는 크게 약화될 것이다. 그리고 부시 일당이 대표하고 있으며 노동조합을 파괴하는 등 대단히 악독한 사회 기생 집단인 미국 부르주아 계급도 세력이 약화될 것이다. 그러면 미국 노동자들은 연금, 생활 수준, 민주적 권리 등을 높이기가 보다 수월해질 것이다. 모든 제국주의 군대가 이라크에서 즉시 철수할 것을 혁명가들은 촉구한다. 또한 이라크 저항세력이 점령군과 그 하수인들을 공격하는 것을 옹호한다.

영국, 미국 그리고 기타 제국주의 국가의 계급의식이 있는 노동자들은 이라크의 저항세력을 군사적으로 지지해야 할 의무가 있다. 그러나 이 저항세력의 핵심을 구성하고 있는 다양한 반동 분자들에게 정치적인 지지는 결코 보낼 수 없다. 바트 당에 속했던 이 저항 분자들은 후세인 정권 당시 수천 명의 정치적 반대자들과 노동조합 활동가들을 살해했으며 쿠르드족과 시아파를 잔인하게 탄압했다. 그리고 수니파든 시아파든 이슬람교 근본주의자들은 더 문제가 많다. 팔루자, 나자프, 사드르 시 등 자신들이 장악하고 있는 지역에서 이들은 영화관, 미장원, 씨디 가게 등을 골라서 불을 질렀다. 또한 술을 판매하는 등의 '범죄'에 대해서는 공개적으로 채찍질을 가하는 일들을 자행했다. 쿠르드족이 사는 곳 이외 지역에서 이들은 강제로 여성에게 베일을 뒤집어쓰도록 했다. 그리고 이들이 장악한 지역에서는 기독교인과 다른 소수민족에 대한 극악한 공격뿐 아니라 '가문의 명예를 더럽힌 여성을 살해' 하는 등 여성 비하 행위가 크게 증가해왔다.

바그다드 남부의 디얄라 다리 건너편에 살고 있는 집시들은 강경 시아파 성직자 무크타다 알 사드르를 매우 두려워한다. 이들의 가옥들은 그의 민병대 추종자들의 공격을 받아 거의 사라졌다. 바그다드의 다른 지구들과 이라크 남부 지방에서는 등산용 곡괭이를 들고 설치는 근본주의자 공격 부대들이 수백 가구의 집시들을 몰아내고 이들의 자동차와 돈을 훔쳤으며 이들의 집을 파괴했다. 이 모든 행위는 시아파 권위자 하즈와의 이름으로 자행되고 있다. 또한 그의 시아파 알라 특공대들은 집시 소녀들을 붙잡아 머리를 완전히 밀어버렸다.

—《이코노미스트》, 2004년 7월 24일

## 계급 노선과 제국주의 반대

미 제국주의는 2003년 3월 이라크를 침공했다. 그러나 이에 앞서 혁명가들은 임박한 제국주의 공격에 대해 이라크를 방어할 것을 이미 요구했었다. 그러나 마르크스주의자를 자처하는 세계의 조직들 대부분은 노골적인 자유주의·평화주의에 기초하여 '광범위한' 연합 조직을 수립하려고 애를 썼다. 영국에서는 국제사회주의자들의 본부 격인 사회주의노동자당이 '전쟁중지연합(Stop the War Coalition, StWC)'을 수립하였다. 이 조직은 대규모 시위를 개최하면서 종교인, 노동조합 관료, 각종 소부르주아 개량주의자들에게 연단을 내주었다. 사회주의노동자당은 공식적으로는 혁명조직을 자처하면서도 '광범위한 단결'을 위해 전쟁중지연합의 집회나 시위에서 부르주아의 자유주의 분파가 받아들일 수 있는 노선을 표명했다. 현재 이 연합의 가장 주요한 요구는 '군대를 귀국시켜라'다. 물론 혁명가들은 이라크에서 모든 제국주의 군대들이 즉각 무조건 철수하기를 원한다. 그러나 마르크스주의자를 자처하는 사회주의노동자당은 오직 군대 철수만을 외칠 뿐이다. 이들이 진정 혁명조직이라면 이렇게 선언해야 한다. '전쟁이 없는 세계를 꿈꾸는 평화주의 동지들의 소망은 계급투쟁을 통해서만 그리고 전쟁을 초래할 수밖에 없는 제국주의 체제를 전복시켜야만 성취될 수 있다.'

미국의 자칭 혁명조직들도 자유주의와 평화주의에 기초하여 반전 투쟁을 전개했다. 이를 통해 민주당이 미 제국주의의 정책을 좀더 '진보적인' 방향으로 이끌도록 압력을 가하려 했다. 그러나 이라크 와 중동의 석유를 둘러싼 인종주의와 제국주의 전쟁에 대해 민주당과 공화당은 실질적인 차이가 없다는 것이 이미 널리 알려져 있다.

'마르크스주의' 조직들은 자유주의적 제국주의 '본당'인 민주당에게 호소의 목소리를 높이고 있다. 그렇다면 이 조직 회원들은 이 황당한 노선에 대해 대단한 관용 능력을 갖추어야 할 것이다. 마오쩌 둥주의를 추종하는 혁명공산당(Revolutionary Communist Party, RCP)이 한 예를 제공하고 있다. 이 조직은 '아주 매혹적이지만 잘못된 길로 인도하는' 차선책의 논리를 이렇게 비난하고 있다.

불행하게도 이 논리는 이미 여러 차례 시도된 적이 있다. 그리고 그 결과는 똑같이 형편없었다. 이 점을 강조하지 않을 수 없다. 지배자들의 '좀 더 이성적인' 분파는 약간 우려를 표명할 수도 있다. 그러나 결국에는 이들도 지배계급의 핵심 부위와 같은 계급적 이해관계와 그에 합당한 전략과 목표를 갖는다. 그래서 이들은 지배 분파와 공동 보조를 취한다. 그러다가 거센 저항에 직면하면 그제야 지배 분파와 갈라선다. 월남전 또는 나치 독일의 경우를 생각해보면 이 점은 쉽게 이해가 된다.

—《혁명 노동자》, 2004년 8월 29일

그러나 이 신문의 같은 호에서 이 그룹은 민주당 정치인들에 대한 투표는 사소한 전술적 문제에 불과하다고 독자들을 안심시킨다. "정말 그래야 한다고 느끼면 케리에게 표를 던져라. 그러나 결국 제국주의의 자유주의 분파와 지배 분파가 분열하도록 노력해야 한다." 이 혁명공산당에게 운동은 모든 것이고 계급 노선은 아무것도 아니다.

이 그룹의 반전 연합인 '우리 이름으로는 절대로 안 된다(Not In Our Name)'는 일상적으로 데니스 쿠시니치 같은 반전 민주당 인사를 초청하여 자신들이 개최한 집회에서 연설하게 한다. 자신이 시작한 '100만 개 지구본 캠페인(Million Globes Campaign)'을 선전하면서 이 그룹은 자유주의 애국자들과 연대하려는 자신의 욕구를 확실히 표현했다. "우리는 이 캠페인을 광범위하게 추진하기를 원한다. 그러므로 미국 국기를 어떤 경우에도 게양하지 않으려는 사람들은 물론 '미국 국기를 깨끗하게 간직하기'를 원하는 사람들도 포함시킬 필요가 있다.' '평화는 애국이다'라고 외치는 군중과 함께 있을 때에는 혁명공산당은 자신의 이른바 혁명 원칙들을 조심스레 숨긴다.

부시가 재선되자마자 이 그룹은 "최악의 선택"이었다고 평가한 후 공포에 질려 이렇게 선언했다. "부시와 그의 일당은 보통 공화당원이 아니다. 이들은 기독교 파시스트들이다." 미국의 국가기구를 파시스트들이 장악할 경우 문제는 심각해질 것이다. 그러나《혁명 노동자》는 독자들을 이렇게 안심시킨다. "그러나 이 나라가 결코 본 적이 없는 그리고 혁명으로 사회를 쇄신할 강력한 투쟁을 지도할 수 있는 지도자는 존재한다. 그 지도자는 바로 혁명공산당 의장 밥 어베이키언이다." 그리고 혁명공산당은 진지한 모습으로 현재 제기되고 있는 가장 중요한 이슈는 바로 이것이라고 제안한다. "부시와 어베이키언의 청사진 가운데 어느 것이 승리할 것인가?" 어베이키언 추종자들과 미국 국기를 깨끗이 간직하는 자들 사이의 연합은 진풍경일지도 모른다. 그러나 지금 시점에서 이 연합이 인류의 근본 문제들을 해결할 기구가 될 것 같지는 않다.

영국의 사회주의노동자당과 함께하다가 지금은 떨어져나간 미국의 국제사회주의조직(International Socialist Organization, ISO)은 민주당과의 야합과 '혁명' 공문구 남발을 혁명공산당과는 약간 다르게 결합시킨다. 이 그룹은 이렇게 요구했다. "케리는 입장을 분명히 해라. 미군을 지금 귀국시켜라!" 그러면서 동시에 이 그룹은 이렇게 선언했다. "이라크의 이슬람교 저항 운동은 미국 반전 운동의 무조건적 지지를 필요로 한다. 반전 운동은 이 저항 운동의 성격이나 특성에 대해 시시콜콜하게 따지는 어떤 행위도 거부해야 한다."(《국제사회주의평론》 2004년 7·8월호)

바트 당 분자들이나 여성을 혐오하는 이슬람교 광신도들의 반(反)노동계급적 성격에 대한 비판은 이 그룹에게는 '시시콜콜하게 따지는 행위'일지도 모른다. 그러나 혁명가들은 이들과 태도를 달리한다. 우리는 노동자와 피억압 인민에 의한 그리고 이들로 구성된 정부를 원하며 바트 당 지배가 회복되거나 이슬람교 신정(神政)체제가 강요되는 것에 반대한다. 노동계급의 이해는 소부르주아 민족주의자, 부르주아 '민주주의자', 이슬람교 성직자 등의 이해와 정반대다. 이 점을 우리는 공개적으로 말한다. 이 그룹이 이라크 저항세력을 무조건 지지하는 것은 이들을 길러낸 토니 클리프의 국제사회주의 경향이 25년 전에 아야톨라 호메이니의 '이슬람교 혁명'을 무조건 지지하면서 이슬람교 반동들에게 굴복한 것과 궤를 같이한다. 이라크 저항세력의 반동 지도자들을 정치적으로 지지하는 것은 노동계급을 무장해제시킬 뿐이다. 그리고 이란에서 있었던 피비린내 나는 재앙을 반복할 뿐이다. 당시 이란에서 호메이니는 권력을 확실히 장악한 후 자기를 지지했던 좌익 응원 부대들을 감옥에 가두고 살해했다.

상호배타적인 정치적 입장을 모두 수용하는 습관이 있는 영국의 노동자권력(Worker's Power, WP)은 사람들을 혼돈에 빠뜨리는 데 선수다. 이라크에 대해서도 이들은 전형적인 자기 모습을 보이고 있다. 전쟁중지연합 지도부에 대표를 파견한 이 그룹은 영국 반전 운동을 지배해온 평화주의 노선에 정치적 책임을 지고 있다. 그러면서도 자기 신문에서는 보다 좌익적인 포즈를 취하려고 애쓴다. 이와 유사한 맥락에서 노동자권력은 이라크 노동자들의 독자적 정치 세력화에 대해 말한다. 그리고 동시에 이슬람교도-바트 당 저항 운동을 '이라크 혁명'의 화신(化身)으로 간주한다.

팔루자를 후세인 지지자, 이슬람교 근본주의자, 알카에다가 파견한 '외부' 투사 등의 아성이라고 미국과 영국의 언론은 묘사한다. 그러나 이것은 거짓말이다. 팔루자 투쟁은 미국 주도 점령군에 대한 대중적 저항투쟁이다. 이것은 민족해방투쟁, 즉 이라크 혁명의 일부다.

—「제국주의자들의 팔루자 학살」, 2004년 11월 9일

팔루자 저항 운동에 대중이 참여하고 있는 것은 맞다. 그러나 이 운동의 지도부는 바트 당 분자들과 이슬람교 근본주의자들이다. '이라크 혁명'이 진정한 사회혁명이라면 노동계급은 국가권력 장악 투쟁에 독자적으로 개입해야 한다. 바트 당 분자들과 이슬람교 반동들의 군사 동맹이 '이라크 혁명'의 원동력이 될 수 있다는 환상은 위험천만할뿐더러 혼란스럽다.

중동 전역에는 제국주의 강도들에 대한 엄청난 분노가 들끓고 있다. 이 분노를 혁명으로 이끌기 위해서는 노동계급에 뿌리를 둔 전위당이 형성되어야 한다. 이것은 점령군에 대한 저항을 노동계급이 지배하는 평등한 사회체제를 위한 투쟁으로 연결시킬 수 있다. 그러나 현재 이라크에는 이러한 당의 맹아조차 없다. 그러나 이라크 노동계급은 아랍 세계에서 가장 전투적이고 가장 조직력이 강한 전통을 가지고 있다. 따라서 이라크 노동계급은 아직까지는 혁명의 강력한 요인이다. 대대적인 실업과 가열되고 있는 게릴라 전쟁으로 인해 이라크 노동계급은 그 수가 크게 줄었다. 그러나 점령군 지배하에서도 이들은 여러 번의 투쟁을 벌였다. 예를 들어 바스라에서는 노동자 총파

업이 세 번이나 일어났다. 이 투쟁은 대부분 부르주아 언론에 의해 무시되었다. 그러나 2004년 6월 28일자 《네이션》의 한 기사는 이렇게 보도했다. "이라크 남부에서 벌어진 2004년 1월의 석유 노동자 파업은 임금을 삭감하려는 연합군 임시정부의 기도를 성공적으로 분쇄했으며 헬리버튼 주식회사가 현지 노동자를 외국 노동자로 대체하려는 계획을 포기하게 만들었다." 2004년 9월 30일자 《가디언》의 보도에 따르면 같은 해 8월 남부석유회사 노동자들은 미군의 나자프 공격에 항의하기 위해 석유 수출을 잠시 중단시켰다. 그 자체로도 의미있는 이 투쟁들은 이라크 노동자들이 반제국주의 투쟁의 결과를 결정적으로 규정할 역량이 있음을 보여주고 있다.

이라크공산당(Iraq Communist Party)의 한심한 스탈린주의자들은 역대 이라크 노동운동의 지도부가 되어왔다. 그러나 이들은 처음부터 점령군에게 열성으로 협력했다. 이 정당의 당원들은 미국이 임명한 과도정부위원회에 입각했다. 또한 2004년 6월 '주권 이양'의 웃기는 작태가 연출된 후 과도정부위원회의 대체 기구인 임시회의에도 입각했다. 이라크공산당이 잔인한 후세인 정권하에서 극악하게 탄압당했다는 사실은 쓰디쓴 아이러니가 아닐 수 없다. 왜냐하면 모스크바의 지령을 받은 공산당은 노동자 혁명으로 비화할 가능성이 충분했던 1958년 투쟁을 가라앉히면서 후세인의 바트 당 정권 탄생에 결정적 역할을 했기 때문이다.

점령군의 하수인 역할을 자청한 이라크공산당과는 달리 이라크노동자공산당(Worker-Communist Party of Iraq)은 점령군에 반대할 뿐아니라 점령군 하수인들을 비난하고 있다. 이 정당의 중핵들은 회원수 15만 명이라고 주장하는 이라크실업자연합(Union of the Unemployed in Iraq)을 건설하는 데 기여했다. 실업자연합은 항의,

농성, 파업지원투쟁 등을 다수 조직해왔다. 그리고 노동자공산당 소속 조직가 수십 명은 감옥에 갇혀왔다. 그러나 이 중요한 기여에도 불구하고 노동자공산당의 활동은 근본적으로 결함이 있다. 이슬람교 저항세력을 제국주의 점령군과 같은 부류로 간주해왔기 때문이다.

> 이슬람교 정치 집단들은 국제 테러의 한 축을 형성하고 있다. 이들은 권력을 잡기 위해 테러의 다른 한 축인 제국주의에 대항하고 있다. 이들은 이라크에서 전개되고 있는 암흑 시나리오의 한 축이다. 암흑 시나리오의 첫 장들을 구성하고 있는 내용은 이라크 대중에 대한 미국의 전쟁이다.
> ──「이라크 인민에 대한 이슬람교 테러 집단들의 만행에 항의하는 이라크 노동자공산당의 성명서」, 2004년 10월 26일

이라크 저항세력과 제국주의 점령군 사이의 군사 충돌에서 노동자공산당은 중립을 지키고 있다. 이것은 후세인 정권이 너무 반동적이므로 영국과 미국의 침략에 대해 이라크를 방어할 수 없다는 이전의 입장과 동일선상에 있다.

제국주의 점령군에 대한 투쟁을 내외 자본에 대한 몰수 강령으로 연결시키는 것이 필요하다. 이를 통해서만 중동의 인민들을 제국주의 지배로부터 해방시킬 수 있다. 레닌주의 전위당은 제국주의 군대를 몰아내기 위한 투쟁에 적극적으로 동참할 것이다. 또한 점령군에 대한 투쟁에서 모든 정치적 색채의 저항 부대들을 군사적으로 방어할 것이다. 특히 그 동안 억압당해온 쿠르드족의 분리독립권을 포함하여 이라크의 인종적·종교적 소수파들의 권리를 옹호할 것이다. 더욱이 여성의 평등권과 정교 분리를 위해 투쟁하면서 폐쇄경제에 입각한 신정체제보다 훨씬 나은 미래상을 제시할 것이다. 이를 통해 제

국주의 살인마 점령군이 자행하는 파괴와 살상에 치를 떨고 있는 수백만의 이라크 인민을 투쟁으로 분기시킬 것이다.


## 제국주의, '노동계급의 철천지원수'

미국의 지배계급이 이라크에 개입하면서 얻은 가장 주요한 교훈은 전쟁기구를 확대하는 것이 필요하다는 인식인 것 같다. 총알받이가 될 병사들을 더 모집할 경우 이들의 봉급과 수당으로 지출되는 비용은 상당히 늘어날 것이다. 징병제를 다시 도입하는 것은 미국의 지배계급에게는 너무 큰 정치적 도박이다. 무한정 계속되고 있는 부시의 '테러대전'은 대외의 군사적 모험 확대와 대내의 경찰국가적 억압 강화를 계속할 수 있는 편리한 정치적 구실이 되었다. 그러나 늘어나는 전쟁 비용은 사회보장제도와 의료보험제도를 '개혁'하고 그나마 별로 남아 있지 않은 연방 차원의 사회복지 제도들을 쥐어짜야 나올수 있다. '자유'를 방어한다는 미명을 통해 새로운 경찰국가의 계획자들은 인신보호법을 비롯한 민주적 권리들을 축소시키고 일반 시민들의 일상에 대한 정부의 사찰과 통제를 확대하는 데 여념이 없다.

제국주의의 형태를 띠고 있는 자본주의는 피와 오물을 뚝뚝 떨어뜨리는 사회체제다. 제국주의 지배하에서 중동 인민 절대 다수의 미래는 전쟁과 처절하고 절망적인 빈곤의 연속일 것이다. 제국주의 군대의 이라크에 대한 엄청난 파괴와 살상은 미래를 보여주는 불길한 징조다. 현재 제국주의 강대국들은 자기들은 깨끗하다는 듯이 '폭력'과 '테러'를 개탄하고 있다. 가공할 만한 파괴력을 지닌 무시무시한 무기들을 손에 쥔 채로. 그들은 3차 세계대전의 전초전에서 서로 유리한 위치를 차지하려고 온갖 잔머리를 굴리고 있다.

이라크를 직접 통제하려는 미·영 제국주의의 모든 실패와 패배를 계급의식이 있는 전세계 노동자들은 환영한다. 그러나 단순히 제국주의 지배를 반대하는 것만으로는 인류의 근본 문제가 해결되지 않는다. 착취받고 억압당하는 노동자와 인민이 토착 아랍 지배자들과 제국주의 상전들의 생산수단을 혁명으로 몰수해야 중동의 풍부한 석유자원으로 국제 석유 카르텔 및 이들과 연결된 지역 거간꾼들이 아니라 이 지역 인민의 삶을 개선시킬 수 있다.

사회의 절대 다수를 차지하는 대중의 이익을 옹호하기 위한 혁명적인 새로운 사회체제의 건설은 1958년의 이라크에서는 실현 가능성이 대단히 큰 전망이었다. 그러나 그때에 부족한 것이 있었다. 화해할 수 없는 계급투쟁 강령으로 무장하여 스탈린주의 사기꾼들을 정치적으로 패배시키고 대중을 국가권력 장악 투쟁으로 인도할 레닌주의-트로츠키주의 전투 정당이 바로 그것이었다.

국제 노동계급의 세계사적 임무는 자본의 학정을 타도하고 국제적 규모에서 사적 이윤이 아니라 인간의 필요를 위해 집단적 계획경제 체제를 수립하는 것이다. 현재 제국주의자들의 학살과 이슬람교의 반동이 판을 치는 중동에서 이 전망은 대단히 먼 것처럼 느껴질지 모른다. 그러나 이 전망은 빈곤, 기아, 억압이 없는 미래를 향한 유일한 길이다.

이라크의 천연자원을 장악하려는 미국 주도의 침략 전쟁이 패배할 경우 세계의 정치 지형은 근본적으로 바뀔 수 있다. 제국주의 경쟁국들에 대한 미국의 우위를 확보시키는 대신 부시 행정부의 이라크 모험은 '세계 유일 초강대국'의 쇠퇴를 가속화시키는 무분별한 도박이 될 것이다. 미국은 아직 패배하지 않았다. 그러나 압도적인 군사적 우위에도 불구하고 미국은 저항세력에 대해 전술적 승리 이상을 거두지 못했다. 이것은 모든 최첨단 병기 그리고 죽음과 파괴를 가져오는 엄청난 군사력을 보유하고 있으나 미국의 전쟁기구는 결코 전능하지 않다는 사실을 보여주고 있다.

중동의 유전을 장악하려는 미·영 제국주의의 축이 무너질 경우 그것은 이 지역 인민뿐 아니라 제국주의 국가 노동계급의 승리를 의미할 것이다. 물론 이들 대다수는 이 점을 인식하기에는 아직 정치 의식이 부족하지만, 위대한 독일 혁명가 로자 룩셈부르크는 이렇게 말했다.

자본이 세계를 정치적으로 지배하는 마지막 생존 국면이자 최고의 단계인 제국주의는 모든 나라 노동계급의 철천지원수다.
—「둘 중의 하나」, 1916년 4월

# 시온주의 테러를 격퇴하자!

국제볼세비키그룹★2006년

3주 전만 해도 지중해의 항구이자 레바논의 수도인 베이루트는 상업 활동으로 시끌벅적했다. 그러나 그후 지금까지 베이루트의 주요 수출품은 시온주의 살인자들의 공습을 피해 필사적으로 탈출하는 북미인과 유럽인의 피난민 행렬이다. 이스라엘 수상 에후드 올메르트는 이스라엘 국방군이 "세계에서 도덕심이 가장 투철하다"(《예루살렘 포스트》, 6월 11일)고 엄숙하게 말했다. 그런데 이스라엘 군은 레바논을 20년 후퇴시킬 용의가 있다고 공개적으로 선언했다. 이것은 15년 내전으로 피폐해진 레바논의 과거를 염두에 둔 발언이다.

레바논이 내전으로 신음하고 있던 1982년 6월 이스라엘 국방장관 아리엘 샤론은 이스라엘 군을 베이루트로 진군시켰다. '갈릴리 평화 작전'이란 이름의 이 침략 행위는 레바논―이스라엘 국경지대에서 이스라엘을 공격하던 팔레스타인해방기구 소속 카투샤 로켓 부대를 레바논 북쪽으로 밀어내기 위한 제한된 군사개입이라고 애초에 선전되었다. 그러나 실제 목표는 비종교 민족주의 단체인 팔레스타인해방기구를 제압하고 레바논을 이스라엘의 보호령으로 두려는 것이었다.

이 침공으로 이스라엘 군은 최소한 1만 7천여 명을 살해했으나 팔
레스타인해방기구를 제거하지는 못했다. 이스라엘 군대의 잔인한 점
령에 저항하여 이 나라 이슬람교 소수파인 시아파에 깊이 뿌리내린
무장정치조직 '레바논이슬람교저항군'(헤즈볼라)이 탄생했다. 이스
라엘 군은 2000년까지 남부 레바논 일부를 점령하고 있다가 결국 헤
즈볼라 게릴라의 장기 소모전에 굴복하여 쫓겨났다. 이로써 헤즈볼
라는 시온주의자들을 확실히 패배시킨 유일한 아랍 무장조직이라는
명예를 얻게 됐다. 이때부터 이스라엘의 인종주의 지배계급은 패배
의 치욕을 맘에 품고 복수의 기회를 애타게 기다려왔다.

지금의 레바논 사태는 지난 1월 팔레스타인의 수니파 무장정치조
직 하마스가 팔레스타인 자치의회 선거에서 승리하면서 비롯되었다.
이스라엘 정보기관은 아라파트의 팔레스타인해방기구를 약화시키기
위해 1970년대 말부터 팔레스타인 수니파를 비밀리에 지원해왔다.
부패와 대중적 불신에 허덕인 팔레스타인해방기구 정부는 광범위한
혐오의 대상이 되면서 최근의 자치의회 선거에서 하마스에게 패배했
다. 가자 지구라는 좁은 빈민가에서 살고 있는 100만 명의 팔레스타
인 인민에게 삶은 고통스러운 것이었다. 그러나 선거에서 승리한 하
마스가 정부를 구성하려 하자 미국의 지원을 받은 이스라엘은 극심
한 경제제재를 가했다. 그리고 팔레스타인 자치정부 14만 명 직원의
절반에게 줄 봉급인 점령지역 관세수익 5천만 달러를 몰수해버렸다.

2005년 2월 하마스는 이스라엘과의 휴전을 선언했고 이 휴전은 16
개월 동안 이어졌다. 그러나 이스라엘 군은 운이 없는 다수의 방관자
들뿐 아니라 팔레스타인 저항투사들을 '선택하여 살해'하는 목표를
결코 포기하지 않았다. 적신월사(赤新月社, 이슬람교 국가의 적십자사―
옮긴이)가 수집한 통계에 따르면 이스라엘 군은 올해 4월과 5월에만

가자 지구의 팔레스타인 저항투사 73명을 살해했다. 이스라엘 군의 포격으로 가자 지구 해변에서 휴가를 즐기던 팔레스타인 일가족 7명이 살해되는 사건이 일어나자 하마스는 6월 10일 자신이 선언했던 휴전을 철회했다. 이스라엘은 이 사건에 대한 책임을 부인하면서도 중립 단체의 사건 조사를 허용하지 않았다.

이로부터 몇 주일 후인 6월 24일에 이스라엘 군은 가자 지구에 진입하여 어느 의사와 그의 형제 한 명을 납치했다. 대부분의 서방 언론은 이 사건을 무시했다. 그러나 그 다음 날 팔레스타인 저항투사들이 케렘샬롬의 이스라엘 군 초소를 공격하여 이스라엘 군 상병 길라드 샬리트를 생포하여 보복하자 이 사건은 세계 언론의 1면 기사가 되었다. 사건 직후 이스라엘은 가자 지구에 연료를 공급하는 송유관을 차단하고 팔레스타인 인민이 이스라엘로 진입하는 통로인 검문소를 전부 폐쇄한 후 공습과 포격을 개시했다. 6월 28일에는 이스라엘 공군기가 가자 지구의 유일한 발전시설을 파괴했다. 유엔 긴급구호본부 책임자 얀 에겔렌트는 6월 30일에 "가자 지구의 상황 특히 전기와 급수의 부족, 이것이 하수시설에 미치는 영향 그리고 구호활동을 할 수 없는 사태에 대해 매우 우려하고 있다"고 말했다. 민간인을 겨냥한 이 '집단 징벌'은 제네바 협정에 금지되어 있다. 그러나 미국은 시온주의자들의 국제법 위반행위를 자유롭게 허용해왔다.


## 헤즈볼라 대 이스라엘 군 : 다윗 와 골리앗 의 대결 2편

이스라엘이 가자 지구를 봉쇄한 지 18일째 되는 7월 12일, 헤즈볼라 투사들은 이스라엘 북쪽 국경에서 순찰 중이던 이스라엘 군을 급습하여 군인 3명을 죽이고 2명을 생포했다. 그리고 자신들을 추격하는 이스라엘 군 탱크 한 대와 탱크 안에 있던 4명의 군인을 섬멸했다. 헤즈볼라 지도자 하산 나스랄라는 포로 교환을 제안했으나 이스라엘은 이 제안을 거부하고 베이루트와 남부 레바논에 공습을 시작했다. 또 레바논의 남쪽 3분의 1을 나머지 지역과 분리시키기 위해 베이루트 공항, 교량, 주요 고속도로 등 사회기반시설을 찍어서 폭격했다.

2005년 5~6월의 레바논 총선에서 헤즈볼라 후보들은 선거연합을 맺은 아말파 후보들과 함께 레바논 의회 128석 가운데 29석을 차지했다. '테러 조직'에 불과하다는 제국주의 언론의 비웃음과 달리 헤즈볼라는 레바논의 궁핍한 시아파 대중 속에 깊이 뿌리를 내리고 있다.

베이루트의 외곽지역은 다히야(아랍어로 교외)라고 한다. 이 말은 때때로 위험한 미로가 있는 빈민 밀집지역을 의미해왔다. 이 지역은 또한 헤즈볼라의 아성이다. 이곳의 지저분한 뒷골목은 콘크리트 블록으로 둘러쳐진 빈민가옥으로 빽빽하게 들어차 있다. ……

이 지역에서 헤즈볼라는 행정당국을 종종 능가하는 조직이 되었다. 학교, 할인약국, 식품점, 고아원은 물론 주요 병원도 하나 운영한다. 쓰레기 수거와 이스라엘의 침공으로 파괴된 가옥을 다시 세우는 일도 한다. 또한 이스라엘에 저항하다 사망한 젊은 투사들의 가족을 부양한다. 결국 헤즈볼라는 레바논 국민 25만 명에게 혜택을 베풀고 있으며 이 나라에서 두 번째 규모로 많은 일자리를 제공하고 있다.

—《워싱턴포스트》, 7월 16일

이스라엘 군은 남부 레바논의 시아파 거주지역을 공습하면서 민간인들에게 피난을 떠나거나 폭탄에 맞아 죽거나 둘 중의 하나를 택하라고 경고했다. 제국주의 언론은 이 경고를 이스라엘의 인도주의 조치라고 선전하면서 시온주의 학살자들의 '인종 청소'를 은폐하고 있다. 이스라엘 정부는 궁핍한 시아파 피난민들이 이슬람교의 드루즈파와 수니파 그리고 기독교인들이 거주하는 지역으로 대대적으로 유입되면 헤즈볼라에 대한 적대의식이 격화될 것으로 예상한 듯하다. 그러나 지금까지 분노의 대부분은 이스라엘 군에 퍼부어졌다. 전쟁이 끝나면 시아파 투사들을 억압할 비용을 부담할 반(半)괴뢰정권이 베이루트에 수립될 것이라는 이스라엘 지배계급의 소망은 물거품이 되었다. 이 바람은 그들의 오랜 소망이었다.

1955년 이스라엘의 국부 다비드 벤구리온은 '기독교도 장교'를 독재자로 레바논에 앉히자고 제안했다. 모세 샤레트는 이 생각이 레바논에 대한 완전한 무지에서 나온 소산이라는 것을 보여주며 그의 제안을 거부했다. 그러나 이로부터 27년이 지나서 아리엘 샤론이 똑같은 생각을 실현시키려 했다. 바샤르 제마엘이 레바논의 대통령으로 앉혀졌으나 곧 암살되었다. 그의 형제 아민이 대통령직을 승계한 후 이스라엘과 평화협정을 체결했으나 곧바로 권력에서 밀려났다. 그런데 바로 이 인물이 지금 이스라엘의 침공을 공개적으로 지지하고 있다.

—우리 아브네리, 「진정한 목적」, 7월 17일

이스라엘 학자 탄야 라인하르트는 이스라엘의 레바논 침공은 영토 확장을 시도해온 시온주의 역사의 맥락에서 이해되어야 한다고 말한다.

옛 기억이 있을 만큼 나이가 든 모든 이스라엘인처럼 레바논인들도 알고 있다. 벤구리온의 시온주의 비전에 따르면 이스라엘 국경은 자연경계에 의해 정해져야 한다. 즉 동쪽으로는 요르단 강, 북쪽으로는 레바논의 리타니 강이 되어야 한다는 것이다. 1967년에 이스라엘은 팔레스타인 영토를 점령하면서 요르단 강을 장악했다. 그러나 리타니 강을 국경으로 삼으려는 모든 시도는 지금까지 실패했다.

2000년 이스라엘 군의 남부 레바논 철수 당시 나는 이곳을 다시 침공할 계획이 이미 마련되어 있다고 주장했다. 이스라엘의 군사적 비전에 따르면 일단 남부 레바논에서 주민들을 몰아내야 한다고. 이것은 1967년에 시리아 영토였던 골란 고원을 이스라엘이 점령했을 때와 같은 수법이었다.

—「이스라엘의 새로운 중동」, 《카운터펀치》, 7월 26일


1967년 단 엿새 동안 이스라엘은 이집트, 시리아, 요르단 군대들을 물리치고 시리아의 골란 고원과 이집트의 시나이 반도를 빼앗았다. 동시에 가자 지구와 요르단 강 서안도 차지했다. 그러나 남부 레바논을 18년이나 점령하면서도 헤즈볼라를 박멸하지 못한 채 2000년 이스라엘 군은 쫓겨났다. 그러자 이스라엘에는 '월남전 증후군'의 유사 현상이 발생했다. 레바논의 늪에 빠져 또다시 허우적거릴 경우 여론과 군대가 가만히 있지 않을 것이다. 이스라엘 군은 대체로 방어수단이 없는 가자 지구의 민간인들에 대해서는 장기 소모전에 들어갈 준비가 되었는지 몰라도 레바논만큼은 완전히 박살내기를 원했다.

지금까지 헤즈볼라 투사들은 침략군에 심각한 타격을 입히면서 자신들에 비해 인원수와 장비가 압도적으로 우세한 이스라엘 군도 무적이 아니라는 점을 증명했다. 지금까지 헤즈볼라의 원시적 단거리 로켓 수백 발이 북부 이스라엘에 떨어졌고 일부 치명적 피해를 입히기도 했다. 헤즈볼라 게릴라 수천 명이 끈질기게 저항하자 시아파는 물론이고 수니파, 무종파 아랍인들까지 포함하여 아랍세계 전체가

흥분했다. 시온주의 억압자들에 대항하여 혁명가들은 헤즈볼라, 하마스에게 군사적 지지를 보낸다. 그러나 이 반동 종교정치 운동이 더욱 권위를 인정받는 것은 사회주의자, 여성, 동성연애자, 무신자들은 물론이고 봉건반동인 이슬람교도들에 의해 통치되기를 원치 않는 모든 이들에게 불길한 징조다.

## 1983년 레바논 : 제국주의자들, 쫓겨나다

신이 자신들을 선택했다는 선민사상에 젖은 이스라엘의 지배계급은 이스라엘 군의 사상자 수가 심각하게 증대하는 것을 아주 꺼리고 있다. 이 때문에 이스라엘 군의 공세는 복잡하게 꼬이고 있다. 미국과 기타 제국주의 동맹국들도 비슷한 태도를 가지고 있다. 이들은 이스라엘을 돕기 위해 외국 군대들로 구성된 '평화유지군'을 레바논에 보내는 것이 바람직하다는 것에 대해 동의하면서도 자기 나라 군대를 제공할 용의는 없다.

평화유지군을 파견하기엔 시기상조라고 공언한 프랑스와 미국은 1982년 다국적군 구성에 참여했던 악몽에서 아직 벗어나지 못하고 있다. 당시 이들은 이스라엘 침공 후 레바논 내전에 평화유지군으로 개입했다가 헤즈볼라와 치명적으로 뒤엉켰다.

1983년 10월 베이루트의 미 해병대 막사에 헤즈볼라가 자살폭탄 공격을 가했고, 미군 등은 서둘러 철수했다. 자살폭탄 공격은 241명의 미군과 58명의 프랑스 공수부대원들을 죽였다.

—《뉴욕타임스》, 7월 25일

제국주의자들을 레바논에서 몰아낸 1983년의 공격은 이슬람교 반동들에 의해 수행되기는 했지만 제국주의를 진정으로 반대하는 모든 세력들에게 환영받았다. 이 패배의 영향은 지금도 제국주의 지배집단 내부에서 반향을 일으키고 있다. 「럼스펠드 독트린」이란 글에서 제이콥 헤일브룬은 이렇게 말했다.

> 부시 행정부가 2003년 이라크를 선제공격하면서 이른바 파월 독트린은 완전 폐기되었다. …… 이것은 학자들처럼 쓸데없이 사소한 것을 따지는 문제가 아니라 공화당 내부가 근본적으로 분열하는 문제였다. 파월의 노선은 그의 스승 와인버거의 노선을 그대로 계승했다. 해병대 막사에 대한 자살폭탄 공격 직후 레바논 줄행랑을 정당화하기 위해 1984년 당시 미국방장관 와인버거는 이 노선을 천명했다. 이것은 전략적 굴욕 노선이었다. 공화당의 강경파 다수는 테러와의 전쟁에서 미국이 지금 겪고 있는 곤경이 이 굴욕 노선에서 출발했다고 믿고 있다.
>
> ─《뉴욕타임스북리뷰》, 4월 30일

아들 부시는 임기 중 허세를 부리기도 했으나 국내외에서 역사상 유례 없는 재앙들을 연속해서 겪었다. 이라크와 아프가니스탄 점령으로 군사적 우위를 자랑하던 미군은 현재 지구상 대부분 지역으로 분산되어 위태로운 지경에 처해 있다. 이라크와 아프간에서 일찌감치 선언된 전쟁 승리는 너무 낙관적이었던 것으로 판명되고 있다. 미국과 그 동맹 하수인 군대들의 군사적 지위는 천천히 그러나 꾸준히 악화되어왔다. 한편 부시의 '반대자' 민주당은 '이스라엘은 스스로를 방어할 권리가 있다'는 근거로 시온주의자들의 범죄 행위를 적어도 공화당만큼은 지지하고 있다. 이 때문에 올 11월의 중간 선거를 앞두고 부시의 이스라엘 침공 지지는 그를 괴롭힐 또 하나의 골칫거리가 되지는 않고 있다.

그러나 미국이 시온주의자들의 전쟁 범죄를 지지하면 국내는 아니더라도 국외에서 대가가 따르게 마련이다. 세계는 이스라엘 침공의 본질을 직시하고 미국을 비난하고 있다. 미 국방부는 레바논 시아파에 대한 이스라엘의 공격에 대해 이라크의 시아파가 미국·영국 점령군에 대한 공격을 재개할지도 모른다는 것 때문에 전전긍긍하고 있다. 이라크를 점령하고 있으나 만신창이가 된 제국주의 '연합군'은 이라크 소수파인 수니파의 저항투사들에 맞서느라 기진맥진한 상태다. 그런데 다수파인 시아파가 점령군에 대항해 다시 들고 일어선다면 제국주의자들은 통제 불능의 상황으로 빠져들 것이다.


## 시리아와 이란에서 손을 떼라!


백악관의 거짓 선전꾼들은 헤즈볼라가 이란 그리고 이란의 정략적 동맹국인 시리아의 하수인에 불과하다고 암시한다. 그러나 헤즈볼라와 두 나라 사이의 관계는 이스라엘과 미국 간의 관계와 성격이 아주 비슷하다. 아프쉰 몰라비는 이렇게 말하고 있다.


이들은 공동의 이해관계를 가지고 있다. 강대국은 약소국을 재정적·군사적으로 지원한다. 그리고 지역의 문제들에 대해 두 나라는 긴밀히 협의한다. 이들은 가끔 밀실에서 서로 다툰다. 그러나 강대국의 정치지도자들은 약소국을 공개적으로 비난하기를 꺼린다.

—www.salon.com, 7월 20일

헤즈볼라는 이란으로부터 매년 약 1억 달러 상당의 자금을 지원받는다. 그러나 이 조직의 자금 대부분은 외국에 거주하고 있는 레바논인의 성금에서 나온다.

지금의 레바논 사태를 핑계 삼아 미국은 시리아와 이란을 공격할수도 있다. 두 나라는 이미 몇 년 동안 미국의 협박을 받아왔다. 최근몇 개월 동안 부시 행정부는 이란이 어떤 종류든 핵능력을 보유할 '위험성'에 대해 반미치광이같이 선전 공세를 퍼부었다. 혁명가들은 시리아의 바트 당 세습 독재체제나 이란의 종교 지배체제를 정치적으로 지지하지 않지만 제국주의의 도발과 압박에 대해 두 나라를 군사적으로 방어한다. 이 군사적 방어에는 두 나라가 핵무기를 비롯하여효과적인 자기방어수단을 보유할 권리를 옹호하는 것도 포함된다.


## 중동 사회주의연방으로 전진하자!


시온주의 역사가 증명하고 있듯이 자본주의체제에서 강대국들은약소국들을 강탈해왔다. 그러나 지난 세기 이후 지금까지 중동 역사를 점철해온 종교적·민족적·인종적 유혈사태는 고통과 불행밖에 가져다줄 것이 없다. 연속혁명 강령에 입각한 국제주의적 레닌주의 정당들의 지도하에 일련의 노동계급 혁명을 성공시키는 것을 통해서만중동의 다양한 민족들 간의 갈등은 정당하고 공평하게 해결될 수 있다. 중동 사회주의연방만이 거대한 유전을 포함한 이 지역의 자원들이 제국주의 석유 메이저들과 이들의 하수인인 이스라엘과 아랍 지배집단의 초과이윤으로 전용되는 것을 막을 수 있다. 중동에서 노동자와 피억압 대중의 통치를 확립하기 위해서는 이스라엘 병영국가를 내부에서 붕괴시켜야 한다. 시온주의라는 인종주의에 오염되기는 했으나 유대인 노동자들도 아랍 노동자들 그리고 기타 이 지역의 피억압 인민들과 공통의 계급적 이해를 가지고 있다. 이 점을 인식하면서 동시에 억압당하고 있는 팔레스타인 인민을 방어하는 혁명운동만이 이 임무를 성취할 수 있다.

중동의 처절한 민족적·인종적·종교적 갈등을 진보적 방식으로 해결하기 위해서는 혁명적 계급의식이 필요하다. 세계 노동운동은 이 의식의 발전을 위해 중요한 역할을 수행해야 한다. 이를 위해서는 아프가니스탄/이라크의 제국주의 점령을 적극적으로 반대하고, 제국주의 공격에 대해 이란/시리아를 방어해야 한다. 가자 지구/레바논에서 자행되고 있는 이스라엘 군의 살인마적 공격에 대해 혁명가들은 하마스/헤즈볼라의 저항투쟁에 군사적 지지를 보내지만, 이들을 미화하거나 이들의 종교 지배체제를 정치적으로 지지하지는 않는다.

계급의식에 투철한 중동 외부의 투사들은 이스라엘 군이 가자 지구/레바논에서 살인과 파괴를 자행하는 동안 자신이 속한 항만/철도/운수 노동조합 등이 이스라엘로 향하는 전쟁 물자를 처리하지 못하게 투쟁하여 위력적인 모범을 보일 수도 있다. 이러한 투쟁은 제국주의자들과 그 동맹세력의 야수적 행동에 분노하는 이 지역의 피억압 대중에게 이슬람교의 몽매주의 강령이라는 막다른 골목보다 질적으로 우수한 정치 강령을 제시할 수 있을 것이다.

시온주의자들의 테러가 가져온 음울한 혼란과 야만 상태 속에서도 페르시아인, 쿠르드인, 아랍인, 기독교인, 이슬람교도인, 유대인 그리고 기타 이 지역의 인종적·종교적 집단들이 함께 평화를 누리며 살 수 있는 길을 찾을 수 있다는 몇몇 희망의 불빛이 보이고 있다. 《뉴욕타임스》의 보도에 따르면 7월 16일 아랍인과 유대인 2천여 명이 텔아비브에서 함께 시위를 하며 이스라엘의 레바논 침공에 항의했다. 이스라엘의 피비린내 나는 영토 확대정책 한가운데에서도 잔인한 시온주의 전쟁기구에 반대하는 용기 있는 개인들이 있다는 것을 이 시위가 입증하고 있다.

지금과 같은 역사적 시기에는 많은 수의 개인들, 심지어 마르크스주의자들도 혁명의 가능성에 대해 회의감을 품을 수 있다. 그러나 인류에게 다른 해결책은 존재하지 않는다. 1차 세계대전이라는 조직적 대중학살이 이미 '따분하고 단조로운 일상'이 되었던 1916년에 독일의 위대한 공산주의자 로자 룩셈부르크는 이렇게 지적했다. "세계 자본주의체제를 전복하는 것을 통해서만 착취, 억압, 전쟁을 끝장내는 것이 가능하다는 것을 사회주의자들은 기억할 필요가 있다."

현대 노동계급은 자신의 역사적 임무를 의식하는 각 단계마다 엄청난 대가를 치러야 한다. 이 계급이 해방으로 가는 골고다의 길은 무시무시한 희생들로 점철되어왔다. 1848년 6월 혁명의 투사, 파리코뮌의 희생자, 1905년 러시아 혁명의 순교자 등 유혈의 그림자는 끝없이 이어지고 있다. 그러나 파리코뮌의 영웅들에 대해 마르크스가 서술했듯이 이들은 명예의 전장에서 쓰러졌으며 "노동계급의 거대한 심장 속에 영원히 모셔질 것이다." 현재 모든 나라의 수백만 노동자들이 치욕, 형제 노동자에 대한 살해, 자기 파괴 속에서 노예의 노래를 부르며 쓰러져가고 있다. 물론 이것들을 우리는 피할 수 없다. 우리의 운명은 모세가 사막을 지나며 인도했던 유대인들의 운명과 다를 바 없다. 그러나 우리는 패배하지 않았다. 그리고 과거의 경험을 통해 배우는 법을 잊어버리지 않았다면 우리는 승리할 것이다.

―로자 룩셈부르크, 「유니우스 팸플릿」, 1916년

# 중동의 격변

톰 라일리★2013년

아프가니스탄과 이라크에서 미국의 전략적 패배는 이란을 지배하는 이슬람교 성직자들의 지위를 강화시켰다. 그들은 서아프가니스탄에서 영향력을 확대하는 한편, 시아파가 지배하는 동이라크에서도 소중한 동맹자를 얻었다. 이러한 상황 전개에 놀란 사우디아라비아, 카타르, 페르시아 만(灣)의 미국 하수인 왕조 국가들은 (이란의 핵심 동맹국인) 시리아와 이라크, 레바논 등지의 지하드 봉기를 재정적·물질적으로 지원하고 있다. 미국의 또 다른 중동 지역 맹방들인 요르단, 이집트, 터키, 이스라엘 등도 사우디가 주도하는 이러한 움직임을 지지하고 있다.

미국의 중동 정책은 이중적이고 삐걱거리며 일관성이 없다. 시리아와 이란에 대해 어느 때는 호전적으로 위협했다가 또 어느 때는 외교 협상을 하려 한다. 예전의 실패로 교훈을 얻은 미국은 노골적인 군사력 사용에 더해 정치적 동맹과 술책을 보조적으로 사용하고 있다. 의심할 여지 없이, 미국인 다수를 사로잡고 있는 '침략 피로' 때문일 것이다. 미국인 다수는, 국내 생활여건이 추락하는데도 계속되는, 값비싼 신식민지 전쟁을 반대한다.

2013년, 러시아가 중재한 협상이 화학무기를 넘겨주겠다는 시리아 바트 당 정부의 약속을 끌어내자, 미국은 시리아 내전개입을 철회했다. 민간 핵발전 개발을 위한 조건을 협의하자는 이란 정부와의 임시 약정이 그 뒤에 이어졌다. 이란과 시리아에 대한 미국 정책은, 지배계급 내 군사개입을 지지하는 분파와 그로 인한 막대한 위험을 걱정하면서 이란과 성사된 협약이 큰 이익이 된다고 보는 분파 사이에, 상당한 논쟁 대상이 되고 있다. 조지 부시와 오바마 정부 모두에서 국방장관을 역임한 로버트 게이츠는 2012년 10월 4일, 이란에 대한 공격은 '그 지역에서 여러 세대 동안 우리를 힘들게 할 재앙이 될지 모른다'는 견해를 공개적으로 표명했다.

한 달 사이 중동 지역에서 극적 변화가 있었다. 몇 주 전에는 미국의 시리아 군사개입이 임박했다고 여겨졌는데, 러시아가 중재하여 시리아 화학무기를 제거하기로 하는 협약에 미국이 응했다. 2013년 8월 21일 시리아 정부가 다마스쿠스 지역 구오타에서 사린가스를 사용했다는 주장이 미국 군사 공격의 명분이었다. 정부의 연속적 반격에 시달리던 '반란군'이 미국의 군사개입으로 커다란 이익을 얻을 것이었다. 그런데 바로 그들이 사실 그 가스 공격에 책임이 있다는 증거가 나타났다.

구오타에서 무슨 일이 일어났는지 분명하지는 않지만, 화학무기를 둘러싼 소란은 아사드 반대자들을 떠받칠 군사 공격의 명분이었다. 중동 지역 새로운 군사모험에 대한 미국 압도적 다수의 반대 역시, 오바마가 폭격 철회를 결정한 중요 요인이었다. 작은 '히틀러'에 대한 공포를 불러일으키려는 대중매체들의 광적 노력에도 불구하고, 여론의 잣대는 그다지 움직이지 않았다. "사람들을 항상 바보로 만들

수는 없다"는 에이브러햄 링컨의 말처럼.

 (1978~9년 미국의 주요 동맹이었던 팔라비 왕조를 끌어내린 이슬람교 혁명 이후) 지난 35년 이래 처음으로, 미국과 이란의 관계 개선 논의가 진행되고 있다. 그러나 몇몇 화해적 언사에도 불구하고, 오바마는 2013년 9월 25일 유엔 연설을 통해 "중동 지역의 핵심 이익을 확보하기 위해, 미국은 군사력을 포함한 모든 힘을 사용할 준비가 되어 있다"고 분명히 밝혔다. 그 "핵심 이익"이 무엇인지도 밝혔다. "우리는 그 지역에서 세계로 향하는 에너지의 자유로운 흐름을 확보할 것"이라고. 에너지의 "자유로운 흐름"을 끔찍이 생각하는 이 마음에도 불구하고, 미국이 이란의 석유 수출 봉쇄를 풀지는 않았다. 왜냐하면 오바마가 의미하는 "자유로운 흐름"은 '자유세계', 즉 미국 석유회사들의 지배하에 이루어지는 것을 의미하기 때문이었다.


## 중동의 석유 : 전략적 힘의 거대한 원천

 중동 정세는 복잡하고 유동적이다. 서로 다른 이해를 추구하고, 사태가 변함에 따라 이합집산하는 여러 참가자들이 있다. 뭔가 단순하고 간명한 설명을 기대하는 사람들에겐 대단히 혼란스러울 것이다. 그러나 장기적 관점으로 사태 변화와 '돈의 흐름'을 추적하면 그 근저에 흐르는 기본 동향을 포착할 수 있다.

 한 세기 전 내연기관이 성공적으로 상용화된 이래, 중동의 역사는 광대한 에너지 자원을 뽑아낼 권리를 주장하는 외국 세력의 각축으로 점철되었다. 1차 세계대전 이후 오스만 제국을 해체하면서, 영국과 프랑스는 '나누어서 다스리기' 편리하도록 부족공동체를 가로질러 이라크, 시리아, 레바논의 국경선을 그었다. 15년 후인 1933년, 아라비아 세습군주들과 미국 석유회사의 합작으로 설립된 아람코 (Aramco, the Arabian-American Oil Company)는 이 지역에서 미국의 강력한 영향력이 개시되었음을 알리는 사건이었다.

2차 세계대전 이후 '미국의 세기'가 동트기 시작할 무렵, 미 국무부 전략가들은 중동 지역 석유를 "전략적 힘의 거대한 원천이고 세계사에서 가장 위대한 획득물 가운데 하나"(멜빈 레플러가 쓴 『힘의 우세』에서 인용)라고 묘사했다. 이 말은 두 가지 측면을 적절히 표현한 것이었다. 중동의 석유 자산이 그 자체로 막대한 "획득물"일 뿐만 아니라, 영국과 미국 제국주의자들이 일본이나 독일 같은 잠재적 경쟁자에 대해 "거대한" 전략적 우위를 행사할 능력이라는 점을 표현하는 것이었다.

소련과의 냉전으로 인하여, 1950년대와 1960년대 미국의 중동 정책은 종종 대중적 좌익민족주의 운동을 억압하는 것으로 표현되었다. '자유세계'의 지역 동맹자들은 보수적 세습군주와 전통적인 이슬람주의자들이었다. 미국은, 영국과 프랑스 자산을 '해방'시킴으로써 자신들이 마치 '반(反)식민'의 사도인 것처럼 행세했다.

1951년 이란 수상 모하마드 모사데크가 '영국-이란석유'(지금은 영국석유로 명칭이 바뀌었다)를 국유화했을 때, 군사개입에 나서려는 영국을 미국이 제지했다. 그러나 미국 석유회사들의 접근마저 거부하자, 모사데크는 미움을 사게 되었다. '정권교체'를 하려면 지역의 동맹자가 필요하다. 1953년 CIA가 주도한 쿠데타의 성공으로 팔라비 왕족의 통치가 복구되었는데 이때는 '이슬람 헌신자들'(Devotees of Islam, 모사데크의 현대화 계획을 반대한 지하조직)과 함께한 아야톨라 세이드 아볼카셈 카사니가 핵심 역할을 했다. 모사데크가 물러가자

국유화정책은 뒤집혔다. 그러나 영국 독점이 부활하는 대신에, 이번에는 40퍼센트의 이란 석유가 미국 회사들에 배정되었다.

이 쿠데타가 일어나기 4년 전에는 시리아에서 덜 성공적인 개입이 있었다. CIA가 '정권교체'를 처음으로 시도한 1949년의 시리아 쿠데타는 '아랍 관통 송유관'을 통해 사우디아라비아 석유를 지중해로 운반하려는 아람코의 계획에 대한 시리아의 저항으로 촉발되었다. 요르단과 레바논 정부는 계획을 승인했지만, 시리아는 거부했다. 비밀 해제된 미국 문서에서 더글라스 리틀에 따르면, "1948년 11월 30일 이후 [CIA 요원 스테판] 미어드는 [시리아 육군 참모총장 후시니] 자임을 최소한 여섯 차례 이상 비밀리에 만나면서 '군부독재 가능성'을 논의했다"고 한다.(「냉전과 비밀 작전」,《중동 저널》, 1990년 겨울)

자임은, 1949년 3월에 권력을 장악하여 몇 개월 후 자신이 타도되기까지, 아람코 송유관을 승인하고 시리아 공산당의 활동을 금지했다. 이것은 시리아에 말 잘 듣는 정권을 수립하려는 성공하지 못한 시도들 가운데 하나였다. 그로 인해 시리아는 소련과 긴밀한 동맹 관계를 맺게 되었다. 1960년대 소련은 (현 대통령인 바샤르 아사드의 아버지) 하페즈 알 아사드 집권 시기 바트 당 군대와 비밀 요원들의 훈련을 도왔다. 그리고 러시아는 지금까지 시리아의 핵심 국제동맹으로 남았다.

1978~9년 이란의 이슬람교 혁명은 미국의 중요한 지역 동맹자 샤 왕조를 제거했을 뿐만 아니라, 미국 석유자산을 몰수하여 미국을 깜짝 놀라게 했다. 그 이후, 이슬람교 혁명을 전복하는 것은 미국 정책 입안자들의 우선적 고려사항이 되었다. 시리아 아사드 정권에 대한 미국의 적개심은, 화학무기 사용에 대한 분노와 시리아 시민들을 걱정하는 인도주의의 발로인 것처럼 여겨진다. 그러나 사실 그 적개심

은, 시리아가 이란 이슬람교 공화국을 지역 동맹자로 여기고, 레바논 정치를 지배하는 시아파 저항 운동인 헤즈볼라에 거점을 제공하기 때문인 것이다.

1980년대에 미국과 그 동맹국들은 이란과 전쟁을 벌인 8년 동안, 사담 후세인 정권의 무장을 돕고 재정 지원을 했다. 이란인들을 상대로 처음 사용하고 그 다음엔 이라크 북부의 쿠르드 반군을 대상으로 사용한 화학무기 원료는 미국과 영국이 제공한 것이었다. 그러나 파렴치한 제국주의 정보 조작자들은 몇 년 뒤, 이라크가 바로 그 '대량 살상무기'를 사용했다는 것을 이라크 침략 명분으로 내세웠다.


## 보호책임

2차 세계대전 결과, '침략' 혐의, 즉 다른 나라들에 대해 정당한 이유 없는 공격 혐의로, 뉘른베르크에서 몇백 명의 나치 간부들이 전범 재판을 받았다. 히틀러의 몇몇 이름난 심복들에 대한 선고 공판에서, "그 자체로 온갖 죄악을 집적한 범죄로 다른 전쟁 범죄와 구별되는 최고의 국제범죄"라고 그 혐의가 묘사되었다.

그 내용은 유엔헌장의 기본정신으로 그럴듯하게 들어가 있다. 그러나 오늘날, 주권 국가에 대한 정당한 이유 없는 침략인 '최고의 국제범죄'는 제국주의 선전가들에 의해 재규정되었다. 그들은 '보호책임'이 무조건 우선이라고 주장한다. 아이러니컬하게도 그것은, 체코슬로바키아를 삼키기 위한 첫걸음이었던 주데텐 지방 합병을 정당화하기 위해 히틀러가 1938년에 내세웠던 것이다. 제국주의 열강들은 이 '보호책임'을 들어 약소국 침략을 자기 편리한 대로 정당화한다.

물론 이 '책임'이 늘 발동되는 것은 아니다. 서방 정치가들은 시리아와 이란 반정부 세력의 운명에 대해서는 격분하다가도, 이스라엘 분리정책으로 인한 팔레스타인 희생자들, 또는 바레인에서 총격당한 시아파 시위대, 또는 '정숙'하지 않았다고 처벌당하는 사우디아라비아 강간 피해 여성 앞에서는 잠잠해진다.

'보호책임'주의는 제국주의자들이 자신들이 원하는 때와 장소에서 '침략할 권리'를 다시 치켜세우는 것이다. 이것은 냉전시대에 제국주의를 강력하게 견제했던 소련이 붕괴된 직접적 결과다. 소련 인민들의 삶의 질과 기대수명을 추락시킨 자본주의 반혁명의 승리는 '선진' 자본주의 국가들 내의 불평등을 촉진했고, 신식민지 '깡패' 국가들에 대한 공격 물꼬를 텄다. 그 첫 번째가 이라크를 침략한 1991년의 '사막의 폭풍' 작전이었다.

전 나토 최고사령관이었던 웨슬리 클라크 장군은 2007년에 연설을 하면서, '사막의 폭풍' 작전에서 다음과 같은 교훈을 끌어낸 (당시 미국무부 차관이었던) 폴 월포위츠와 1991년 나눈 대화를 회상했다.

우리는 중동 지역에서 우리 군사력을 사용할 수 있고 소련은 우리를 제지할 수 없다는 것을 배웠다. 그리고 다음의 거대열강이 우리 앞에 나타나기 이전, 시리아, 이란, 이라크 등 오랜 소련 동맹국들을 정리하기 위해 5년에서 10년이 필요할 것이다.

클라크 장군이 자신의 저서 『현대전의 승리』라는 책에서 2003년에 다시 밝힌 것처럼, 2001년경에 이 "정리" 목록은 7개로 늘었다.

2001년 11월 펜타곤에 돌아갔을 때, 군 고위간부 중 한 명과 얘기를 나누었다. 그는 나에게 이렇게 말했다. "그렇다. 우리는 이라크를 상대로 하고 있었다. 그러나 더 있었다. 당시 5개년 계획의 일환으로 논의되고 있었는데, 이라크에서 시작하여 다음엔 시리아 그리고 레바논, 리비아, 이란, 소말리아 그리고 수단에 이르기까지 총 7개 나라가 들어 있었다."

지금까지, 그 목록에 있던 나라 중 두 나라(이라크와 리비아)가 이른바 '인도주의적인' 제국주의 군사 침략의 공포를 겪었다. 두 경우 모두 사회와 경제 간접시설들이 심각하게 파괴되었고 그로 인해 수백만의 인민들이 고통에 시달리고 있다. 1991년부터 미 국방부의 목표가 되어왔던 시리아는 이 물결의 세 번째 대상이 될 것이었다.

2006년, 헤즈볼라 분쇄에 실패한 이스라엘의 레바논 침략 당시, 2006년 7월 30일자 《예루살렘포스트》는 이스라엘 정부가 "미국으로부터 시리아 공격에 관심이 있다는 언질을 받았다"고 보도했다. 이미 제 코가 석자였던 이스라엘은 이 제안을 거부했다. 사실, 레바논에서 철수한 후, 이스라엘 국가안전국방부 장관은 시리아와 평화 논의를 제안했다. 미국은 이것을 달가워하지 않았다.

이스라엘의 《하렛츠》에 따르면, 이스라엘 관료들이 콘돌리자 라이스 국무부장관에게 시리아와 예비협상을 지속하는 문제에 대해 물었을 때, 그녀는 "생각도 하지 말라"고 대답했다고 한다.

—《포린폴리시인포커스》, 2007년 5월 1일

《하렛츠》의 2013년 7월 24일 보도에 따르면 이스라엘 군정보부 수장인 아비브 코차비는 다음과 같이 지적했다. "대체로 미군의 이란 공격을 지지해왔던 이스라엘 지배계급은, 시리아를 '세계 이슬람 성전의 아성'으로 만들 가능성이 있기 때문에, (시리아) 아사드 대통령 축출에 그다지 열광적이지 않다." CIA 부국장을 지내다 은퇴한 마이클 모렐도 비슷한 우려를 표명했다.《월스트리트저널》과의 2013년 8월 6일 인터뷰에서 그는 "시리아 알카에다 근본주의와 내전의 위태한 조합은 미국 안보에 커다란 위협이 된다"고 경고했다.

## 2007년 : 미국의 이라크 '작전 변경'

'알카에다 근본주의'는, 아프가니스탄 좌파 민족주의자와 소련에 대항해 싸울 지하드 외국 전투요원들을 훈련시키고, 무장하게 하고, 실어 나르기 위해 미국과 사우디아라비아가 합작하여 1980년대에 시작되었다. 이 모험의 첫 지원자들 가운데 하나가 나중에 알카에다 지도자가 되는 부유한 사우디아라비아인 오사마 빈 라덴이었다.

2003년 이란 정복은 중동 지역에 대한 미국의 직접적 군사 지배를 확립하기 위한 것이었다. 물론 상당히 위험한 시도였고, 예상과 대단히 다른 결과를 낳았다. 미 국방부 전략가들은, 미국 중동 지배의 핵심 방해세력인 이란과 정면으로 맞설 만한 유일한 아랍 군대를 파괴하면, 수니파 사담 후세인에 의해 오랫동안 억압당해왔던 이라크 다수를 구성하는 시아파 인민이 침략자들을 해방군으로 반기고 군대에 적극적으로 들어올 것이라고 기대했다. 그러나 기대와 달리 이라크 시아파 지도자들은 이웃한 이란 이슬람교 공화국과의 친선 도모를 선택했다.

2003~2006년 미 점령군은, 바트 당 세속민족주의자들과 이슬람교 지하드 전사들이 가세한, 수니파의 맹렬하고도 효과적인 군사 저

항에 직면했다. 점령자들과의 협력을 배제한 '이슬람 민주주의'를 추구하는 전투적 성직자인 무크타다 알 사드르 추종자들 같은 다수 종족 시아파들과도 대립해야 했다. 2004년 4월에 수니파 저항 근거지인 팔루자를 미 해병이 공격했을 때, 수니파 전사들을 돕기 위해 다른 시아파 투사들이 팔루자로 향하는 동안, 사드르의 '마흐디 군'은 점령군을 남쪽으로 유인했다. 종족공동체의 차이를 초월한 이 단결은 '분할 통치' 전략을 추구해왔던 현장 지휘관들을 당혹감에 빠뜨렸다.

팔루자에서 일어난 일은 과거 점령 기간 동안, 그리고 심지어 이라크의 현대사에서도 들어보지 못한 시아파와 수니파 사이의 단결로 이뤄진 일이었다. …… 1년 전 미국 병사들이 침공하였을 때, 이라크의 다수 시아파와 권력 전체를 차지했었던 수니파 사이의 내전을 막는 것은 부시 행정부의 주된 관심사 가운데 하나였다. ……

그러나 지금 저항은 달아오르고, 이 마을 저 마을로 번지고, 수니파와 시아파가 함께한다. 그들은 서로 가까이 지켜보고 있다고 미국 군사지도자는 말한다. ……

점령군 지휘관 리카도 산체스 장군은 오늘 "위험은 수니파와 시아파 사이에 가장 낮은 수준에서 상호 연대가 있다는 사실이다. 우리는 그것이 단지 전술적 차원에 머물도록 힘써야 한다"고 말했다.

—《뉴욕타임스》, 2004년 4월 8일

끈질긴 수니파의 저항을 저지하려는 수년간의 시도가 실패한 뒤, 미 전략가들은 이 지역에 대한 이란의 영향력이 성장하고 있다고 경고하고, 갑작스런 전술변환을 실행했다. 전역장교 출신 언론인 시무어 허쉬는 다음과 같이 묘사한다.

> 시아파가 우세한 이란을 약화시키기 위해, 부시 행정부는 중동의 우선 순위를 재조정하기로 결정했다. 레바논에서 미 정부는, 수니파인 사우디 아라비아 정부와 협력하여, 이란의 지원을 받는 시아파 조직 헤즈볼라를 약화시키기 위한 비밀 작전을 진행하고 있다. 미국은 이란과 그 동맹국인 시리아를 겨냥한 비밀 작전에도 참여하고 있다. 이 작전들의 부작용으로, 미국에 적대적이고 알카에다에 동조하며 전투적 이슬람을 신봉하는 수니 근본주의 조직들이 강화되었다. ……
>
> 새로운 전략의 모순적 측면 중 하나는 이렇다. 지금까지 이라크에서 미군을 겨냥한 물리적 공격 대부분은 시아파가 아니라 수니파에 의해 자행되었다. 그러나 미 정부 전망에 따르면, 이라크 전쟁의 가장 심대한 그러나 의도되지 않은 전략적 결과는 이란의 강화다.
>
> —《뉴요커》, 2007년 3월 5일

이 전략의 많은 구체적 실천사항 처리는 사우디에 위임되었다. 이 위임은 미국과 이슬람교 전사들 모두에게 '그럴듯한 부인권'을 제공한다. 즉 둘 모두는 서로가 협력하고 있다는 것을 들켜서는 안 된다. 늘 그랬던 것처럼, 이란과 시리아를 상대로 한 미국의 비밀 작업은 믿음직한 똘마니 영국의 도움을 받았다. 2013년 6월, 프랑스 전 외무장관 롤랑 뒤마는 영국이 시리아 전사들을 훈련시키고 있다는 정보를 2009년에 접했다고 프랑스 시청자들에게 말했다.

시리아에 대한 적대정책이 시작되기 거의 2년 전에 영국에 갔다. 시리아 때문이 아니라, 우연히 다른 일 때문에 그곳에 있었다. 몇몇은 내 친구이기도 한 영국 관료들은 한편으로는 나를 설득하고 다른 한편으로는 고백하듯이 시리아에서 뭔가 준비되고 있다고 말했다. 미국이 아니라 영국이었다. 영국은 시리아를 침공할 군사요원들을 양성하고 있었다. ……

이 작전은 한참 전부터 준비된 일이란 것을 말할 필요가 있다. 그것은 준비되고 고안되고 계획된 것이다. 시리아 정부 전복을 목적으로.


## 시리아 내전

이제 2년 반 동안이나 치러진 시리아 내전은, 2011년 친서방 독재자들을 끌어내린 '아랍의 봄' 시위가 일어난 튀니지와 이집트 동료들을 따르려는 젊은 시위대를 아사드 정권이 철권 진압하면서 시작되었다. 유사한 시위가 중동 전역에서 발생했다. 그러나 언론들은, 미국의 '정권교체' 명부에 있는 나라들에서는, 왜 비폭력적인 정치 시위가 장기적 유혈 갈등으로 발전하게 되는지에 대해서 거의 관심을 보이지 않는다. 리비아와 시리아 시위대에 대한 처음의 대응은, 미국 5함대 기지가 있는 걸프 왕국인 바레인의 그것보다, 더 조심스러운 것이었다. 대개의 경우, 시위 가담자는 총에 맞아 쓰러지고 주모자는 정보기관에 체포되어 고문당하고 살해되었다. 신식민지 독재국가에서 보통 일어나는 일들이다. 서방 언론은 특정한 나라의 행위에 다른 나라의 행위에 대한 것보다 훨씬 많은 관심을 기울였다. 시리아 바트 당 지도부는 '자기 나라 인민을 학살하는' 자들이라는 비난을 받았다. 미국 잡지《외교정책의 초점*Foreign Policy In Focus*》편집자 피터 세르토는 2013년 9월 6일에 다음과 같이 말했다.

아사드 정부는 당연히 잔혹한 정권이다. 그러나 이것은 내전이지 일방적인 학살이 아니라는 점을 놓쳐서는 안 된다. 초여름에 〔반정부〕 시리아 인권감시단은, 이 갈등에서 사망한 것으로 생각되는 10만 명의 시리아인 가운데 43퍼센트가 아사드 정부 편에서 싸우다 죽은 것으로 추정했다. 이것은 비전투요원과 반정부군 사망자 모두보다 많은 것이다.

부르주아 언론은 시리아 갈등의 뿌리가 최소한 50년 이상 거슬러 올라가야 한다는 사실을 일상적으로 무시한다. 1960년대에 무슬림 형제단에 의한 대중시위는 바트 당 '무신론' 정권과 그 '사회주의' 정책, 특히 정교분리정책에 저항했다. 1970년대 후반경, 이 투쟁은 (소련 고문관들과) 시리아 군부에 맞선 무자헤딘 이슬람교 전사들의 게릴라 투쟁으로 발전되었다. 결국 반란군은 잔혹하게 진압되었다 (1982년 반란군 근거지 하마에서 6천~2만 명 가량이 살해당했다). 무슬림 형제단은 지하로 들어갔고 그 지도자들은 2011년 '아랍의 봄' 이전까지 망명 생활을 했다. 그들은 대부분 추방자들과 노골적인 친제국주의자들로 구성된 '시리아국가위원회(Syrian National Council)'로 다시 모습을 드러냈다. SNC는 미국과 (터키, 걸프 지역 왕조 국가들, 과거 식민 지배자들로 구성된) '시리아의 친구들'의 지지를 받았다.

리비아에서처럼 시리아에서도, 이슬람 반란자들에 대한 자금과 물자지원은 미국의 지역동맹자, 특히 터키, 카타르 그리고 사우디아라비아가 담당했다. 러시아는 군수품과 정치적 지원을 통해 현 정권을 지지한다. 아사드는 이라크와 이란 그리고 레바논 헤즈볼라 시아파 동맹자들로부터 상당한 지원을 받아왔다. 그러나 이러한 외국 개입에도 불구하고 지금의 시리아 갈등은 본질적으로 바트 당 정권과 이슬람 조직들이 점점 더 부상하는 반대조직들의 결합체 사이의 권력

투쟁이다. 오늘날 대략 10만 명으로 추산되는 저항군 가운데 아주 '작은 소수파'만이 비종교인이다.

국방 고문 IHS 제인의 새 연구에 따르면 알카에다에 연결된 강력한 파벌들에 소속되어 싸우는 1만 명의 지하드 전사들이 있고 이 가운데에는 외국에서 온 사람도 있다. ……

또 다른 3만~3만 5천 명의 강경 이슬람주의자들은 지하드와 대부분의 생각을 공유하고 있다. 그러나 그들은 국제적 투쟁보다는 시리아 전쟁에 집중하고 있다. ……

그 외에 최소 3만 명 가량의 온건분자들이 있고 그들은 이슬람 성격을 갖는 조직들에 소속되어 있다. 비종교적이거나 순전히 민족주의적인 조직들은 반란군 내에서 소수다.

—《텔레그래프》(런던), 2013년 9월 15일


시리아 내전은 중요한 부족공동체적 요소를 지니고 있다. 지방의 수니파와 도시 빈민들은 반란군 편을 든다. 바트 당 정권은 (군부와 정보부처 핵심간부 대부분을 구성하는) 알라위트(Alawite) 시아파 소수 그리고 도시 수니파 자본가계급의 압도적인 지지를 받는다. 기독교인과 시리아의 20개 남짓한 소수 부족과 종교인 대부분은 반대세력보다 일반적으로 친정부적이다. 2011년 12월 카타리 여론조사기관의 시리아의 여론조사에 따르면 놀랍게도 55퍼센트가 아사드의 퇴임을 반대한다. 이것은 바트 당 독재에 대한 지지를 표현한 것이라기보다는 수니 이슬람 정권이 더 나쁠 것에 대한 공포를 반영한 것이다.

2011년 3월 최초의 시위에 참여했던 많은 비종교 조직들은 시리아 국가위원회보다는 '민주적 변화를 위한 국가협력위원회(NCC,

National Coordinating Committee for Democratic Change)'와 함께했다. 내전에 의해 세력이 상당히 약화된 것으로 보이는 NCC는 주로 두 가지 점에서 SNC와 구별된다. 하나는 외국 군사개입에 대한 단호한 반대고 다른 하나는 바트 당 국가에 대해 군사대립보다는 협상을 통해 양보를 얻어내려 한다는 점이다.

2012년 3월 이스탄불에서 열린 '시리아의 친구들' 회의는 시리아 국가위원회가 시리아 인민의 '정통성 있는' 대표자라고 선언했다. 그러나 그 선언도 그들이 대중적 기반이 부족하다는 사실을 바꾸어 놓지는 못했다. 7개월 후, 미 국무장관 힐러리 클린턴의 요청에 따라 '시리아의 친구들'은 다시 회의를 소집했다. 카타르에서 열린 이 행사의 목적은 서로 협력하여 좀더 그럴듯한 꼭두각시 정권을 수립하는 것이었다.

클린턴 여사는, 새로운 지도부를 구성하는 인물들과 조직들을 추천하는 등, 그 회의를 소집하는 일에 크게 관여했다고 말했다. ……

시리아국가위원회를 언급하며 클린턴 여사는 "우리는 SNC가 더 이상 반대파의 지도자라고 보이지 않게 만들기 위한 작업을 해왔다. 반대파에 참여할 수는 있으나, 그 반대파는 사람들이 귀 기울여 들을 정당한 목소리를 내는 시리아 안팎 사람들을 반드시 포함해야 한다"고 덧붙였다. ……

시작부터 그 위원회는 터키의 지원을 받는 장기 망명자 조직인 무슬림 형제단의 주요 기관으로 비쳤다. 그 위원회는 충분히 포괄하지 못하고 있고 근본주의자들과 지나치게 긴밀하다고 클린턴 여사는 지적했다. ……

모든 시리아 사람을 대표하고 보호하는 일에 복무할 반대파 지도조직, 그리고 시리아 혁명을 가로채려는 근본주의자들의 시도에 강력히 저항할 반대파가 필요하다고 그는 말했다.

혁명적 정통성의 자격증을 발급하겠다는 미 국무부의 생각은 상당히 괴이한 발상이다. 그러나 "시리아 혁명을 가로채려는" 이슬람주의자들에 대한 힐러리 클린턴의 걱정은 스스로 마르크스주의 조직이라고 주장하는 세계 많은 조직들의 공감을 얻었다. 그들은 지난 몇 년간 모종의 '혁명적 과정'이 진행되었다고 주장하면서 지하드의 역할을 무시해왔다.

물론 미 국무부가 시리아국가위원회의 명칭만 바꿔 만든 시리아혁명과 반대세력 연합(National Coalition of Syrian Revolutionary and Opposition Forces)은 이전과 다를 바 없는 제국주의 꼭두각시고 실질적 기반이 없는 조직이다. 지난 여름 아사드 정권과 동맹자들이 군사적 우위에 서자, 반대자 연합은 분열되기 시작했다. 자유시리아군(Free Syrian Army) 몇몇 부대는 정권과 협상을 하는 한편, 대부분의 전투를 수행한 강경 지하드주의자들이 덜 헌신적인 참가자들을 비난하면서 반대파 연합에서 떨어져나갔다.


## 파이프라인 정치와 시리아 갈등


서방 언론이 거의 언급조차 하지 않는 시리아 갈등의 핵심 요인은, 에너지 자원, 특히 유럽연합에 공급하는 가스관을 둘러싼 투쟁이다. (시리아 타르투스에 있는 러시아 해군기지에서 멀지 않은) 이 지역에서 최근 발견된 천연가스는 그 경쟁을 더 날카롭게 했다. 카타르와 이란 사이 페르시아 만(걸프 만) 아래쪽 파르스 남부 가스전이 가장 대규모이다. 이라크 가스를 EU 여러 나라에 실어 나르기 위해, 터키와 불가리아, 루마니아 그리고 헝가리를 거쳐 오스트리아에 이르는 (나부코 또는 터키-오스트리아 송유관이라고 알려진) 가스관 건설 계획은 미국이 바그다드 통치권을 잃자 연기되었다. 그것은 단지 상업적 기획만이 아니라, 러시아 에너지에 대한 유럽의 의존을 줄이기 위한 시도였다. 남부 파르스 지방의 카타르 가스를 수송하려는 나부코 계획이 지금 다시 논의되고 있다. 문제는 그것이 시리아를 거쳐야만 한다는 것이다. 인도 국방연구분석부(IDSA, Institute for Defense Studies and Analyses)는 다음과 같이 보고한다.

2009년 카타르 왕 세이크 하마드 빈 타니가 터키를 방문하는 동안, 터키의 나부코와 연결하는 송유관 건설이 합의되었다. 그 관은 카타르에서 시작하여 사우디아라비아, 요르단, 시리아를 거쳐 터키에 이를 것이다. 유럽 시장은 탐욕스러운 터키와 그 자원을 나눌 것이다.
　　　　　　　　—「시리아를 둘러싼 가스 전쟁」, 굴산 디에틀, 2013년 9월 9일

그러나 아사드 정권은 협력을 거부했다.

프랑스 전 외무장관 뒤마의 주장에 따르면, 영국이 시리아에서 작전을 개시한 해와 같은 해인 2009년, 아사드는 카타르가 제안한 협약 승인을 거부했다. 그 협약은 러시아를 따돌리고 유럽 시장의 요구를 충족시키기 위해, 카타르의 북부 가스전, 이란의 남부 파르스 가스전을 경유하여 사우디아라비아, 요르단, 시리아를 통과하여 터키에 이르는 가스관을 건설하는 것이었다. 아사드가 거부 사유로 든 것은 '유럽에 대한 천연가스 제1 공급자이자 시리아의 동맹인 러시아의 이해를 보호하기 위해서'였

다. ……

대신 그 다음 해, 아사드는 이라크와 시리아를 관통하는 100억 달러에
달하는 가스관 공사 협상을 이란과 추진했다. 그 또한 카타르와 공유한 남
부 파르스 가스전에서 나오는 가스를 이란이 유럽에 공급하게 될 것이었
다. 그 계획의 양해각서는 시리아 내전이 다마스쿠스와 알레포로 확산되
던 2012년 7월에 승인되었다. 그리고 그해 초 이라크는 가스관 건설 협약
안에 서명했다. ……

이란–이라크–시리아 가스관 계획은 카타르 계획을 노골적으로 엿먹이
는 것이었다.

—《가디언》, 2013년 8월 30일


(러시아 거대 에너지회사 가스프롬이 건설에 참여할) 가스관 계획은, 건
설하기에 더 용이한 지역(터키엔 산악지대가 많다)을 더 짧게 관통할
것이기 때문에, 경쟁 상대인 나부코 계획에 비해 훨씬 비용이 적게
들 터였다. IDSA 연구가 말하는 것처럼 두 가스관 건설의 가능성
여부는 시리아 내전의 결과에 달려 있다.


보통의 상황이라면 시리아 경로가 더 합리적인 것으로 보이겠지만, 정
치 환경이 지금 전혀 좋지 않다. 시리아와 이란 모두는 경제제재 상태이기
때문에 더 이상의 외부 투자를 끌어내기 어렵다. 시리아 내전으로 인해 상
당 기간 동안 넓은 지역에서 가스관 건설이 불가능하다.


미 전략가들은 나부코 계획을 러시아에 대한 유럽의 의존을 완화
할 수단으로 여기고 있다. 그러나 몇몇 유럽 자본가들은 그들이 공급
자들과 직접 거래할 수 있는 상황에서 중동 에너지에 접근하기 위해

미국의 중개인에게 일정 금액을 지불해야 하는 것을 달가워하지 않는다.

시리아 내전은 깊은 지리적·정치적 함의를 지니고 있다. EU는 이미 4분의 1의 천연가스를 러시아에서 충당한다. 만약 이란에서 시작하는 가스관이 연결되면 미국 회사들은 아마도 문을 닫아야 할 것이다. 독일과 (이란, 이라크 그리고 시리아와 연결된) 러시아 사이의 긴밀한 경제 협력은 유라시아 세력 균형에 큰 변화를 낳을 것이다.

북미 매체들이 '보도하기에 적절치 않다고' 판단한 시리아 내전 관련 사실들을 독일 매체들이 보도하는 경향이 있음은 독일이 미국으로부터 독립되어 있다는 것을 시사한다. 2003년 독일 제국주의는 미국의 이라크 침공을 반대했고, 2011년에는 나토의 리비아 폭격을 결정하는 유엔 안전보장이사회에서 러시아, 중국과 함께 기권했다. 하지만 여전히 독일은, 기울고 있기는 하지만 아직 세계 패권을 장악하고 있는 미국과 대부분의 문제에 대해 같은 입장을 취하고 있다.


## 레닌주의와 제국주의 침략

마르크스주의자는 노동계급과 피억압 인민의 역사적 기억의 저장고다. 지난 100년 동안 '선진' 자본주의 국가들은 후진국들을 셀 수 없이 많이 침략했다. 그것들은 모두, 문명의 혜택을 공유하고, 영혼을 구하고, 요즘엔 살인 정권의 희생자를 구한다는 등, 이타적 동기 때문이라고 묘사되었다. 그러나 그 '인도주의' 가림막 뒤에서, 제국주의자들은 항상 그들의 경제와 지정학적 이익을 추구했다. 바로 이것이 혁명가들이 언제나, 제국주의 침략에 맞서 싸우는 신식민지 토착 세력들과, 얼마나 반동적인지와 상관 없이, 군사적으로 같은 편에 서는 이유다.

1983년 이슬람 지하드가 베이루트에 주둔한 미국 해병과 프랑스 외인부대 병영을 날려버렸을 때, 우리는 이것을 식민 점령에 대한 방어적 반격이라고 규정했다. 우리는, 트럭 폭탄공격 등 '필요한 모든 수단을 동원하여' 제국주의 요새들을 제거해야 한다는 관점을 취했다. 이 입장은 좌익 개량주의 주류들 그리고 제국주의 날강도들의 운명을 걱정하며 좌익적 언사를 일삼는 사이비 혁명조직 스파르타쿠스 동맹의 입장과 날카롭게 충돌한다.

현 시리아 내전에 대해 혁명가들은 어느 편도 들지 않는다. 제국주의자들의 직접적 공격은 적어도 지금까지는 없었다. 그런 점에서 노동인민은, 한쪽의 바트 당 독재 그리고 또 다른 쪽의 친제국주의 반대자들과 반동적인 종교 지도자들 중 그 어느 쪽의 승리도 지지할 수 없다. 많은 좌익들은 아사드 반대파들의 성격 규정을 하지 않고 있다. 그러면서 마치 그 '반란자'들이, 몇몇 문제점들에도 불구하고, 근본적으로 '혁명적' 내용을 대표한다고 말한다. 지난 2011년에는, 거의 똑같은 조직들이, 제국주의 열강들이 지원하는 리비아의 카다피 반대자들을 흡사한 관점으로 바라보았다. 오늘날 우리는, 이란 성직자와 시리아 바트 당 살인자들에 어떠한 지지도 보내지 않으면서, 제국주의 군사 침략에 맞서 이란과 시리아를 무조건적으로 방어한다. 이 입장은 새로울 것도 없고 처음도 아니다. 레닌과 트로츠키가 이끌던 혁명적 코민테른에 의해 거의 100년 전에 수립된 정책일 뿐이다.

## 연속혁명과 중동

현대 경제에서 극도로 중요하고 가치 있는 상품인 석유와 천연가스 매장지가 많은 나라에 살고 있음에도 불구하고, 다른 '저개발' 나라들과 더불어 중동 인민은, 자본주의의 이윤 최대화 논리로 인해 끝없는 억압과 도탄 속에 살고 있다. 중동엔 터키의 자동차 공장, 이집트의 섬유산업 그리고 대부분 외국자본이 장악한 에너지부문 등 선진 산업 분야가 있기는 하다. 그러나 이 지역의 전반적인 특징은 가난, 실업, 경제적 후진성이다. 이것이 바로 레온 트로츠키가 '불균등결합발전'이라고 규정했던 것이다. 수세기 동안 거의 변하지 않은 시골의 농촌 경제 바로 옆에 현대적 생산이 공존하는 식이다.

트로츠키 연속혁명론의 핵심은, 제국주의 지배에 가로막힌 반(半) 식민지 또는 의존적인 자본주의 국가들의 경제적 발전은 오직 사회주의 혁명을 통해서만 가능하다는 것이다.

> 부르주아적 발전이 지체된 지역, 특히 식민지 또는 반(半)식민지 나라들에서 연속혁명론은 민주주의와 민족해방을 획득할 완전한 해결책은 종속민족의 지도자, 특히 농민대중의 지도자로서 프롤레타리아 독재를 통해서만 가능하다는 점을 의미한다.
>
> —『연속혁명』, 1931년

이 입장은 1925년 스탈린으로 대표되는 관료집단이 제출한 입장과 전적으로 대립하는 것이다. 그들은 자본주의의 '진보' 분파와 '혁명 동맹'을 건설하는 것이 식민지 또는 신식민지 혁명가들의 임무라는 입장을 내놓았다.

민족자본가가 이미 혁명 정당과 화해추구 정당으로 나뉜, 그러나 자본가의 화해 분파가 아직 제국주의와 밀착되지 않은 이집트나 중국 같은 나라에서 …… 공산주의자는 반드시 민족통일전선정책을 통해 노동자와 소자본가들의 혁명적 동맹 정책으로 나아가야 한다. 그러한 나라들에서 이 동맹은 국민당 같은 노동자와 농민의 단일 정당의 형태를 띨 수도 있다.

—월터 라퀘르, 『중동의 공산주의와 민족주의』

중국에서 스탈린이 추구한 부르주아지와의 단결정책은 2년 뒤, 크렘린이 충성을 맹세하라고 명령한 '노동자와 농민의 단일 정당'에 의해 중국공산당이 참수되는 결과를 낳았다. 그와 비슷한 결과가 중동에서 재현되었다.

소련은 수십 년 동안 중동에 대한 미국과 여타 제국주의 나라들의 침략을 제한하는 견제 세력 역할을 했다. 이것은, 식민주의에 저항하는 투쟁에서 토착 공산주의 투사들의 역할과 더불어, 소련을 지지하는 정당들이, 1950년대 중동 주요 나라들에서, 노동대중과 민족적·종교적 피억압 소수 인민들의 지지를 획득했다는 것을 의미했다. 크렘린의 기생적이고 반혁명적 스탈린주의 지배집단은 제국주의와 장기적인 '평화공존'이라는 덧없는 희망을 추구하는 방식으로 그러한 신뢰를 저버렸다. 혁명적 잠재력을 가진 투쟁들이 시리아, 이집트 그리고 이란에서 연달아 터졌을 때, 공산당들은 크렘린의 지도를 받는 조직처럼 움직였다. 그들은 노동계급의 강력한 봉기를, 이집트의 압델 나세르나 이란의 모하마드 모사데크 같은 이른바 '반제국주의' 부르주아 민족주의자들을 향한 지지로 향하게 했다. 모든 나라들에서, 소부르주아 보나파르트 '차악'들은 안정을 회복한 이후 좌익과 노동자 운동을 분쇄했다.

'진보적' 아랍 민족주의 독재자들에 대한 재앙적 굴종은 (스탈린주의와 동일시된) 마르크스주의의 신용을 떨어뜨리고, 우리가 지금 중동 전역에서 목도하는 것처럼 부족주의와 종교적 반동의 득세를 낳았다. 세계 자본주의의 수백만 희생자들의 눈에 이슬람 지하드는 억압적 독재자와 그들의 제국주의 상전에 맞서는 유일한 저항세력으로 보인다.

지금 인기 있는 것이라면 무엇이든 '객관적으로 진보적인 운동'이라고 묘사하려 드는 사이비 트로츠키주의자들의 소망은 스탈린주의자들의 배신과 짝을 이루고 있다. 1970년대에 이것은 아야톨라 호메이니의 이슬람교 혁명에 머리를 조아리고 CIA가 조직한 아프가니스탄 무자헤딘을 '자유 투사'라고 지지하는 것으로 표현되었다. 최근엔 같은 정치 조류들이 이집트의 반동적인 무슬림형제단이나 시리아 반란군, 나토의 리비아 하수인들을 '혁명가들'이라고 환호한다.

혁명조직이나 그에 근접한 조직이 부재하다고 해서 계급투쟁 논리가 작동하지 않는 것은 아니다. 자본주의 매체들은, 중동 지역 제국주의 핵심 하수인 호시니 무바라크를 극적으로 끌어내린, 2011년 이집트 타흐리르 광장 시위에서 소셜미디어와 연계된 젊은이들을 과대평가한다. 그러나 그 정치 현상은, 급등하는 식료품 가격과 엄청난 불평등 그리고 부패 정권에 맞선 7년 동안의 노동자투쟁에 기초한 것이었다.

지난 4년〔2004~2008년〕의 파업 물결 동안, 약 1,700만 명의 노동자가 참여한 1,900건 이상의 파업이 있었다. ……

비료회사에서 일하는 어느 노동자가 말한 것처럼, 지속되는 파업은 "고용주들이 자신들의 회사에 사람이 일하고 있다고 믿게 만들었다. 그들은 우리가 마치 사람이 아닌 것처럼 여겨왔다." ……

파업은 의류와 섬유부문에서 시작되었다. 그리고 건설노동자, 운송노동자, 식료품생산 노동자 그리고 카이로 지하철노동자들에게로 번졌다. 2006년, 가장 크고 중요한 투쟁이 2만 5천 명의 노동자를 고용한 이집트 방직에서 일어났다.

—《가디언》, 2011년 2월 10일

2008년 이집트방직 노동자들은 무바라크 독재정권이 수행하는 IMF 긴축정책에 맞서 산업도시 마할라의 저항을 주도하였다.

경찰은 최소한 3명의 사망자를 낳고 수백 명을 가두고 고문한 뒤, 이틀 후 봉기를 진압했다. 무바라크 포스터를 끌어내리고 거리에서 경찰병력과 싸우고, 혐오스런 민족민주당 상징을 훼손하는 등 '마할라 인티파다'로 명명된 봉기의 각 장면들은 2011년 항쟁의 리허설이었다. 곧이어 나일 강 유역 북부 엘보롤로스에서 비슷한 봉기가 터졌다.

—《가디언》, 2011년 3월 2일

이집트 군부가 타흐리르 시위대를 폭력적으로 진압하는 대신 무바라크를 하야시킨 이유는, 비슷한 저항이 더 넓은 지역으로 번질 것을 염려한 때문이었다.

## 혁명 지도부의 필요성

이집트와 중동 전역에서 노동계급에게 필요한 것은 지도부를 건설하는 것이다. 그 지도부는 음식, 주거, 고용안정 등 인민의 즉각적 요구와 외국 소유든 국내 소유든 자본주의 생산수단의 몰수 필요성을 연계시키는 강령을 움켜쥐어야 한다. 노동계급은 이윤을 위한 생산체제를 전복할 역사적 이해와 (상품 생산과 분배에서 중심적 역할을 하기 때문에) 사회적 힘 모두를 갖고 있다.

중동 지역 한 나라의 혁명적 분출은 이슬람 세계 모든 노동자들의 뜨거운 지지를 받을 것이다. 한 나라에서 승리한 노동계급은 중동 사회주의연방 건설을 선언할 것이다. 그리고 모든 부족과 종교의 완전한 평등을 보장하는 것을 통해, 수십 년 동안의 제국주의 '분할 통치' 결과인 부족 분쟁을 종식시키는 작업을 바로 시작할 것이다. 이 정책들은 열화와 같은 지지를 얻을 것이다. 혁명적 노동자당은 동성애/양성애/성전환자 들(LGBT)과 모든 부족 그리고 종교 소수자 그리고 여성의 완전한 평등을 위한 싸움에서 반드시 선두에 설 것이다. 또한 모든 종류의 종교로부터 국가의 완전한 분리를 주창할 것이다. 계급의식으로 무장된 노동계급의 권력을 통해서만 쿠르드, 터키, 시아, 수니, 드루즈, 마론파, 콥트, 팔레스타인 그리고 이스라엘 유대인 등 다양한 인민들이 복잡하게 뒤섞인 이 지역의 만성적 불만들과 분쟁을 풀어낼 공정한 해결책을 생각해볼 수 있다.

제국주의 본고장에서의 임금, 연금, 사회보장 그리고 민주적 권리에 대한 요즘의 공격은 자본주의 착취와 억압체제를 전복하는 데에 후진국과 선진국에 사는 압도적 다수 모두의 객관적 이해가 서로 같다는 것을 의미한다. 때로 세계 약탈자들이 강력하고 전능한 것처럼 보이기도 한다. 그러나 희생자들이 세계적으로 공통의 이해를 가지고 있다는 사실은 그 착취자들의 지위가 결코 안전하지 않다는 사실을 말해주는 것이다. 자본주의 세계 경제 안에서 사회적 긴장의 축적과 집중은 한 지역에서 심각한 투쟁이 일어나면 그에 연결된 다른 고리로 퍼져나갈 가능성을 높이고 있다. 심지어 구조물 전체의 안정을 위해 필요한, 그 동안 무조건적으로 굴복해온 전통적 정치 후진층까지도 그 영향에서 벗어날 수 없다. 오바마 정부는 제국주의 나라의 정치적으로 가장 후진적인 미국 인민들로부터도 시리아 공격에 대한 지지를 끌어낼 수 없었다.

이윤을 위한 생산이라는 비이성적이고 파괴적인 체제가 인류 문명의 존립을 위협하는 것에 맞서 대중투쟁을 촉발하는 열쇠는 국제 노동운동 안에서 새로운 봉기 지도부를 수립하는 것이다. 세계 자본주의의 수많은 희생자들의 에너지와 분노를 효과적인 혁명 행동으로 집중시킬 수 있는 강령으로 무장한 레닌주의 전위정당 말이다. 국제 볼셰비키그룹은 제4인터내셔널을 재건할 혁명조직을 건설하기 위해 투쟁하고 있다. 그 혁명조직은 노동계급 지도부의 역사적 위기를 타개하고, 사적이윤의 최대화가 아니라 인류의 필요를 만족시키는, 생산수단의 사회화와 계획경제에 기초한 세계 경제체제 건설로 나아갈 길을 열어젖힐 것이다.

# 혼돈 속의 중동

국제볼셰비키그룹★2015년

1차 세계대전 후 영국과 프랑스가 오스만 제국의 아랍 영토를 분할하면서 수립된 중동의 국가체제가 무너지기 일보직전이다. 원래 그곳에 살던 인민들의 정치적·종교적·민족적 정체성에 대한 고려 없이 멋대로 그어진 국경선은 한 세기 가량 지속되었지만 많은 부분들이 곧 지워질 것 같다. 1991년 (UN 깃발 아래 수행된) 이라크 정복으로 시작된 25년간의 잔혹한 제국주의 군사개입은 이 지역의 사회적·정치적 구조를 심각하게 유린했다.

미국의 '정권 교체' 열망 때문에 시작된 시리아 내전은 4년 동안 25만 명의 목숨을 빼앗았고, 최소 1천억 달러 가치의 사회기반시설을 파괴했으며, 1,100만 명의 인민들이 고향을 등지게 함으로써 유럽의 '난민 대란'을 낳았다. 이 갈등은 인종적·종파적 적대를 포함한 시리아의 사회모순에 뿌리를 두고 있지만, 전쟁은 시작될 때부터 미국과 터키, 사우디아라비아, 카타르 등 그 지역 여러 국가들의 광범위한 도움을 받았다.

시리아는 세속적 문명화를 추구하는 (소수인, 시아파에서 파생된 알라위파가 중심이 되고 1970년부터 2000년까지 하페즈 알 아사드가 그리고 그때부터 지금까지 그 아들 바샤르가 이끄는) 바트 당 정권과 (지방과 도시 하층의, 사회적으로 후진적이고 전통적 부위를 이루고 있는 다수인, 수니파에 뿌리를 둔) 무슬림형제단이 서로 오랫동안 적대해온 역사를 가지고 있다. 1982년, 아사드 정권은 무슬림형제단 봉기를 진압하고, 반란을 지지한 도시 하마의 시민 수천 명을 학살하고 이슬람주의 반대파를 불법화했다.

최근 몇 년 동안 중동 지역 전체에서, 고향을 떠난 농업노동자들이 도시로 몰려들었고 빈민촌에서 살아남기 위한 생존투쟁을 해왔다. 시리아의 제국주의가 촉구한 '시장개혁' 정책 참여는 이미 가장 고통스런 삶을 누리고 있던 인민들에 대한 압박을 강화했고 그것은 지금과 같은 갈등을 낳는 계기가 되었다.

한때 밀을 자급자족했던 시리아는 점차 비용이 많이 드는 곡물 수입에 의존하게 되었다. 2011~12년에 곡물 수입이 100만 톤 더 증가했는데, 2012~13년에는 수입이 다시 30퍼센트 가까이 늘어서 총 400만 톤에 이르렀다. 가뭄이 시리아의 농촌을 강타했고, 여러 해 동안 흉작이 이어졌다. 그러자 수니파가 지배적인 농촌에 살던 인민 수십만 명이 소수인 알라위파가 전통적으로 우세했던 해안도시들로 몰려들었다. ……

아사드 정권은 오랫동안 다수인 수니파를 배척하고 (소속 구성원들이 서로 친척이거나 부족 동맹인) 알라위파를 선호했는데, 이는 종파 갈등을 낳았고, 대규모 인구이동은 이 종파 갈등에 불을 당겼다. ……

특히 2001년 이후, 그 지역 기준으로 볼 때에도 시리아 정치는 점점 더 억압적이었는데, 아사드 정권이 역점을 두어 추진한 IMF의 시장개혁은 실업과 불평등을 더욱 심화시켰다. 새로운 경제정책으로, 정권과 사적 영역의 부패한 유착이 더 심해지고 알라위파 군부엘리트와 기생적 기업가들에 더욱 힘을 실어주는 정부 후원 벤처기업은 확장되었지만, 농촌 지역 수니파 빈민의 삶은 악화되었다.

—《가디언》, 2013년 5월 13일

'개혁'은 (종종 정권과 좋은 연줄을 가진 자에게 큰 혜택을 주는) 국가 자산의 매각과 교육, 의료 등 사회보장서비스들의 사유화를 의미했다. 사유화된 기관들의 혜택을 받을 수 없는 도시빈민들은 세속주의에 반대하는 이슬람주의 정치 선동을 곁들여 기초적인 사회보조를 제공하는 종교 자선단체들에 의존하게 되었다.

시리아 바트 당 정권은 오랫동안 미 국무부 살생부에 올라 있었다.[*] 이른바 '아랍의 봄'이 한창이던 2011년, 나토는 정권에 저항하는 인민에 대한 살해 위협을 막아야 한다는 구실을 내세워 또 다른 세속주의 독재자로 '정권교체' 대상자가 있던 리비아에 개입했다. 그로부터 몇 개월 뒤 무아마르 카다피는 끌어내려졌다. 시리아 수도 다마스쿠스의 바트 당 정권은 자신의 생명력이 그보다 더 질기다는 것을 입증했다. 서방 자본주의 언론들은 입을 모아 억압적인 독재정권에 맞선 인민의 저항이라는 단순한 이야기로 그 반란을 포장하지만, 2011년 '시리아 혁명'에서 무슬림형제단의 이슬람주의 지하드 계승자들은 순식간에 주도권을 장악했다. 친제국주의 이론가들은 아사드 정

---

이 글의 각주는 모두 지은이 주입니다. —편집자

[*] 전직 나토 최고사령관 웨슬리 클라크 장군은 2007년 행한 연설에서, 1991년 사담 후세인 치하 이라크에 대한 '사막의 폭풍' 작전의 교훈에 대해 당시 국무부 차관이던 폴 월포위츠와 나눈 대화를 다음과 같이 회고한다. "우리는 우리의 군사력을 중동 지역에서 사용할 수 있고 소련은 막지 못한다는 것을 알았다. '다른 강력한 열강이 우리를 방해하기 이전, 시리아, 이란, 이라크 등 과거에 소련과 우호적 관계였던 나라들을 청소하는 데에 5~10년 정도 걸릴 것이다'라고 그는 말했다."

권이 (마지못해서일 때도 있지만) 인민 다수의 지지를 누려왔다는 사실을 또한 무시한다. 아사드의 가족과 정권의 중추들이 알라위파임에도 불구하고(아사드의 부인 아스마는 예외적으로 수니파), 다른 많은 종족들과 종교적 소수파들 그리고 다수인 수니파의 상당수는, 보수적이고 종교적인 반대파에게 기회를 주는 것보다, 상대적으로 덜 종파적이고 세속적인 바트 당 정권하에서의 삶을 더 선호한다.[*]

지역 동맹자들과 더불어 미국은, 2006년 이스라엘 군대를 격퇴한 전사들을 거느린 헤즈볼라와 이란과 밀접히 연계되어 있고 중동에서 러시아의 유일한 동맹인 이 정권을 끌어내리고 싶어 안달이다. 시리아와 러시아의 연계는 사우디 석유를 지중해로 나르려는 미국 석유 거대기업 아람코의 '아라비아 관통 송유관' 계획을 시리아 통치자들이 거부했던 1940년대로 거슬러 올라간다. 그로 인해 시리아는 1949년 미 중앙정보국의 첫 번째 '정권교체' 쿠데타 목표물이 되었다.[**] 쿠데타는 실패했고, 뒤이은 여러 시도마저 실패했다. 이는 시리아 바트 당 정권과 소련 정보기관 사이의 더욱 깊어진 유대 때문이었다. 이 관계는 지금까지 이어져왔고, 이와 더불어 오늘날까지 미국 석유 거대기업과 그들의 지역 동맹자들에게 시리아는 눈엣가시였다.

---

[*] 2015년 10월 9일 미국 의회조사국의 보고서에 따르면, "〔시리아 군대의〕 하급 직업 군인들은 다수 수니파 아랍 인민과 여타의 소수집단에서 충원되었다"고 한다. 그리고 "시아파 전사들의 아사드 정권 지지는 수니파의 눈에 정권이 돌이킬 수 없게 종파적이라는 시각을 갖게 했다. 그럼에도 불구하고, 수니파 무장반란세력과 수니파 징집병으로 이루어진 시리아군대 사이에 폭력사태가 일상적으로 벌어진다." 수니파 병사 대다수가 정권에 충성한다는 사실은 그 갈등의 첫 번째 축이 종파적인 것이 아니라는 점을 강력히 시사한다.

[**] 비밀 해제된 미국 문서에서 더글라스 리틀에 따르면, "1948년 11월 30일 이후 〔CIA 요원 스테판〕 미어드는 〔시리아 육군 참모총장 후시니〕 자임을 최소한 여섯 차례 이상 비밀리에 만나면서 '군부독재 가능성'을 논의했다"(「냉전과 비밀 작전」, 《중동 저널》, 1990년 겨울)고 한다.

## 석유 자본과 제국주의 지정학

2014년 미국의 《군사저널》에 실린 논문에서 포트레번워스에 있는 미국지휘참모대학의 로버트 타일러 소령은 최근 시리아에서 발생한 대재난의 진정한 원인은 종파나 종교 갈등이 아니라 "돈 문제"라고 말했다.

2009년 카타르는 시리아와 터키를 거쳐 유럽으로 가는 천연가스관 건설을 제안했다. 아사드는 수니파 사우디아라비아와 카타르의 접근을 거절하는 한편, 그 대신에 시아파가 지배적인 국가들이 유럽 천연가스 시장에 접근할 수 있도록 동쪽으로 가스관을 연결하는 조약을 이라크, 이란과 체결했다. 사우디아라비아와 카타르는 시리아를 자신들의 통제하에 두고 터키로 향하는 자신들의 가스관을 운영하기 위해 아사드 제거를 시도하고 있는 것 같다. …… 지정학적·경제적 관점에서 볼 때, 시리아 분쟁은 내전이 아니다. 그것은 국제 열강들이 2016년 가스관 개통 준비를 둘러싸고 지정학적 체스판에 개입한 결과물이다. 가스관을 통해 세 시아파 국가들에게 이익을 안겨줄 아사드의 결정은 또한 러시아가 아사드를 통해 시리아 석유 및 중동 지역과 연계되어 있음을 보여준다. 사우디아라비아와 카타르, 알카에다를 비롯한 여러 조직들은 아사드 퇴진을 책동하면서 이를 자신들의 소망인 수니파의 다마스쿠스 정복 기회로 삼고자 한다. 이를 통해 그들은 '새로운' 시리아 정부를 공동으로 통제하고 가스관 수익을 공유하길 희망한다.

—《군사저널》, 2014년 3월 21일

중동 지역에 매장된 에너지 자원에서 이익을 뽑아내려는 외부세력의 이해관계로 인해 유럽으로 가는 수송로가 이리저리 틀어지는 것은 전혀 새삼스러운 일이 아니다. 중동 석유 통제권을 둘러싼 투쟁은 100년이 넘는 오랜 시간 동안 제국주의 지휘부의 핵심 관심사였다.

영국 해군이 동력자원을 석탄에서 석유로 대체하기 시작할 무렵인 1903년 5월, 외교장관 랜스다운 경은 상원에 다음과 같이 말했다.

> 영국 정부는 '페르시아 만에 다른 세력이 해군 기지나 요새화한 항구를 건설할 경우 그것을 영국의 이익에 대한 매우 심각한 도전으로 간주' 할 것이다. 그리고 우리는 우리가 가진 모든 수단을 동원하여 이를 저지할 것이다. 인도 총독 커즌 경은 "이 선언은 중동 지역에 대한 우리의 먼로 독트린(북남미 대륙에 있는 나라들에 대해 유럽의 간섭을 허용하지 않겠다는 내용으로 미국 대통령 제임스 먼로가 1823년 발표한 대외정책―옮긴이)이다"라고 들뜬 어조로 말했다.
>
> ―다니엘 예르긴, 『상품 : 석유와 돈, 권력에 관한 탐사록』, 1991년

석유는 저장하고 적재하는 것이 수월하며 비용도 적게 든다. 게다가 무엇보다도 석유는 석탄의 두 배나 되는 열량을 가지고 있다. 1차 세계대전 동안 해군대신이었던 윈스턴 처칠은 석유는 "계산하기 힘들 만큼의" 이익을 안겨준다고 말했다. "석유를 사용하면 모든 종류의 선박이 더 적은 크기와 더 적은 경비로 더 많은 탄약을 싣고 더 빨리 운항할 수 있게 된다." 다만 한 가지 문제가 있었다. 영국은 상당한 석탄을 가지고 있지만, 석유는 없다는 점이 그것이었다. 그 점 때문에,

> 시장과 독점체에 상당한 문제를 안겨준다. 석유 공급은 외국이 통제하는 거대한 석유 트러스트의 손에 있다. 해군을 석유체제로 전격적으로 전

환시키는 것은 실상 아비규환으로 뛰어드는 격이다. …… 만약 우리가 그 위험을 극복해낸다면 우리는 해군의 총체적 전력과 효율성을 훨씬 높은 수준으로 끌어올릴 수 있을 것이다. 더 좋은 배와 더 훌륭한 승무원, 더 높은 수준의 경제와 보다 증강된 전력, 한마디로 그것을 정복하는 것은 모험에 대한 커다란 보상이었다.

—윈스턴 처칠, 『세계 위기, 1부 1911~1914』, 1923년

그 난관들은 중동 석유를 가로채는 방식으로 해결되었다.

우리는 앞으로 나아갈 수밖에 없었다. 그리고 결국 우리는 영국-페르시아 석유협약을 체결했다. 200만 파운드의 초기 투자가 들어간 그 계약으로 방대한 양의 석유를 해군에 안정적으로 공급할 수 있었다. 게다가 석유자산 통제권을 통해 얻은 가치는 현재 가치로 수백만 파운드에 해당하는 것이다.

—앞의 글

어마어마한 천연자원을 가지고 있음에도 제국의 지배는 그 지역을 상대적으로 낙후된 곳으로 남게 했다. 물론 외국 기업들은 돈을 갈퀴로 긁고 있었다. 식민 지배자들은 (종종 세습귀족으로 떠받들어지는) 말 잘 듣는 지역 하수인들을 이용한다. 외국의 지지를 받고 떡고물을 떼어먹는 대가로, 그 하수인들은 석유개발 이익 대부분을 다국적 석유기업 투자자들이 챙길 수 있도록 보증한다.

2차 세계대전이 끝나갈 무렵, 미 제국주의는 영국과 프랑스 제국주의 세력을 밀어내고 중동에서 지배적인 세력으로 떠올랐다. 1950년 10월 이븐 사우드 국왕에게 보낸 편지에서 미국의 해리 트루먼 대

통령은 다음과 같이 선언했다.

과거 여러 차례에 걸쳐 확인했던 것처럼, 미국은 앞으로도 사우디아라
비아의 독립 유지와 영토보전을 원한다는 것을 폐하께 다시 보증하고 싶
습니다. 당신의 왕국은 어떤 위협도 받지 않을 것이고, 그것은 당분간 미
국의 관심사가 아닐 것입니다.

—다니엘 예르긴, 앞의 책

제국주의 후견인은 항상, 그 지역 인민이 그 나라 천연자원을 통제
할지도 모르는 그 "위협"을 특히 경계해왔다. 1957년 1월 미국 대통
령 아이젠하워는, 그 지역 어떤 정권이든 '무장봉기'에 직면하면 군
사적으로 지원할 것이라는 내용의 「중동 상황에 대해 의회에 고하는
특별담화」를 발표했다. 1921년, 영국의 조력으로 즉위한 하심 가(예
언자 무함마드의 가문으로 20세기 초에 영국과 협정을 맺어 오스만 제국에
맞선 아랍인들의 반란을 지도했고 과거 헤자즈, 시리아—아랍, 이라크, 예멘
왕국의 왕가였으며 현재는 요르단 왕국의 왕가다—옮긴이) 왕정이 이라크
민족주의자 '자유 장교들'이 조직한 쿠데타로 1958년 7월에 타도되
었을 때, 아이젠하워는 미국 병력을 레바논에 파견했고, 영국 병사들
은 요르단에 상륙했다. 평화와 안정을 확보한다는 구실을 내세웠지
만, 진짜 목적은 이라크 석유에 대한 서방의 통제를 지키는 것이었다.

미국 정부가 "이라크에서 일어난 쿠데타를 되돌리기 위한 무력 개입"
을 "적극적으로 고려"하고 있다는 《헤럴드트리뷴》의 보도는 이라크가 〔이
파견의〕 진짜 목표물임을 시사한다. 《뉴욕타임스》에 따르면, "이라크 혁명
정부가 서방의 석유 이익을 존중한다면, 무력 개입이 이라크로 확대되지

않을 것이다"라고 미국과 영국 지도자들이 합동으로 결정했다.

—『폭풍 저편에서 : 위기의 걸프 만 지도자』, 1991년

서방의 정보기관들은 제국 자산에 대한 민족주의 또는 좌익 운동의 잠재적 위협에 대응하기 위해 이슬람 반동세력을 수십 년 동안 이용해왔다. 그 초기 형태는, 모하마드 모사데크가 (지금은 영국석유로 알려진) 영국−이란석유의 자산을 국유화했던 1951년 이란에서 나타났다. 미국은 영국에게 개입하지 말라고 먼저 경고한 뒤, 이란 석유를 미국 회사들과 나눌 뜻이 모사데크에게 없음을 확인하고는, 이른바 '정권 교체' 작업에 착수했다.

모사데크를 성공적으로 제거한 뒤인 1953년, 1925년 군사쿠데타로 수립된 바 있었던 팔레비 왕정이 복귀했다. 이란은 그후 25년간 미국 중동 지배의 중심축이었다. 모사데크의 현대화 계획에 극렬히 반대했고 미 CIA의 쿠데타를 적극적으로 도왔던 지하조직 '이슬람 열성신자들'은 약간의 사회적·경제적 개혁을 추구한 이란 왕조의 1963년 '흰색 혁명'에 대해서도 동일하게 적대적이었다. '이슬람열성신자들'과 함께 1953년의 사건에 참여했던 아야톨라 호메이니는 추방당했다. 그리고 그는 1978년, 팔레비 왕조를 타도하고 이란의 미국 예속을 끊어낸 반동적인 이슬람주의 혁명 지도자로 불쑥 나타났다.

**지하드 테러의 기원 : CIA에 의한 아프가니스탄 반동의 군사화**

페르시아 만에서 반동의 방파제와 제국주의 행동대 노릇을 하던

이란 하수인 정권을 잃은 것은 미국에게 커다란 손실이었다. 1980년 1월, 육지로 둘러싸인 아프가니스탄에 소련이 군사개입을 하자, "중동 석유의 자유로운 이동에 대한 심각한 위협"이라며, 지미 카터 대통령은 '카터 독트린'을 발표했다. 중동은 "거대한 전략적 중요성을 지니고 있다. 그 지역은 미국이 장악하고 있는 전세계 석유 수출물량의 3분의 2를 지니고 있다"고 카터는 말했다.

우리의 태도를 분명히 하자. 페르시아 만 석유에 손대려는 어떤 외부 세력의 시도도 미국 이해에 대한 치명적 도전으로 간주될 것이다. 그리고 그러한 침해는 군사력을 포함한 필요한 모든 수단을 동원하여 격퇴할 것이다.

—다니엘 예르긴, 앞의 책

1980년대 소련의 아프가니스탄 개입이 페르시아 만에 대한 접근과 전혀 관련이 없다는 것은 카터 역시 잘 알고 있었다. 그것은 CIA가 모집하고 무장시킨 이슬람 반동들이 일으킨 무장 폭동에 맞서 우호적 정권을 방어하기 위함이었다. 서방 언론이 아프간의 '자유의 전사들'이라고 묘사하는 그들은 여성들을 교육하고 신부 값을 인하하며 적절한 토지개혁을 실시하려는 친소련 정권의 계획에 분개했다. 미국의 목표는 소련의 영향력을 억제하고 약화시키는 것이었다.

친소련 아프간 정권과 아프가니스탄에 주둔한 소련 군대를 격퇴시키기 위해 미국과 독일, 다른 나토 회원국들은 아프간 무자헤딘뿐만 아니라 오사마 빈 라덴을 포함한 아랍 지하드주의자들에 의지했다. 당시 잘 알려지지 않았던 오사마 빈 라덴과 지하드주의자들은 사우디아라비아의 재정적 · 군사적 지원을 통해 양성되었다. 당시 사우디 해외정보국의 수장이었고 빈 라덴의 연락선이었던 투르키 알 파이살 빈 압둘아지즈 알 사우드 왕자가 핵심적 역할을 했다. 오늘, 그가 뮌헨안보총회의 '자문위원회'에 그의 정치적 식견을 제공했다.

—「독일 외교 정책」, 2005년 5월 28일


사우디와 파키스탄 정보국과 더불어 CIA는, 아프간 무자헤딘을 효과적인 군사조직으로 만드는 데에 성공했고, 이는 아사드 끌어내리기를 포함한 미래의 '정권교체'를 위한 가치 있는 교훈이 되었다. 그러한 개입 모두는 '인도주의'라는 그럴듯한 포장지에 싸여 진행되지만, 중동에서의 근본적 목표는 언제나 자원 장악이다.*

아프가니스탄의 수도인 카불의 세속 좌익민족주의 정권을 몰아낸

---

* 2003년 이라크, 2011년 리비아를 상대로 한 이른바 '인도주의 전쟁'은 세르비아에 대한 1999년의 대규모 공습을 모델로 한 것이다. 그 공습은 카스피 해 지역에서 새로 발견된 석유와 가스 매장지에 접근하려는 열망이 주된 요인이었다. 우리는 당시 《1917》 22호에 실린 「나토의 '인도주의'를 가장한 테러」란 글에서 그 사실을 지적했다. 세르비아 침공의 구실은 코소보의 알바니아인들에 대한 '인종학살'을 막아야 한다는 것이었다. 1991년 쿠웨이트 아기들이 죽었다는 소문이나, 2003년 사담의 '대량살상무기' 그리고 2011년 리비아 시민의 임박한 학살들처럼, 알바니아인 코소보주민들을 학대한다는 언론보도는 잔혹한 군사침공을 합리화하기 위해 지어낸 뻔뻔한 거짓말이라는 것이 밝혀졌다. 언론인 존 필거는 다음과 같이 묘사한다. "전쟁범죄를 다루는 특사 데이비드 쉐퍼는 14세에서 59세 사이 22만 5천 명의 알바니아인들이 학살되었다고 주장했다.…… 학교, 병원, 수도원, 국영방송국 등 세르비아 사회시설이 폐허가 되면서 나토의 폭격이 끝났다. 그후 국제 범죄수사팀이 학살 증거 수집을 위해 코소보에 들어갔다. FBI는 단 하나의 집단 매장지도 찾지 못하고 집으로 돌아갔다. 스페인 수사팀도 마찬가지였고, 그 책임자는 화난 목소리로 '전쟁 선전기관들이 만들어낸 헛소리'라고 비난했다. 1년 뒤, 유엔 유고슬라비아 재판소는 코소보 내전에서 죽은 사람의 수는 2,788명이었다고 최종적으로 확인했다. 이는 양쪽의 전투원과 KLA가 살해한 세르비아인과 집시를 포함한 숫자다. 대량학살은 없었고, 인종청소는 거짓말이었다."(《카운터펀치》, 2015년 2월 27일)

아프간 지하드주의자들은 탈레반 통치시대를 열었다. 한편 오사마 빈 라덴과 다른 무자헤딘 요인들은 무슬림 세계에서 서방 침략자들을 몰아내기 위해 알카에다를 조직했다. 2001년 세계무역센터의 범죄적 파괴 이후 중동에서 높아진 빈 라덴의 인기를 언론들은 이해할 수 없다는 듯이 말하지만, 우리는 당시 다음과 같이 지적한 바 있다.

이에 대한 설명은 상당히 간단하다. 빈 라덴의 정치노선이 그 지역 인민 대다수가 원하는 것과 일치하기 때문이다. 만약 세 가지 조건이 충족된다면, 알카에다의 지하드를 해산할 것이라고 그는 말해왔다. 첫째, 가장 성스러운 이슬람 성지인 메카와 메디나가 있는 사우디아라비아에서 미군이 철수할 것, 둘째, 100만 명 이상의 인민들을 죽음으로 몰아넣은 이라크에 대한 경제제재를 중단할 것, 셋째, 이스라엘이 요르단 강 서안과 가자, 동예루살렘에서 철수하고 그 지역에 팔레스타인 국가를 수립할 것. ……

대부분의 미국인은 이 요구들에 반대하지 않을 것이고, 그 이유로 언론은 이것을 다루지 않았다. 빈 라덴의 궁극적 노선은 물론 중동 전역에 걸쳐 근본주의적인 이슬람 정권을 수립하는 것이다. 그러나 그 첫걸음으로 그 지역에서 '이교도'들을 쫓아내는 것이 지금의 주된 관심사다.

　　　　　　　　　　　—「제국주의의 피비린내 나는 발자취」,《1917》24호, 2002년


## 유엔·미국·영국 전쟁광들이 이라크를 유린하다


사담 후세인이 수장인 세속 바트 당 정권을 목표물로 한 유엔의 1991년 '걸프전쟁'은 25년 동안 이어졌고 그로 인해 이라크 사회는 초토화되었다. 주둔 기간이 지나치게 길어질 것을 우려한 미국 주도

침략군은 이라크군을 격퇴한 후 철수했고 경제제재를 통해 정권을 무너뜨리는 방법을 택했다.

정권은 무너지지 않았지만 이라크 인민들은 끔찍한 희생을 치러야 했다. 유엔 아동기금 유니세프는 이 경제제재로 5세 이하 어린이들이 최소한 50만 명 이상 죽었을 것이라고 추산했다. 빌 클린턴 정권 당시 미 국무부 장관이었던 마들렌 올브라이트에게 이 참담한 범죄에 대해 묻자, 그는 "그 희생에는 그만한 가치가 있었다고 우리는 생각한다"고 간략하게 대답했다.

물론 이 대규모의 무차별적인 잔학행위는 서방 언론이 잘 깔아준 멍석 위에서 진행되었다. 이에 비하면 ISIS의 자살폭탄, 처형 그리고 참수 장면을 담은 끔찍한 비디오는 소규모이고 몇몇 개인에 한정된 것이다. 무방비의 신식민지에서 무고한 인민 수십만 명의 학살을 조용히 기획하는 제국주의 '인권' 옹호자들의 이 기괴한 위선은 거의 믿을 수 없는 수준이다. 존 필거는 이른바 '자유세계'를 이끄는 지도자들의 정신병적인 태도를 적절하게 묘사한다.

> 카메론(영국 수상), 올랑드(프랑스 대통령), 오바마 그리고 그들의 '자발적 국가연합'엔 따분하고도 반사회적인 수사가 난무한다. 그들은, 이전 공격으로 인한 피가 채 마르지도 않은 (이라크) 도시들에 3만 피트 상공으로부터 폭격을 가하자고 처방한다.
>
> —「폴 포트부터 ISIS까지 : 피는 결코 마르지 않았다」

광대한 석유자원을 직접 통제하기 위하여 중동 중심부에 강력한 군사거점을 마련하는 것이 미국의 목표였다. 몇몇 전략가들은 아랍 중동의 지도를 새로 그리는 것이 이러한 목표를 달성하기 위한 최선일 것이라고 제안한다. 2002년 9월 이라크에 대한 미국의 두 번째 침공 6개월 전, CIA와 연계된 스트렛포(세계 정보와 전략을 다루는 미국의 사설 회사—옮긴이) 연구원들은, 미 부통령 딕 체니와 국방부 차관 폴 월포위츠가 이라크를 쪼개고 "미국의 장기적이고 대규모 군사주둔을 정당화하기" 위해 종족 갈등을 이용하는 방법을 논의하는 중이라고 보고했다.

이라크 전역을 통제하려는 새 정부의 시도는, 미군이 중간에 낀 채 수니파, 시아파 그리고 쿠르드족 사이의 내전으로 귀결될 가능성이 높다. 치열한 전투는 석유시설들을 둘러싸고 전개될 것으로 보인다. 그러나 하심가 정부 아래에서 요르단과 이라크 합병은 미국에 몇 가지 전략적 이점을 안겨줄 것으로 여겨진다. ……

먼저, 반은 영국인인 압둘라의 친미적인 새 왕국 건설은 미국에 상당히 유리한 군사 균형을 이 지역에 만들 수 있을 것이다. 이라크가 주권국가의 지위를 잃게 되면, 수도가 요르단 암만에 있는 한, 어느 날 바그다드에 반미정부가 들어설 걱정이 사라지게 된다. 그들 사이의 커다란 땅덩어리가 친미세력의 통제하에 들어가게 된다면, 현재적이고 잠재적인 미국의 지정학적 적대국인 이란, 사우디아라비아 그리고 시리아는 서로 고립될 것이다. ……

그와 똑같이 중요한 것으로, 미국은 중동 지역에 장기적인 대규모 군사주둔을 정당화할 수 있을 것이다. 새로 태어난 신생국이 미국의 보호를 원하고, 석유시장과 공급의 안정성을 확보할 필요가 있기 때문이다. 그것은 또다시 미국이 이라크 석유를 직접 만질 수 있게 할 것이고, 만약 사우디와 대립할 경우 사우디 석유를 이라크 석유로 대체할 수도 있다.

—「미래에 대한 투자」

2003년 미국이 '자발적 국가연합'을 이끈 자신의 똘마니 영국과 함께 일으킨 이라크 침략과 점령은, 이라크에 남아 있던 사회시설을 초토화시키고 온 나라를 산산조각 냈다. 나라를 혼란으로 밀어넣고 종파 유혈충돌을 낳으며 그 침략으로 50만 명 가량이 죽었다.

사담 후세인을 끌어내린 후, '테러에 대한 세계 전쟁'에 미국과 함께했던 이웃나라 시리아와 이란의 정권교체 가능성을 미국 권력자들이 의논하기 시작했다. 그러자 시리아와 이란은 점령군에 저항할 준비가 되어 있기만 하다면 시아파이든 수니파이든 어떤 세력이든지 지원할 방법을 찾기 시작했다.

이라크 인민들의 광범위하고 효과적인 저항은 미국 입안자들을 깜짝 놀라게 했고, 지금까지의 모든 모험은 엄청난 돈만 탕진한 채 실패로 귀결되었다. 시아파 다수의 지지를 얻어내기 위해, 점령자들은 바트 당 정권의 군사-경찰력과 더불어 국가기구를 해산했다. 그러나 시아파 대중은 점령자들을 해방군으로 맞이하길 거부했다. 점령 1주년 기념일 무렵 수니파 전사들의 저항에 시아파 전사들이 가세했다.

전 국무부 관료였던 부르스 젠틀슨은 "우리는 지금까지 이것을 사담 후세인 잔당 또는 이러저러한 잔챙이들이 벌이는 사소한 사건으로 여겼다. 그러나 우리가 직면하고 있는 것은 반미주의의 공유를 바탕으로 하여 점점 더 강력해지고 있는 세력들이 일으킨 광범위한 봉기다"라고 말한다. ……

최근 미군 점령에 맞서 경쟁 세력인 이라크 수니파와 시아파가 협조하고 있다는 보도들이 있었다.

—《USA투데이》, 2004년 4월 13일

무크타다 알 사드르의 강력한 시아파 군사조직인 마흐디 부대는 2004년 이라크 도시 나자프에서 미군에 맞서 치열하게 싸운 바 있다. 영국과 미국 군대가 2004년 11월 팔루자를 공격하자, 이 부대가 수니파를 적극적으로 도왔다.

## 이라크, 종파 갈등에 휩쓸리다

2006년 2월, 모든 것이 바뀌었다. 이라크 사마라의 중요한 시아파 성지인 알아스카리 사원이 파괴되자, 종파주의 유혈사태가 시작되었다. 누구 짓인지 밝혀지지 않았다. 점령자들은 알카에다를 비난했지만 알카에다는 혐의를 부인했다. 한편 이란과 헤즈볼라는 미국과 이스라엘 정보기구를 지목했다. 분명한 것은 이 범죄를 기획한 자는 시아파와 수니파 공동체 사이에 쐐기를 깊게 박아넣는 데에 성공했다는 것이다.

마흐디 부대는 시아파의 복수전을 이끌었다.

그 다음 두 해 동안 고문당한 수천 명의 시신이 바그다드 거리에서 수거되었다. 무크타다는 당시 마흐디 부대는 자기 손을 떠나 있었고 2007년에 자신은 군대에서 물러났다고 말했음에도 불구하고, 수니파에게 무크타다는 잔인함 그 자체로 살아있는 상징이 되었다.

—《인디펜던트》, 2013년 3월 6일

이라크를 삼켜버린 지독한 종파주의는 이라크 알카에다(AQI)를 급속히 성장시켰고, 이는 이라크-시리아 이슬람국가(ISIS)의 모태가 되었다. 1980년 후반 아프간 무자혜딘에 몸담았던 아부 무사브 알 자르카위가 이라크 알카에다를 지도했다. 자르카위는 사람들의 눈길을 끌고 상당히 허무적인 전술을 통해 ISIS의 미래를 예시했다. 어느 날은 그가 미국 포로의 목을 톱으로 써는 비디오를 공개했다. 알카에다 지도부는 좋아하지 않았다.

예를 들어, 2005년 알카에다 지도자들은 자르카위에게 그런 끔찍한 짓을 공개하는 것을 그만두라는 의사를 전했다. 그들은 '전투의 절반 이상은 언론에서 전개된다'라는 현대적 전략 경구를 사용한다. 아프가니스탄 탈레반이 패배한 이유는, 현재의 자르카위가 그러는 것처럼, 지나치게 용렬하고 종파적인 행동에 의존하는 것 때문이라고 그에게 말했다.

—《뉴욕리뷰오브북스》, 2015년 8월 13일

인민의 분개를 식히기 위해, 미 점령당국은 시아파 지도자 누리 알 말리키가 이끄는 꼭두각시 정부를 앉혔다. 그러나 쿠르드족, 수니파 그리고 심지어 다수의 시아파마저도 부패한 말리키 정부에 등을 돌렸다.

공공기금 도적질과 대규모의 무능력은 그 정부가 충분한 전기, 깨끗한 물, 공중위생을 공급하는 데 실패했다는 것을 의미한다. 노동력의 3분의 1은 실업 상태고, 불완전고용까지 포함하게 되면 그 수는 반이 넘는다. 뇌물을 써야만 그나마 직장을 얻을 수 있다. "나는 7~8년 전에 이라크가 나이지리아처럼 되지 않을까 걱정했었다. 그러나 지금은 실상 그보다 더 못하다"고 전직 장관이 말한다. 그는 이름만 존재하는 캐나다 유령회사와 이미 파산한 독일 회사와 맺은 13억 달러짜리 전기사업 계약을 그 근거로 제시한다.

—《인디펜던트》, 2013년 3월 3일

워싱턴은 공식적으로 말리키 정권의 부패와 종파주의를 부정한다.* 미국 입안자들을 진짜 심란하게 만드는 것은, 그들의 꼭두각시가 점점 이란 종교 지도자들 편으로 다가가는 것을 바라보는 것이다. 페르시아 만의 만만찮은 경쟁자였던 이라크 바트 당 정부제거와 함께 이 지역에 대한 이란의 영향력은 훨씬 증대되었다.

이란의 영향력 증가를 차단하기 위해, 미국은 이라크에 대한 이란의 영향력에 맞서고 동시에 저항을 억제하려는 작전을 실시했다. 2006년, 워싱턴은 이전 안바르 지방 수니파 저항세력에게 '각성운동'이라는 이름으로 자금을 대기 시작했다. 알카에다를 점령반대 동맹군으로 대했던 이라크 종족 지도자들과 외국인이 이끄는 지하드주의자들과 사이가 틀어지면서 이런 기회가 생겼다.**

사우디의 협조 아래, 이란과 그 동맹국들에 맞서 싸우는 수니파 지하드주의자를 미국이 비밀리에 지원하는 작전에 따라 시리아에서 변화가 일어났다. 2007년 시모어 허쉬는 "우리는 악당들에게 돈을 대주고 있고, 이는 의도하지 않은 결과를 낳을 수도 있다. 상당히 위험한 시도다"라는 전직 미국 정보담당자의 분석을 인용했다. 허쉬는 다

---

* 2014년 8월 말리키 후임으로 수상이 된 하이더 알 아바디 치하에서 상황은 더 악화되었다. 아바디 치하에서 몇몇 시아파 전투조직 가운데 하나인 바드르 조직 다수의 국가기구를 통제했다. "조직의 지배는 이라크 치안대 깊숙이 뻗쳤다. 많은 경찰과 특수작전 조직들 다수를 직접 관리했다고 말한다. 바드르는 정치 분야에서도 대단한 영향력을 가지고 있다. 이라크 정부의 주요 자리를 차지하고 하이더 알 아바디 수상의 헌법동맹의 일원이기도 하다. 아바디는 그 지도자인 하디 알 아미리를 내무장관으로 임명하려고 한다."《포린폴리시》, 2014년 9월 18일)

음과 같이 보도한다.

시아파가 지배적인 이란을 잠식하기 위해, 부시 행정부는 중동 지역의 우선순위를 재조정하기로 결정했다.…… 미국은 이란과 이란의 동맹국인 시리아를 겨냥한 비밀 작전에 돌입했다. 이 작전의 부산물은 수니파 근본 주의 조직들의 성장이다. 그들은 알카에다에 공감하고 미국에 적대적이며 이슬람주의 전투적 전망을 지니고 있다. ……

이 새 전략의 모순된 측면 가운데 하나는 이라크에서 미군을 겨냥한 반 란은 대부분 수니파 세력으로부터 나오지 시아파로부터 오는 것은 아니라

** 미국 폭동 대응 전문가 데이비드 킬컬렌에 따르면, "이라크 알카에다가 결혼을 통해 동맹을 맺는 알카에다의 기준을 적용하려 하자" 갈등이 시작되었다고 한 다. "이라크 전통 사회에서, 관습은 종교만큼 중요하다. 이슬람 이전에 기원하고 종종 이슬람의 그것들과 구별된다. 어떤 이라크 종족구성원이 그것을 내게 이렇 게 제기했다. '샤마르 사람에게 종교를 묻는다면, 그는 나는 샤마리 사람이라고 대답할 것이다. 많은 이라크 종족들처럼, 수니파와 시아파 지파들의 동맹으로서 의 샤마리.' 물론 무슬림이 아닌 이방인을 대할 때는 이슬람이 정체성을 가름하 는 열쇠다. 그러나 다 무슬림일 경우, 친족이 종교에 우선한다. 사실, 내가 얘기 해 본 가장 종족적인 이라크인은 알카에다의 '이슬람' 표방을 자신들의 전통에 낯선 것이고 믿음에 부합하지 않는 것으로 본다. 핵심적 차이는 결혼 관습이다. 종족들은 자신의 여자를 종종 내 사람에게만 내준다. 또는 술하(평화라는 뜻─옮긴 이)라고 알려진 과정의 일부로서 불평을 잠재우기 위한 드문 경우에 그들의 동맹 안에 있는 씨족이나 다른 종족에게 내주기도 한다. 외국인을 떠나서, 여자를 낯 선 사람에게 결혼시키는 것은 없는 일이다. 문화에서 일부만 떼어내는 대단히 축약적인 그들 식의 '이슬람'에 따라, 알카에다는 종족의 관점을 무지하고 바보 스럽고 범죄적인 것이라고 깎아내린다. 이것이 폭력으로 이끌었다. 이라크 알카 에다는 딸을 자기들에게 내주지 않은 어느 족장을 죽였다. 그 종족 사람들은 복 수의 의무를 느꼈고 이라크 알카에다를 공격했다. 테러리스트들은 야만적인 방 식으로 보복했다. 목격자들이 말하길, 족장의 자식들이 매우 잔인하게 살해당했 다고 한다. 이는 인내의 한계를 무너뜨렸다. 종족들이 들고 일어났다. 이웃한 씨 족들이 이 싸움에 가세했고 (위압적인 태도로 인해 그들에 대한 호의적 감정을 다 잃어 버린) 이라크 알카에다는 보다 잔악한 방법으로 그 저항을 분쇄하려 했다. 곧 봉 기가 일어났고, 친족 관계를 따라 안바르 지방으로 번져 이웃 지역으로 확산되 었다."(《작은 전쟁 저널》, 2007년 8월 29일)

는 점이다. 그러나 행정부의 시각에 따르면, 이라크 전쟁의 가장 심대한, 의도하지 않은 결과는 그 전쟁으로 이란이 강해졌다는 것이다.

—《뉴요커》, 2007년 3월 7일

2010년경, 이라크 알카에다는 간신히 버티고 있었다. 그러나 시아파가 주도하는 바그다드 정부가 안바르 전사들에 대한 자금 지원을 중단하고 수니파 정치인들과 종족 지도자들을 박해하자, 이라크 알카에다는 부활했다. 새 지도자 아부 바크르 알 바그다디의 지도하에, 이라크 알카에다는 해체된 바트 당 군대로부터 많은 수의 장교를 충당했고, '각성운동'에 몸담았던 경험 있는 종족 전사들을 끌어들였다.*

2011년 시리아에서 시작된 수니파 이슬람주의 봉기는 이라크 알카에다 기간요원들을 보내어 시리아 지파(자바트 알 누스라)를 조직한 바그다디의 이라크 알카에다에게 중요한 출발점이 되었다. 2012년 경「미국 국방부 정보보고서」는 (알카에다를 포함한) 지하드주의자들은 "시리아의 봉기를 주도하는 세력들이다"라고 한다.

---

* "AQI 창립자 아부 무삽 알자르카위는 이전 바트당원들과 거리를 두었다. 하심(ISIS를 연구하는 싱가폴 난양공대 교수인 아쉬메드 S 하심—옮긴이)에 따르면, 그들의 세속적 관점을 신뢰하지 않기 때문이라는 것이다. …… 분석가들과 전직 장교들의 말에 의하면, 현 이슬람국가 지도자 아부 바크르 알바그다디 감독 아래, 의도적으로 이전 바트당 장교를 모집했다. …… 2010년 이후 매우 허약해진 반란조직을 재건하라는 임무 아래, 바그다디는 전직 장교들을 끌어들이는 적극적인 정책을 전개했다. 실업자가 되거나 보다 덜 급진적인 반란조직에 가담한 다수를 끌어들였다. …… 2007년 전력 증강 시기 동안, 미국이 지원하는 '각성운동' 편에 선 몇몇은 위치를 바꾸어 알카에다에 맞서 싸웠다."《워싱턴포스트》, 2015년 4월 4일)

## CIA가 지원하는 시리아 지하드

활기 넘치는 시리아 반란이 시리아 정권에 대한 인민들의 자발적인 지지의 산물인 것처럼 서방 언론들은 묘사했다. 그러나 시리아의 짱짱한 국가기구에 성공적으로 도전하기 위해서 외국의 많은 지원이 필요했고, 그 지원은 지역 동맹국들의 협력을 얻은 미국이 지휘했다. 허쉬는 다음과 같이 말한다.

시리아 반군을 돕기 위해 터키, 사우디아라비아 그리고 카타르가 미국에 어느 정도 규모로 협력하는지는 잘 알려지지 않았다. CIA가 '쥐구멍 (rat line)' 이라고 부르는 시리아로 이어지는 비밀통로를 구축하는 데에 어떤 역할을 했는지 오바마 행정부는 전혀 밝히지 않는다. 2012년 승인된 쥐구멍은 터키 남부를 거쳐 리비아를 통해 시리아 국경을 가로질러 반란군에게 무기와 탄약을 공급하는 깔때기로 쓰였다. 시리아에서 그 무기를 최종적으로 받아 쓴 것은 지하드주의자들이었다. 그 중 몇몇은 알카에다 소속이었다.

—《런던리뷰오브북스》, 2014년 4월 17일

런던 검사들이 스웨덴 시민 벌린 길도에 대한 '테러' 혐의를 취하하라는 압력을 받은 2015년에, 시리아 지하드주의자 무장에 영국이 한 역할이 불거졌다. 그가 도왔다는 혐의를 받은 조직과 영국 정보국 스스로가 협력했다는 것이 밝혀진 것이다.(《가디언》, 2015년 6월 1일)

2013년 3월 24일자 《뉴욕타임스》 기사는 160대가 넘는 군수송기가 최소한 "3,500톤의 군수품"을 시리아의 이른바 '혁명가들'에게 실어 날랐다고 의외로 솔직하게 밝혔다. 1980년대의 아프가니스탄에서와 마찬가지로 여기에는 CIA가 깊이 연관되어 있었다. "2012년 11월까지 CIA 본부장이었던 데이비드 페트라우스는 이 운항 네트워크 가동에 큰 역할을 했고 여러 나라들이 참여하도록 북돋웠다." 1980년대에 파키스탄이 아프간 무자헤딘에 했던 것처럼 터키 역시 시리아 반란을 지원하는 데 중추적 역할을 했다.

담당자에 따르면, 터키 정부는 터키를 통과하여 군수품을 수송하는 트럭에 통신장비를 싣는 일까지 전반적인 계획과 감독을 하고 있다. 그래서 시리아로 들어가는 육로 수송을 관리하고 있다고 한다. 수송 전문 관료와 수송기와 관련된 자료를 수집하는 무기밀매 조사관에 따르면, 그 수송량이 대규모라고 한다.

—앞의 글

## 제국주의자들이 살라피주의 공국(公國)을 기획하다

2012년 8월 「국방부 정보보고서」는 다음과 같은 계획을 언급했다. "특정 상황이 형성되면 시리아 동부(하사카와 데르조르)에 살라피주의(극도로 보수적인 수니파 이슬람근본주의-옮긴이) 공국을 수립할 가능성이 있다. 그리고 이것이, (이라크와 이란) 시아파 확장에 전략적 중요성이 있는 시리아 정부를 고립시키기 위해, 반란 지지세력들이 원하는 바로 그것이다."

그 보고서는 지하드의 "지지세력"을 "서방, 페르시아 만 국가들, 터키"라고 콕 집어 말하고, 이라크 알카에다가 "이라크와 시리아의 다른 테러리스트와의 결합을 통해 이슬람 국가를 선언할 수 있다"고 앞날을 내다보듯이 말한다.

2013년 바그다디는 이라크 알카에다와 시리아 지파가 합쳐서 ISIS를 출범했다고 선언했다. 자바트 알누스라 회원 상당수의 참여 거부는 격렬한 내부투쟁을 일으켰다. 그러나 자중지란이 있기는 했어도 ISIS는 2014년 1월 라마디와 팔루자를 성공적으로 점령했고 그를 통해 안바르 지방의 통제권을 장악했다. 같은 달, ISIS 세력은 시리아 북동부 라카를 손에 넣었다. 2014년 6월 ISIS 병력 1천 명이, 15대1 정도의 수적 열세에도 불구하고, 이라크 육군 2개 사단을 패퇴시켜 세계를 깜짝 놀라게 했다. 내버리고 도망친 상당한 양의 군수품과 더불어 이라크 중요도시인 모술을 장악했다. 몇 주 뒤, 2014년 6월 30일, ISIS는 바그다드에서 시작하여 시리아를 가로질러 터키 국경에 이르는 '칼리프의 나라'를 선언했다.

이는 워싱턴이 환영할 만한 뉴스가 아니었다. ISIS가 사우디를 비롯한 페르시아 만 제국주의 보호국들에 대한 잠재적 위험이 되기 때문이다. 그에 대한 응답으로 미국은 바그다디의 이른바 '온건파' 지하드 경쟁세력, 특히 알카에다의 시리아 지파인 (누스라 전선이라고 불리는) 자바트 알누스라에 더 가까이 다가갔다. 그러자 언론들은 갑자기 시리아의 알카에다 회원들을 세속 아사드 정권에 대한 '온건' 반대파라고 부르기 시작했다. 《뉴욕타임스》 최근 기사는 "알카에다 소속 누스라 전선은" CIA로부터 "성능 좋은 화력을 제공받는 그룹 가운데 하나다"라고 운을 뗀 뒤, "스스로를 자유시리아군대라고 부르는 미국 지원 세력들은" 실질적으로 알카에다 시리아 지파에 소속되어 있다는 것을 시인했다.

자유시리아군대 지휘부가 필요에 따른 불편한 동거라고 묘사하는 전술적 동맹이다. 더 규모가 크고 강한 누스라 전선의 허락 없이는 작전을 전개할 수 없기 때문에 형성된 동맹이다. 그러나 아사드 대통령과 그 동맹들은, 그들을 모두 공격 목표가 되어 마땅한 테러리스트로 규정하면서, 그 편제를 반란 조직들 사이에 차이가 거의 없는 증거라고 지적한다.

—《뉴욕타임스》, 2015년 10월 12일

미국 외교정책에 대한 최고의 잡지는 오사마 빈 라덴의 조직이 "미국의 적에 대한 적"으로 진화했다고 좀더 직접적으로 설명한다.

9.11. 이후 워싱턴은 알카에다를 어떤 비용과 시간을 들여서라도 제거해야 할 미국의 가장 위험한 적으로 간주했다. 미국 정부가 오사마 빈 라덴을 2011년에 살해한 이후, 알카에다의 새 지도자인 아이만 알자와히리가 다음 목표가 되었다. 그러나 아랍 혁명 이후 조성된 중동의 불안정과 갑자기 등장한 ISIS로 인해 워싱턴은 알카에다에 대한 전략, 특히 자와히리를 목표로 삼는 것을 다시 생각해야 했다. 이 시기에 알카에다를 흔드는 것은 현실적으로 ISIS를 격퇴하려는 미국의 노력에 반하는 것이다.

—《포린어페어스》, 2015년 3월 9일

중동과 중동의 자원을 지배하고야 말겠다는 미국의 전략적 목표는 늘 한결 같다. 그러나 '테러와의 전쟁'에서 협력자였던 무아마르 카다피와 바사르 알 아사드 사례가 보여준 것처럼, 그 목표를 향한 전술은 갑자기 바뀔 수도 있다. 이 경쟁의 다른 참여자들의 태도는 보다 다양하다. 사우디와 이란은 페르시아 만 주도권을 놓고 경쟁 구도에 있으며, 한때 오토만 제국 땅이었던 이라크 북부와 몇몇 지역에 대한 영향력을 이란과 다투는 터키는, 그 한 해 전 이집트 대통령에 당선되었던 무슬림형제단 소속 모하마드 무르시 대통령을 끌어내린 2013년 쿠데타에 대한 사우디의 지원을 격렬하게 반대했다.


## 계산을 흐트려놓은 러시아의 개입


2011년 러시아 정부는 리비아에 대한 나토의 '정권교체'를 마지 못해 따랐다. 한때 아프리카에서 가장 발전된 나라였던 리비아는 군 벌과 지하드 깡패들에 의해 지옥처럼 황폐해진 나라로 변했다.* 2015 년 9월 30일 러시아 공군이 시리아 갈등에 개입했다. 같은 재앙이 시 리아에서 반복되는 것을 막기 위해서였다. 만약 아사드 정권이 무너 진다면, 이란이 약화될 것이고 승리를 거둔 이슬람근본주의자들이 이슬람세계 전역을 장악하게 될 것이다. 지금 시리아에서 수백 명의 외국 지하드주의자들이 러시아 여권을 가지고 있다.** 헨리 키신저가 지적하듯이, 시리아와 이라크를 지하드가 삼키면 러시아의 무슬림

---

\* 2015년 3월 9일 론폴연구소는 2011년에 리비아 제국주의 개입을 앞장서 옹호했던 존 매케인 의원과 이슬람 반동 지도부 중 한 명인 압델하킴 벨하지의 관계를 지적했다. "매케인이 미국의 리비아 공격을 응원하고 있을 때, 벨하지는 민주적 리비아의 미래를 약속하며 추천된 사람들 가운데 하나였다. 그러나 벨하지는 그 당시 리비아 알카에다와 연계된 이슬람무장단체 조직인 '리비아의 새벽' 창립자 였다. 매케인 의원은 카다피 타도라는 욕망 때문에 그의 리비아 친구들과 알카에 다와의 연계를 무시한 것일까, 아니면 그 사실을 단순히 몰랐던 것일까? …… 그 러나 이것은 새 발의 피다! 우리는 최근에, 매케인 의원의 친구가 알카에다 요원 에서 현재 리비아 ISIS의 수장으로 승진했다는 것을 알았다!"

\*\* 2015년 9월 26일자 《뉴욕타임스》에 따르면, "3만 명 가량 되는 외국인 가입자가 요즘 시리아로 밀려들고 있다. 다수는 이슬람국가에 가입한다. 지난 12개월 동 안 있었던 자원자의 두 배가 된다." 여기에는 "이라크 또는 시리아의 갈등에 개 입했거나 개입하기 위한" 미국인 250명과 영국 출신 750명이 포함된다. 이 기사 는 "1,800명의 프랑스 시민과 거주민들이 세계 지하드 네트워크에 소속되어 있 다"고 말한다.

지역이 불안정해질 것이다.(《월스트리트저널》, 2015년 10월 16일)

2015년 11월 130명의 목숨을 앗아간, ISIS가 자신이 했다고 주장하는 파리 테러에 대한 프랑스의 응답은 나토 동맹의 잠재적 균열을 여실히 보여주었다. 한편으로 ISIS 지역에 대한 미국 등의 공격에 힘을 실어주면서도, 동시에 프랑스 대통령 올랑드는 러시아의 왕성한 공중 폭격을 칭찬했다. 모스크바 방문 동안 올랑드는 공동의 군사행동으로 힘을 모으자는 생각을 밝혔다. 미국과 러시아가 시리아에서 전혀 다른 목표를 추구한다는 현실을 고려해볼 때, 이는 상당히 묘한 제안이었다.

다른 나토 나라들처럼 국내에서 지하드 테러 위험에 노출되어 있는 프랑스는 자연스럽게, 이라크와 시리아에서 이슬람주의 반란 조직들을 분쇄하려는 러시아·이란 정책이 합당하다고 여기게 된다. 사우디, 터키, 카타르 동맹국처럼 그 지역 시아파 경쟁자를 약화시키려는 목적으로, 지하드에 자원을 제공하고 무장을 돕는 미국은, 파괴보다는 적절한 통제라는 좀더 교묘한 정책을 추구해왔다. 아사드 정권을 끌어내리는 지렛대로 써보려 하기 때문이다.

과거에 프랑스 부르주아지는 미국으로부터 독립하여 다른 길을 걷고자 했다. 샤를 드골은 1966년 나토로부터 프랑스를 철수시켰고, 공식적으로 재가입한 것은 2009년이 되어서였다. 유사한 일이 곧 일어날 것으로 보이지는 않지만, 미국이 주도적으로 추구한 아프가니스탄, 이라크, 리비아, 시리아의 '정권교체'로 인한 역풍은 주로 미국의 유럽 동맹국들을 타격하였다.

푸틴의, 아사드에 대한 군사지원 결정은 반란군과 그들의 공급망에 직접적인 압력을 가하면서 갈등의 양상을 변화시켰다. 또한 그 결정은 시리아 아랍군의 사기를 진작시켰다. 이란과 헤즈볼라 지원군으로 인해 강화된 시리아 군대는 이전에 빼앗겼던 지역을 서서히 되찾기 시작했다. 러시아의 개입은 미국 정보기관들을 놀라게 했고 미국 부르주아지들을 소란스럽게 만들었다. 미 상원군사위원회가 서둘러 개최되어 시리아에서 '러시아의 전략과 군사작전'을 토론했다. '지상군 투입'에 대한 영원한 찬양자 미국 상원의원 존 매케인은 러시아의 시리아 개입을 "미국의 치욕적 후퇴이고 중동 지역에서 가장 최근에 벌어진 재앙"이라고 규정했다. 그의 말은 지배계급 상당수의 격노를 잘 대변하는 것이다.

행정부는 몇 주 전, 시리아에 병력을 보내지 말라고 러시아에 경고했다. 그러나 러시아는 하고 싶은 대로 했다. 그러자 행정부는 시리아로 가는 항공노선을 차단하려 했으나 실패했다. 그 결과는? 미국 관리들은 러시아 군부에 달려가 시리아의 '갈등완화'를 논의하려고 했다. 우리 국무부는 러시아의 행동을 협력의 '기회'라고 불렀다. 우리가 '근본 원칙'들을 공유하기 때문이라는 것이다. 오바마 대통령은 2년 만에 처음으로 블라디미르 푸틴과 공식적인 대화를 했다. 러시아가 크림 반도를 점령한 후 러시아를 고립시키기 위한 국제적 협력을 약화시키면서까지 말이다. 그것

---

* 2015년 11월 24일자 《아시아타임스》에서 피터 리는 파리 공격은 프랑스가 중심적 역할을 한 리비아 침공에 대한 보복이라고 한다. "요약하자면, 파리 테러의 설계자라고 알려진, 고(故) 아브델하미드 아바우드는 IS를 '위해' 싸운 것이 아니다. 그는 ISIS보다 먼저 시리아에 등장한 리비아 부대인 카티바트 알 바타르 알 리비와 '더불어' 싸웠다. 카티바트 알 바타르 알 리비가 ISIS에 대한 충성을 맹세한 후에도, 그 조직은 독립성을 유지하고 있었다." 리는 카티바트 알 바타르 알 리비의 성격을 다음과 같이 설명한다. "리비아에서의 경험을 시리아 봉기와 혁명에 공유할 목적으로 리비아 이슬람주의자들이 조직한 일부다. IS가 부상하여 군사적·재정적으로 지배세력이 된 이후, 'KBL'은 ISIS와 운명을 함께하기로 했다. 부대원들은 IS 교두보를 리비아에 건설하기 위하여 돌아갔다."

이 바로 푸틴이 바라던 것이다. 그리고 푸틴이 어떻게 응답했나? 미국이 지원하는 시리아 반란군에게 폭격을 하고 있다.

매케인은 계속 말한다.

만약 푸틴이 미국 동맹에 반대하는 작전을 이라크에까지 확대하더라도 우리는 놀라지 않을 것이다. 그들은 이미 바그다드와 정보 협력체계를 수립했다. 그러나 이 갈등이 끝날 때, 푸틴이 바라는 것처럼, 푸틴이 그의 동맹자들을 떠받치고, 우리 것은 부수고, 중동 지역에서 우리에 대한 남은 신뢰를 파괴하고, 이 전략적 요충지에서 러시아가 핵심 세력으로 복귀하는 것은 절대로 있어서는 안 된다. 시리아에서 러시아와 맞서는 것을 주저해서는 안 된다.

일찍이 2014년 우크라이나의 이른바 '마이단 혁명' 극우 지도자들에 대한 열광적 칭송자였던 매케인은 러시아가 치러야 할 대가를 제시한다.

그러나 우리의 대응을 시리아에만 한정해서는 안 된다. 우리는 러시아로 하여금 보다 광범위한 지역에서 대가를 지불하도록 해야 한다. 우크라이나의 군사력 증강, 더 강화된 제재 조치, 러시아의 국제적 고립 강화 등을 포함해서 말이다.

2015년 11월 터키 전투기가 시리아 국경 근처 이슬람주의 군대를 공격하던 러시아 SU-24 폭격기를 떨구었을 때, 관계자들은 미국이 개입했을 가능성이 높다고 지적했다.(《하퍼스매거진》, 2015년 12월 4일)

모스크바를 찾아가 사과하거나 설명하는 대신에, 터키 정부는 즉각 나토와 미국에 달려가 호소하였고, 둘은 곧바로 터키의 행동에 동조하였다. 그로 인해 주춤거리는 대신에, 러시아는 이미 수립된 계획보다 두 배의 공격을 반란군에게 가했고 터키에 경제제재 조치를 취하였다. 러시아 공중방어 역량은 보다 증진되었다. 푸틴은 2015년 12월 11일, 러시아 군부에 "앞으로 우리 〔군사〕 조직이나 〔시리아 내〕 시설을 위협하는 모든 목표물은 즉각 파괴하라"라고 공식적으로 지시했다.

이 사건은 시리아 갈등이 세계의 두 핵강국을 직접적인 군사대결로 이끌 위험이 있음을 환기시켰다. 2015년 12월 15일 공화당 대통령 후보 논쟁에서, 뉴저지 주지사 크리스 크리스티는 만약 자신이 대통령이 된다면 시리아 상공에 '비행 금지' 구역을 지정하고 러시아 비행기가 감히 어기려고 하면 바로 격추시킬 것이라고 아무렇지도 않게 선언했다. 공화당 경쟁자인 랜드 폴은 "내 생각에 당신은 3차 세계대전을 원하는 후보인 것 같다"고 지적했다.

지상의 역관계 변화는 아사드 정권의 궁극적 붕괴를 가만히 지켜보는 전략의 현실성을 떨어뜨렸다. 중동에서 군사적 모험을 더 확대하는 것에 대한 상당한 반감이 있는 상황에서, 최소한 지금은, '평화적 처리'가 최선이라고 미국 지배자들은 결론내린다. 겉으로는 '테러주의 칼리프 공화국'의 형성을 저지하려는 의지를 공유한다는 것을 협상 구실로 내세운다.

러시아 개입으로 인해 오바마 행정부는 전술을 재검토해야 했다. 그러나 시리아에서 서로의 목표가 양립불가능하다는 것을 워싱턴과 모스크바 모두 잘 알고 있다. 이것은 알누스라에 대한 서로 다른 태도를 통해 잘 드러난다. 아사드와 그 지지자는 무장 반란의 절대다수를 구성하는 누스라 전선과 그 지하드 동조자들을 사라져야 할 테러리스트라고 본다. 한편 백악관은 수줍은 표정으로 그들을 '온건파'라고 부른다. 미국은 러시아 공군이 ISIS보다는 CIA가 지원하는 '온건파' 군사력에 초점을 맞춰왔다고 호들갑을 떤다. 러시아는 미국 공군력으로 이슬람국가에 대한 변변한 타격을 준 것이 무엇이냐고 반문한다. 크렘린은 특히, ISIS가 장악한 시리아와 이라크 유전에서 퍼낸 석유가 터키 암시장으로 자유롭게 흘러들어간다는 점을 지적한다.*

2014년 많은 수의 서방 언론들은 석유 밀매가 이슬람국가를 먹여 살린다고 보도하기 시작했다. CNN은 그로 인해 "매일 200만 달러의 수입이 생길 것이고, 매년 7억 3천만 달러 이상을 벌어들여서, 이라크를 넘어 작전을 수행하기에 충분한 자금이라고" 보도한다.(CNN, 2014년 8월 22일) 그렇게 다들 알고 있었음에도 불구하고, 러시아 항공기가 공격하기 전까지 석유를 실어 나르던 그 수송 트럭들은 거의 무사통과였다. 국제문제연구소에 따르면, "유조차 행렬이 2킬로미터까지 늘어서곤 했다"고 한다. 2015년 11월, 터키에서 열린 G20 회담에서 푸틴이 이 문제를 지적했을 때, 미국 대표들은 어버버거리며, 무고한 시민의 희생이 있을까 봐 밀매자들을 타격하는 데에 주저해 왔다고 설명했다. 그러나 언론에 공표되어 난처해지자, 정책은 변경되었다. 한 주도 지나지 않아 미 국무부는 미국 항공기가 시리아 동부에서 116대의 수송 트럭을 파괴했다고 발표했다.

러시아 군사작전으로 인한 영향을 줄이고 시리아 군대의 성장을 늦추기 위해, 미 국무부는 페르시아 만 동맹국들과 공조하여 반란군

---

* "터키 대통령의 아들인 빌랄 에르도간이 석유 밀매에 깊이 개입해 있다는 보도가 여러 차례 이뤄졌다."(《제로헤지》, 2015년 11월 26일)

의 무장 수준을 높이기 시작했다.

시리아 정부를 위해 러시아가 공습을 개시한 이후, 처음으로 강력한
미제 대전차 미사일을 대량으로 지원받았다고 반란군 지휘부는 이야기
한다.

—《뉴욕타임스》, 2015년 10월 12일

《워싱턴포스트》의 월터 핀커스는 아사드 퇴진 요구를 협상 전제로
내걸지 않는 것은 "오바마 대통령이 시리아에서 목표를 잃는 것"을
의미할 수도 있다는 우려를 표명한다.

지금껏 그래왔고 지금도 마찬가지인 전략적 목표가 있다. 2011년부터
군사적 방법보다는 외교적 방법을 앞세워, 시리아 대통령 바사르 알 아
사드 정권을 종식시키는 것이 그 목표였다. 2012년 이후, 오바마의 전략
은 군사력을 사용하여 이슬람 국가들을 약화시키고 파괴하는 것이었다.

—《워싱턴포스트》, 2015년 11월 2일

미국은 사실, 지하드 반란을 '약화시키고 파괴'하기보다는 그것을
강화하고 방향을 돌리는 일에 관심을 더 쏟아왔다. '외교적' 통로는
러시아의 개입으로 반란군이 후퇴한 때에야 채택되었다. 핀커스가
설명하는 것처럼, "지난주에 바뀐 것은 오바마의 시리아 전략이 아니
라, 미국의 몇몇 전술이다. 왜냐하면 먹히지 않기 때문이다." 목표는
여전히 '정권교체'다.

오바마의 전략 아래에서, 시리아의 이슬람국가 패배는, 시리아 지역 세

력의 강화에 달려 있다. 단지 이슬람국가 병사들을 물리치는 것만이 아니라, 다마스쿠스에 새로 수립된 중앙정부가 권력을 이양할 수 있게끔 해방된 지역을 장악하도록 하기 위함이다.

—앞의 글


## 제국주의자들의 시리아 분할 계획

2015년 10월 상원청문회에서, 퇴역 장성인 존 킨은 시리아 이전투구에 '인도주의적' 전환을 제안했다.

> 만약 우리가 온건 반대파 세력을 위해서나 망명자들의 안식처를 제공하기 위해서 자유 지역을 만든다면, 세계 여론은 극적인 지지로 돌아설 것이다. 만약 푸틴이 그곳을 공격한다면, 세계 여론은 당연히 그를 등지게 될 것이다.
>
> —《뉴이스턴아웃룩》, 2015년 10월 12일

상원청문회에서 존 매케인은 시리아를 발칸반도처럼 만드는 것에 대해 상당한 교감이 지배계급 내부에 있다고 말했다.

> 시민과 우리의 온건파 친구들을 보호하고 그들을 방어하기 위해 필요한 것을 할 수 있기 위해, 우리는 반드시 시리아에 소규모 진지들을 구축하는 데에 국제적 협력을 모아야 한다. 데이비드 페트라우스(전직 CIA 수장—옮긴이)부터 힐러리 클린턴에 이르기까지 모든 사람들이 이것을 옹호한다.

외교협회 대표이자 《포린어페어스》 편집장인 리처드 하스는 "미국뿐 아니라 누구도 지금의 영토 전부를 다스릴 시리아 정부를 재건하는 데에 관심을 가지고 있지 않다"고 평가한다. 하스는 "작은 지역으로 나뉜 시리아가 지금과 가까운 미래에 가장 바람직한 결과일 것이다"라고 결론짓는다.(《프로젝트신디케이트》, 2015년 10월 15일)

2015년 6월 부루킹스연구소의 마이클 오핸런은 『시리아 해체하기 : 미국의 가장 희망 없는 전쟁에 대한 새로운 전략』이라는 제목의 책을 출판했다. 그 책에서 그는 "앞으로 남은 현실적인 길은 시리아를 해체하는 계획일 것"이라고 제안한다. "사우디, 터키, 영국과 더불어 미국"의 특수전 병력이 "온건 반대파"를 지탱하여 "아사드 정부나 ISIL 모두의 지배에 다시는 직면하지 않을, 신뢰할 만한 안전지대를 시리아 안에" 수립하는 것이다.*

추상적으로 볼 때, 지역 군벌이나 이슬람주의 병력이 운영하는 작은 국가들의 소용돌이로 시리아를 분할한다는 발상은 복잡한 문제를 해결할 묘안처럼 보인다. 그러나 그 어려운 과제를 수행할 하위 파트너나 동맹자 들을 구하는 어려움 가운데 하나는 그들이, 종종 서로 배타적인, 그들 자신의 이익을 추구할 것이라는 점이다. 터키와 사우디아라비아는 이집트 무슬림형제단과 군부가 갈등할 때 서로 다른 편에 선 바 있다. 사우디와 카타르가 자금을 대는 지하드 병사들은 시리아에서 서로를 상대로 싸운다. 그리고 골란 고원에 이스라엘 석

---

* 오핸런은 CIA가 지원하는 이른바 '온건파' 반란군과 알카에다의 연계를 장님도 알아볼 것이라고 말한다. 봉기에 참가한 극단주의자들과의 과거 협력은 그 자체로 주홍글씨로 여겨지지는 않았다. 시리아의 복잡하고 힘겨운 전투현장에서 살아남기 위한 필수적 방법으로 어떤 협력은 필요했기 때문이다.

유 보호지역이 생길 가능성이 있는데 여러 무슬림 동맹국들이 그것을 결코 달가워하지 않을 것이다.[*]

## 시리아 정치 상황에 대한 터키, 쿠르드, 제국주의자들의 입장

시리아 분할은 "아마도 쿠르드 지역같이 가장 안전한 지역에 설치"되어야 한다고 오핸런은 제안한다. 왜냐하면 쿠르드 병사들은, 미국의 전폭적인 공중지원에 힘입어, 시리아 북쪽 자신의 지역에서 ISIS를 성공적으로 쫓아냈기 때문이다.

역사적으로 쿠르드 인민은 국경이 맞닿은 터키, 시리아, 이라크 그리고 이란 지배자들로부터 혹독한 탄압을 받아왔다. 터키 정부는 시리아 내에 쿠르드족 국가 비슷한, 특히 인민방어부대(YPG, 민주연합당의 군사조직) 전사들이 지배세력이 되는, 어떤 것도 생기는 것을 한사코 반대한다. 민주연합당(PYD)은 터키 남동부에 본부를 두고, 소부르주아 좌파민족주의 게릴라 운동을 전개하는, 쿠르드노동자당(PKK)의 시리아 지부다.

터키 군대는 지난 30년간 쿠르드노동자당을 없애기 위한 시도를

---

[*] 명백한 이유 때문에, 미국의 대외정책은 1967년 시리아와의 전쟁을 통해 빼앗은 골란 고원 병합에 대한 이스라엘의 이해를 드러내지 않는 것이었다. 2013년 2월 이스라엘은 석유가스회사 아펙의 골란 고원 탐사를 허가했다. 아펙은 제니에너지 회사의 이스라엘 지사다. 그 '전략고문단'엔 전직 미국 부통령 딕 체니, 언론재벌 루퍼트 머독, 전직 CIA 수장 제임스 울시, 영국 은행왕 제이콥 로스차일드 남작, 전직 미국 에너지장관 빌 리처드슨, 전직 미국 재무장관 래리 서머스 등 최고위 제국주의 포식자들이 포진해 있다.

지속해왔다. 그 기간 동안 주로 쿠르드인 4만 명 이상이 목숨을 잃었다. 이 군사작전으로 터키 정부는 수천만 달러를 지출했지만, 쿠르드노동자당은 그 지역에서 여전히 건재하다. 인민방어부대/민주연합당은 증오스러운 아사드 정부와 수니 반란군 사이의 내전에서 한 발 물러서 있었다. 2012년 말 아사드가 쿠르드 지역에서 철수한 이후, 인민방어부대는 지하드주의자의 위협을 받는 소수민족들을 조직하는 데에 앞장섰다.

마수드 바르자니의 부패한 쿠르드민주당의 지부인 시리아 쿠르드민주당 당원 모하마드 이스마일은 《알모니터》에 말했다. "우리는 이 지역 다른 구성원들인 아시리아인, 아랍인들과 이 문제를 의논했다. 그들 대부분은 이 계획을 수용한 정부를 지지한다. 그러나 시리아 혁명과 함께 하는 자들은 이것을 지지하지 않는다"라고 그는 우려했다. ……… 인민방어부대는 지상을 장악하고 알카에다 소속 조직들에 맞서 싸울 능력이 있는 유일한 군사조직이다. 또한 시리아에 사는 쿠르드족뿐만 아니라 그 지역 아랍인과 기독교인들 가운데서 민주연합당에 대한 지지를 끌어내고 있다.

—《알모니터》, 2013년 11월 12일

ISIS 병사들이 시리아와 이라크 등지의 많은 지역을 휩쓸고 있을 때, 쿠르드노동자당은 이라크 북동부의 키르쿠크 근처 석유 매장지에서 사업을 벌이는 외국 에너지회사에 대한 보호를 제공하는 방식으로 외교적 고립에서 벗어날 기회를 포착했다. 쿠르드노동자당 병사들은 또한 쿠르드어로 말하는 야지디 소수민족 구성원들을 구조했다. 그들은 ISIS에 의해 신야 산에 포위되어 있었고, 서방 언론은 개입의 필요성을 고취하기 위해 이를 대대적으로 보도했다.

ISIS가 2014년 가을 시리아 북쪽 국경에 있는 코바니의 쿠르드 마을을 점령했을 때, 미국 관리들이 '인도주의'를 운운하며 고함을 질러댔음에도, 터키는 국경 너머 인민방어부대 방어대에 탄약을 공급하고 지원군을 파견하는 것을 거부했다. 절박한 전투 끝에, 미국의 공중지원에 힘입은 쿠르드 병사들은 코바니 점령을 분쇄하는 데 성공했다. 한편 터키 공군은 이라크의 쿠르드노동자당 기지를 공격하느라 ISIS는 관심 밖이었다.

몇 년 동안 워싱턴은, 미국의 '테러' 조직 명부에 있는 쿠르드노동자당에 대한 정보를 터키 정부에 공급했다. 그러나 ISIS 대신에 미국의 쿠르드 동맹 공격에 초점을 맞춘 터키의 태도는 긴장을 자아냈고 2015년 7월 일정한 합의에 이르렀다. 미국이 시리아 국경 인근에 있는 터키 인설릭 공군기지를 사용하는 대가로, 워싱턴은 터키의 쿠르드노동자당/인민방어부대 공격을 눈감아 주기로 한 것이다. 최근 미국은 인민방어부대와 쿠르드노동자당이 서로 다른 존재인 것처럼 가장하는 방식으로 문제를 회피하려 하고 있다.

> 오바마 행정부 관계자는, 쿠르드노동자당과 인민방어부대가 이슬람국가에 맞선 투쟁에서 서로 연계되어 있고 보조를 맞추고 있다는 것을 알고 있다. 그러나 그들은 미국은 인민방어부대와는 직접 거래하면서 쿠르드노동자당과의 공식 접촉은 꺼린다. 그 관계자는 서로 다른 명령체계 아래에서 다른 목적을 가진 조직이라고 말한다.
>
> —《월스트리트저널》, 2014년 7월 24일

이것은 이라크, 시리아, 이란에서 그 지부들이 서로 자율적 조직이라는 쿠르드노동자당의 공식 규정에 상응한다. 그러나 실제로 그들은 긴밀히 통합되어 한몸처럼 움직인다.

〔전투로 단련된 24세의 게릴라인〕루쿈 양은 "다른 지부들이지만 모두 쿠르드노동자당이다"라고 말한다. 신야 산 꼭대기에 있는 야영지에서 만난 그녀는, 기지로부터 1마일도 채 떨어지지 않은 곳에서 광분한 이슬람국가 병사들과 치른 지난 봄의 전투로 피곤에 지친 기색이었다. "가끔 나는 쿠르드노동자당이고 때로는 쿠르드노동자당 이란 지부 당원이다. 또 다른 때는 나는 인민방어부대 소속이 된다. 전혀 문제가 되지 않는다. 그들은 모두 다 쿠르드노동자당 소속이다."

—앞의 글

## 쿠르드노동자당의 공상적 지방자치주의와 쿠르드족의 자결권

쿠르드노동자당과 감옥에 있는 창립자 압둘라 오칼란은 마오주의적 스탈린주의 단일조직 모델을 거부하고, 무정부적 지역주의를 선호한다고 주장한다. 외국 좌익 다수는 그리하여 민주연합당/인민방어부대의 로자바 지역에서 실시되고 있는 '민주주의 실험'을 보며 환호하고 있다.

지금 존재하는 것처럼, 로자바 자치지구는 시리아 혁명의 비극으로부터 탄생하여 매우 빛나는 곳 가운데 하나이다. 사실 가장 빛난다. 아사드가 파견한 부대를 2011년에 물리치고, 이웃한 세력 거의 대부분의 적대에도 불구하고, 로자바는 단지 독립을 지켜내는 것만이 아니라, 눈에 띄는 민주적 실험이 되고 있다. 최고 의사결정 기구로 인민의회가 수립되었다. 위원회들이 세심한 종족 균형을 맞추어 선출되었다. …… 그리고 'YJA Star' 부대('자유여성 부대', 이 명칭에서 별이 의미하는 것은 고대 메소포타미아 여신 이슈타르다)는 페미니스트 군사조직인 스페인의 무헤레스 리브레스('자유여성', 스페인혁명 시기인 1936년에 여성해방과 사회혁명을 목표로 결성된 스페인의 무정부주의적 여성조직―옮긴이)의 지원을 받으며, 이슬람국가 군대에 맞선 많은 전투에 참가했다.

—《가디언》, 2014년 10월 8일

로자바 지역위원회는 내전에서 살아남기 위해 필요한 생필품과 공공사업의 배급을 관리한다. 사람들의 말에 따르면, 거주민들은 지역 조직들을 민주적으로 통제한다. 그리고 여성 평등권이 강력히 집행되고 있고, 인종적·종교적 소수자들에 대해서도 마찬가지다. 그러나 그러한 조치들은 현존하는 계급과 씨족 구조에 심각한 위협이 되지 않는다. 로자바 지역헌법 41조는 재산권을 명확히 지지한다.

모든 이는 자신의 사적 재산을 사용하고 누릴 권리가 있다. 정당한 대가를 치르거나, 사회적 필요 또는 공공의 목적일 경우가 아니거나, 법에 적시된 경우가 아니라면, 그의 재산을 누구도 빼앗을 수 없다.

1978년 창립문서에서 쿠르드노동자당은 다음과 같이 자신들의 지향을 천명한 바 있다.

독립적이고 통합된 쿠르드국가 내에서의 민주적 인민독재와 무계급 사회의 수립을 지향한다. 쿠르드노동자당이 수행하고 있는 쿠르드 민족해방투쟁은 사회주의 국가들과 민족해방운동과 노동계급 운동에 의해 강화되는 세계 사회주의 혁명과 분리되지 않는다.

—걸리스탄 야르킨

그래버는 쿠르드노동자당의 공상적 지방자치주의가 쿠르드 자결권을 위해 중요한 진전이라고 평가한다.

쿠르드노동자당은 쿠르드국가 건설을 더 이상 추구하지 않는다고 천명해왔다. 그 대신에 사회생태주의자이자 무정부주의자인 머레이 부크친의 전망에 부분적으로 영감을 얻어, '자유지방자치주의'(민주적으로 운영되는 지방자치기구의 연합으로 국가를 대체하자는 정치사상—옮긴이)를 채택했다. 장차 국경을 가로질러 합쳐질, 직접민주주의 원칙에 기초한 자유로운 자치 공동체 건설을 쿠르드족들에게 호소한다. 국경은 점점 그 의미가 사라질 것이라고 희망한다.

감옥에 갇힌 오칼란이 전향하여 채택한, 자본주의 국가권력이 저절로 녹아내릴 것이라는 무정부주의적 공상은, 자본주의 소유관계와 착취를 파괴하지 않고 교정할 수 있다는 생각에 기초한 쿠르드노동자당의 '민주적 현대화' 정책의 중요 부분이 되었다. 오칼란은 다음과 같이 말했다고 한다.

우리는 자본주의가 하나의 경제체제라고 인식할 수 없다. 아마도 우리는 그것을 완전히 파괴하지 못할 것이다. 다만 그것을 변화시키고 갉아먹을 수 있을 뿐이다. 그렇게 함으로써 우리는 우리 자신의 경제체제를 수립할 수 있다.

소련에서 반혁명이 승리한 후, 자본주의와 사회주의 사이 '제3의
길'을 찾으려는 노골적 개량주의 결론에 도달한 많은 조직들이 있는
데, 쿠르드노동자당 역시 그 중 하나다.[*]

마르크스주의자인 우리는, 코바니와 그 밖의 다른 지역에서, 쿠르
드족이 ISIS, 알누스라 또는 터키 군대를 포함하여 그들을 억압하고
심지어 박멸하려는 세력들에 맞서 자신들을 방어하려는 권리와 민족
자결권을 지지한다. 마르크스주의를 표방하는 대부분의 정치조직들
이 이에 동의할 것이다. 하나의 예외가 있는데, 점점 더 특이해져가
는 미국의 스파르타쿠스동맹과 국제공산주의동맹(International
Communist League, ICL) 소속 지부들이 그들이다. 그들은 미국에 군
사협력을 한 민주연합당이 제국주의 꼭두각시가 되었다고 결론내렸
다. 군수품을 제공받고, ISIS를 약화하기 위한 미국의 공습에 협력을
제공했다는 것이다. 오칼란의 사상적 유연성에 비추어 보면, 어느 날
그가, 중동을 재편하려는 제국주의 동맹의 하위파트너가 되기로 결
심할 가능성이 있다는 것은 (특히 그것이 그의 석방을 의미하는 것이라
면) 의심의 여지가 없다. 그러나 쿠르드노동자당은 아직 그 식탁에 초
대되지 않았다. 지금 쿠르드노동자당/인민방어부대는 독립적 요인으
로 남아 있다. 여태까지 해왔던 전술적 협력은, 미국의 제국주의 동
맹에 예속되거나 전략적으로 통합되었다는 근거로 삼기에는 미흡한
것이다.

오칼란의 병사들보다 터키가 더 가치 있는 동맹 상대로 여겨지는

---

[*] 자본주의 이후 사회조직 모델에 대한 무정부주의와 마르크스주의의 차이를 논의
한 것으로 「어느 무정부주의자와의 대화」라는 글이 있다.

한, 이러한 틀은 변하기 어려울 것이다. 이것이 바로 쿠르드노동자당을 박멸하려는 터키를 미국 정부가 저지하지 않는 이유다. 한편 미국무장관 존 케리는 2015년 10월 28일 국제평화를 위한 카네기재단의 연설에서, ISIS에 대한 인민방어부대/쿠르드노동자당의 공적을 인정했다.

> 시리아 북부에서, 동맹과 그 동맹자들(인민방어부대와 쿠르드노동자당을 뜻한다—옮긴이)은 1만 7천 평방미터가 넘는 땅을 ISIS로부터 수복했다. 그리고 우리는 유프라테스 강 동쪽의 터키–시리아 국경을 확보했다. 그것은 터키 국경의 85퍼센트 정도고 대통령은 나머지를 수복하려는 다음 작전을 승인했다. ……
> 우리는 또한 한때 70마일 가량의 시리아–터키 국경을 지배했던 ISIS를 몰아내기 위해 공군력을 증강했다.

터키 정부는 제국주의 후견인과 다소 복잡한 관계를 맺고 있다. 국경에 인접한 이라크와 시리아 땅을 가능하면 많이 차지하고자 하는 터키 지배계급은, 쿠르드의 독립이나 시리아 북쪽에 쿠르드노동자당이 지배하는 국가가 들어서는 것을 자신들에 대한 위협으로 간주한다. ISIS가 장악한 시리아 국경의 "70마일"을 따라 쿠르드노동자당과 인민방어부대 "동맹자들"이 더 나아가는 것을 격렬하게 반대한다.

모든 형태의 쿠르드 자치에 대한 반감에도 불구하고, 터키는 쿠르드지역정부(Kurdistan Regional Government, KRG)와는 경제적·정치적 관계를 발전시켜왔다. 이는 이라크 북쪽에 1991년에 수립되어 쿠르드민주당이 통치하는 미국의 부패한 보호국이다. 쿠르드노동자당/인민방어부대에 대한 터키 정부의 극렬한 적개심을 공유하는 쿠르드지역정부의 지도자는 바그다드로부터의 공식적 독립을 원한다.

미국은 시리아에 동맹국 터키가 개입하기를 원한다. 그러나 터키의 레제프 타이이프 에르도안 대통령은 미국이 두 군데의 인민방어부대/쿠르드노동자당 지역을 가르는 '국경 70마일'을 포함한 시리아 북부에 '비행 금지구역'을 선포할 경우에만, 이 모험의 늪에 들어서려 한다. 워싱턴은 터키 군대가 시리아 갈등에 들어서기를 소망하면서도, 공중지원에는 선뜻 나서려 하지 않는다. 터키 국경 근처의 ISIS 주둔지에 대한 러시아 공군기의 작전이 전개되는 상황에서, '비행 금지' 구역을 선포하는 것은 과도하게 큰 위험을 감수하는 것이다.

인민방어부대가 국경 전체를 장악하는 것은 지원자, 무기, 공급물자가 전달되는 이른바 '인도주의 회랑(回廊, 띠처럼 기다란 땅─옮긴이)'을 단절하여 투쟁의 결과에 상당한 영향을 가져올 것이다. 이는 터키 암시장으로 흘러들어가는 이슬람국가의 석유 수출을 더욱 힘들게 만들 것이다. 터키 정부는 남아 있는 나머지 국경을 ISIS로부터 빼앗아오려는 인민방어부대/민주연합당의 시도를 러시아와 미국 정부가 지원하려는 것을 보며 긴장하고 있다.

터키는 시리아 북서부 국경에 인접한 쿠르드 병력이 영토를 확장하는 것을 참지 않을 것이라고 미국과 러시아에 경고하고 있다고 두 명의 고위 관료가 말했다. ……

관료 중 한 명은 "우린 지금 농담하고 있는 것이 아니다"라고 말하면서, 시리아 쿠르드 병력이 유프라테스 강을 건너 터키 국경을 따라 이라크 쿠르드 지역에서 지중해 해안까지 통제권을 넓힐 가능성을 언급했다.

......

또 다른 한 명은 "최근 민주연합당은 미국과 러시아 양쪽 모두와 점점 가까워지고 있다. 우리는 민주연합당을 테러조직이라고 보며 그들의 협력이 가져올 결과를 모든 나라들이 생각해볼 것을 원한다"고 말했다.

......

터키는 2주 전에 시리아에 공습을 감행했던 러시아가 인민방어부대와 민주연합당을 지원하고 있지 않나 의심한다. ……

그 관료는 말하기를 "러시아의 지원을 받아, 민주연합당이 유프라테스 강 서쪽을 따라 자라블루스와 아자즈 사이의 땅을 장악하려 한다. 우리는 결코 용납할 수 없다"고 말했다.

—《로이터》, 2015년 10월 13일

인민방어부대가 시리아에서 서로 불화하고 있는 러시아와 미국이라는 두 열강 사이에서 책략을 쓴다는 사실은, 인민방어부대/쿠르드노동자당이 미국의 꼭두각시에 불과하다는 생각을 반박하는 것이다.*

ISIS가 (쿠르드, 시아파 그리고 여타의 인종 종교적 소수) '이교도'들에 대한 잔악한 공격으로 그에 합당한 평판을 얻고 있는 한편, 국제사면

---

\* 스파르타쿠스동맹은 최근 시리아 상황에 대해 반제국주의적 자세를 확고히 견지해 보이기 위해 애를 쓰고 있다. 그들은 "미군을 격퇴하거나 방해하거나 공격한다면, 설령 아름답지 않더라도, 모든 세력은 피억압 피착취자의 이해를 위해 공격한 것이다"(《워커스뱅가드》, 2014년 9월 5일)라고 옳게 주장한다. 이것은 1983년 제국주의 군대를 레바논에서 내쫓기 위해, 베이루트에 주둔하던 프랑스 외인부대와 미 해병 막사를 '이슬람 지하드'가 날려버렸을 때 발표한 부끄러운 사회애국주의와 크게 대비된다. 이에 대해서는 「마르크스주의와 사회애국주의」라는 글을 볼 것. 2010년 ICL은 미국의 아이티 군사개입을 또다시 합리화했다. 그러나 1983년과 달리 그들은 사회애국주의 입장을 뒤늦게 철회했다. 「SL이 제국주의에 대한 굴종을 철회하다」를 볼 것.

위원회는 로자바 지역에서 자행되는 연좌제 사례를 보고해왔다. 인민방어부대 부대는 'IS나 또는 다른 무장조직의 조직원과 연계되었거나 동조하는 주민에 대한 보복으로, 〔시리아 쿠르드 지역의〕 자치정부 아래에 있는 마을들을 초토화했다'는 혐의를 받는다. 희생자 대부분은 투르크만 사람이나 아랍 사람들이다. 그들이 처한 곤경은 그다지 주목받지 못했다. 인종청소는 범행을 저지른 자가 친구인지 적인지에 따라 제국주의 '국제사회'는 그 심각성을 인식하기 때문이다. 국제사면위원회에 따르면, "만약 떠나지 못하면 미국 중심 동맹국들의 공습을 받게 된다고 몇몇 주민들이 말했다"(「시리아 : 전쟁범죄에 해당하는 미국 동맹의 마을 초토화」)고 하는데 이것은 일종의 아이러니다. 인민방어부대는 그 혐의를 부인하지만, 인종청소라는 잔악한 악순환으로 나아가는 것이 공동체간 갈등의 논리다.

시리아의 이 얽히고설킨 군사충돌에 대한 마르크스주의적 태도는, 그 형태를 불문하고 모든 제국주의 개입에 대한 무조건적 반대로부터 시작한다. 쿠르드 민족자결권과 터키 억압자와 ISIS의 잔악한 민족학살에 맞서 쿠르드족이 스스로 방어할 권리를 옹호하는 한편, 계급의식으로 각성한 투사들은 인민방어부대 부대의 위협으로부터 투르크만과 아랍 사람들의 자기방어에 똑같이 헌신한다. 시리아 내전에서 혁명가들은 혹독한 바트 당독재와 반동적인 이슬람 반란군 모두를 지지하지 않는다. 동시에 미국과 여타 제국주의자들로부터 공격당할 때 군사적으로 모든 토착 세력들(이슬람주의자를 포함하여) 편에 서는 것이 필요하다.

# 가짜 좌익들이 이슬람주의 '혁명'과 연대하다

2011년 반(反)아사드 봉기를 '시리아 혁명'이라고 규정한 자칭 혁명적 사회주의자 다수는 부인할 수 없는 추악한 지하드의 현실과 자신들의 애초 규정 사이의 모순을 보며 난처해 한다. 프랑스의 반자본주의신당(Nouveau Parti anticapitaliste, NPA, 통합서기국 지지자들이 창립한 당)은 "북아프리카와 중동의 혁명적 과정"은 〔애초의 목표였던〕 "민주주의, 사회정의, 평등"을 달성하는 데에 실패했다고 주장한다. "한편으로는 권위주의적인 구체제 대표들이, 다른 한편으로는 이슬람근본주의자들과 다양한 분자들로 이루어진 반동 세력이" 지배하는 정치 상황이기 때문이라는 것이다. 그럼에도 불구하고 민주연합당과 더불어 자유시리아군대 안의 "민주적이고 인민의 지지를 받는" 세력이 "그 혁명"을 살리고 있다고, NPA는 상상한다. 그들은 다음과 같이 주장한다.

> 민주연합당 쿠르드족 조직과 자유시리아군대(FSA)의 민주적이고 인민의 지지를 받는 부위는 아사드 정부와 반동적인 이슬람 세력에 맞서 싸웠고 지금도 싸우고 있다. 그 부위에 대한 정치적 지지와 군사적 지원을 거부하는 시리아혁명의 이른바 '친구들'이 있다.

변덕스러운 인상주의자 제5인터내셔널동맹(League for the Fifth International, L5I, 최근까지 영국 노동자권력으로 대표되었다)은 왜 그들의 "시리아 혁명"이 그렇게 반동적 색채를 띠게 되었는지를 설명하기 위해 교묘한 곡예를 하면서, 이슬람주의 봉기가 "자유와 민주주의를 위한 투쟁"이었다고 비슷한 평가를 계속 한다.

그 정도 규모의 주거지 박탈과 분산은 왜 시리아 혁명이 이른바 혁명가들의 교과서에 따라 진전되지 않았는지를 분명하게 한다. 그리고 또한 시민사회 세력들과 조직들이 전쟁을 위해 위축되고 제한되었는지도. ……

공장과 작업장은 문을 닫고 노동자들은 일자리를 잃었다. 그리고 바트당 정권에 손과 발이 묶였던 공식 노동조합들은 독립적인 행동을 수행하거나 그들을 방어할 능력도 의지도 없었다. 이러한 사실은 또한 왜 시리아 노동계급이 지엽적 사건 이외에 독립적 역할을 수행하지 못했는지를 설명해준다. 그렇지만, 이 모든 것에도 불구하고, 최악의 조건 속에서 다양한 반혁명 세력들에 맞서, 자유와 민주주의를 위한 투쟁은 지속되고 있다.

—《노동자권력》, 2015년 8월 11일


그 지지자 다수가 자리를 떠나 이러저러한 지하드 부대로 들어가면서, 한때 "시리아 혁명"의 지도자라는 신망을 얻었던 자유시리아군대는 시나브로 사라져버렸다. 제5인터내셔널동맹은 이슬람전선 Islamic Front을 "인민적 지지 기반을 제대로 가지고 있는" 것으로 다양한 반란조직들 가운데에서 선별한다. 이슬람전선이 강제하려는 샤리아 법도 제5인터내셔널동맹은 "시리아 혁명"의 일부분으로 스스럼없이 받아들인다.


점점 고립되고 간신히 용인되는 자바트 알누스라 그리고 시리아에서 그들의 존재가 이라크인 점령군처럼 비치는 IS와 달리, 이슬람전선은 인민적 지지 기반을 제대로 가지고 있다. 그러나 진정한 '혁명 속 혁명'이 확대되면, 특히 아사드와 IS의 위협이 사라지기 시작할 때, 조만간 이슬람전선과 대결하게 될 것이라는 것을 인민은 오래지 않아 깨닫게 될 것이다.

—앞의 글

제5인터내셔널동맹은 CIA의 지원을 받아 아사드에 맞서 싸우는 반란군들을 "혁명 속의 반혁명"이라고 규정한다. 한편으로는 그들의 "시리아 혁명"을 제국주의자들이 좀더 지원해야 한다고 투덜거린다.[*]

그들(오바마, 카메론 그리고 올랑드)은 반(反)아사드 반란군들에 대한 물질적 지원을 너무 아낀다. 알카에다 무장, 즉 어떤 급진적 이슬람주의 병사들에 쓰일지 모른다는 두려움 때문에, 사실 그들은 누구의 무장도 지원하지 않았다. 지원은 카타르, 사우디아라비아 그리고 터키로부터 왔고 이 점에서 이들은 백악관의 단순한 꼭두각시가 아니다. 그들과 가장 가까운 입장을 가진 다양한 종류의 이슬람주의자들에게 지원했다는 사실과 그들이 아사드정권을 두려워하는 것보다 미국이 아사드정권을 더 두려워한다는 사실로 인해 이것은 입증된다.

—《제5 인터내셔널동맹 IEC테제》, 2014년 8월 19일

제5인터내셔널동맹이 붙들고 놓지 못하는 시리아 "혁명"은 노동계급과 피억압인민에 적대적이라는 점에서 그 혁명이 대체하려는 바트당 독재와 다를 바 없다.

---

[*] "노동자권력의 글은 바트 당 정권의 생존은 안전보장이사회에서 행한 러시아 제국주의의 거부권과 아사드에 대한 무기와 군수품 공급에 있다고 지적한다. …… 지금까지, 이것은 말로만 했던 오바마, 카메론 또는 올랑드와 달리, 시리아에서 발생한 최초의 제국주의 개입이다." 러시아의 지원은 아사드 정권의 생존에 결정적이었다. 그러나 마르크스주의자는 러시아를 제국주의로 보지 않는다. "러시아 은행과 회사들은 IMF '구조조정' 정책으로 실시되는 공짜나 다름없는 사유화의 이득을 거의 취하지 못해왔다. 또한 러시아 부르주아지는 약소국들을 지배하고 억압할, 분리되거나 병행적인 국가기구를 가동하지도 못한다. 실제로 최근 몇 년 동안 러시아는 구 소비에트 권역의 이웃나라에서 거의 독점적 에너지공급자임에도 불구하고, 초과이윤을 얻기보다는 보조금을 제공해왔다."

## 제국주의 개입의 부산물인 ISIS의 야만

부르주아 언론에서 ISIS는 뭐라고 이해할 수 없는 순수한 악마의 모습으로 그려진다. 2015년 11월 20일 유엔안전보장이사회 결의문은 "국제 평화와 안전에 대한 유례 없는 위협"이라고 표현했다. 1년 전인 2014년 10월 2일, 《뉴욕타임스》 편집부는 "아부 바크 알 바그다디가 이끄는 이슬람국가는 의도적이고 체계적이고 공공연한 야만을 대표한다"고 큰 소리로 말했다. 그리고 "참수, 십자가형, 고문, 강간과 포로, 아동, 여성, 기독교인, 시아파 살해"를 "이슬람 칼리프주의 국가 수립을 위한 무기로서만이 아니라 그 존재 자체인 가학성 숭배"라고 비난했다.

ISIS에 대한 많은 이야기가 피비린내 나는 잔악함에 걸맞은 평판에 근거한 것이지만, ISIS의 '가학행위 숭배' 는 제국주의 세계 질서의 비이성적 부산물이다. 이교도, 변절자, 여성의 '천박함' 에 대한 가혹하고 광적인 비난을 통해, 점령과 전쟁과 절망적 가난으로 인해 산산조각난 삶을 살아가는 많은 수니파 아랍인들의 분노를 느낄 수 있다. 비록 빗나간 분노긴 하지만 말이다.

ISIS는 통신서비스를 능숙하게 이용하여 제국주의 중심부에 살고 있는 고립된 청소년들과 직접 접촉하는 능력을 보이고 있다. ISIS에 합류하기 위해 3천 명 가량의 서유럽 청년들(주로 프랑스, 영국, 독일)이 중동으로 들어갔다고 추산되고 있다. 그 중 다수는 유럽 도시에서 직업 없이 암담한 미래를 바라보고 살던 청년들이다. 점점 더 혹독해지는 국가탄압과 노골적인 이슬람 혐오증을 볼 때, 이슬람국가는 이같은 통로를 통해 꾸준히 새로운 가입자를 받아들이게 될 것이라고 짐작할 수 있다.

순조로운 인터넷 홍보를 통해, 이슬람국가는 자신의 전사들이 코란의 가르침을 잘 따르는 독실한 이슬람 신봉자로 보이게 한다. 그러나 포로로 잡힌 ISIS 전사 다수와 인터뷰 한, 《캠브리지문예평론》 편집자 리디아 윌슨은, 대부분 "어처구니 없을 정도로 이슬람에 대해 무지하고 샤리아 법, 전투적 지하드, 칼리프 국가에 대해 잘 대답하지 못한다"(《네이션》, 2015년 10월 21일)고 지적한다. 그는 또 다음과 같이 설명한다.

10년이나 20년 전의 아프가니스탄 외국인 전사들을 살펴보면, 그들은 상당히 밀도 높은 종교와 신학 교육을 통해 가입시켰다. 지금 우리가 보는 것은, 상당히 다른 유인 요소를 통해 훨씬 넓은 범위의 추종자를 가입시키는 정책이다.

윌슨은 또 이렇게 덧붙인다.

내가 인터뷰한 이 [이라크] 포로들이 이슬람을 위해 헌신한다는 것에는 의심의 여지가 없다. 이슬람국가의 그것과 거리가 멀 뿐, 그것은 자기가 생각하는 이슬람인 것이다. 비슷하게, 서방에서 이슬람국가로 건너온 전사들 또한 대단히 헌신적이다. 그러나 진정한 신학적 주장이거나 코란에서 근거를 끌어온 것이라기보다는 자기가 생각하는 지하드다. 전략적대화연구소(Institute for Strategic Dialogue, 주로 외국의 극단주의에 대한 전략 연구를 위해 프랑스, 영국, 독일이 수립한 기관—옮긴이)가 말한 것처럼, "정신적 충족감과 더불어 모험, 실천, 낭만성, 권력, 소속감에 대한 열망이 가입 동기다." 즉 이슬람의 역할은 부분적이다. 그러나 이슬람국가 지도부가 요구하는 것처럼 엄격하고 살라피(Salafi, 극단적으로 보수적인 수니파 이슬람—옮긴이)적인 것은 아니다.

ISIS 가입자 대부분은 그들의 삶을 악몽으로 만든 제국주의 정복자들에게 보복할 수 있는 방법을 찾기를 갈망한다.

이들은 재앙을 몰고 온 미국의 2003년 점령 이후에, 말도 못하게 종파적인 누리 알말리키의 시아파 정부가 다스리는, 혼란스럽고 폭력으로 가득한 이라크 아랍지역에서 태어난 소년들이다. 수니파 아랍인으로 자라는 것은 고달픈 일이다. 그들은 점령기의 아이들이다. 혹독한 시기에 (감옥, 처형, 봉기 중의 전투 등으로) 아버지를 잃은 아이들이 많다. 이들은 자기 정부와 미국에 대한 분노로 가득 차 있다. 국경 없는 이슬람국가라는 사상으로 불붙은 것이 아니다. 알카에다가 사라진 이후, 이 모욕당하고 분노하는 젊은이들에게 자존감, 가족, 부족을 지킬 방법을 제공한 첫 번째 조직이 바로 이 ISIS. ISIS식 삶의 양식 때문에 급진화한 것이 아니다. 그들의 불안하고 존중받지 못하는 삶에서 벗어날 수 있는 약속이고, 이라크 수니파 아랍인으로서 긍지를 갖고 살 수 있는 약속이기 때문이다. 단지 종교적 일체감만이 아니라 문화적, 종족적 그리고 삶터에 기초한 일체감이다.

부정직한 부르주아 주류 언론들은 ISIS가 마치 허공에서 갑자기 불쑥 솟아난 것처럼 묘사한다. 그러나 사실 그것은 수십 년 동안 아랍세계를 유린한 제국주의 침략으로 생긴 상처에서 나타난 필연적 결과일 뿐이다. 사람들이 찬미하는 프랑스 좌파 자유주의 지식인 토마스 피케티는 2015년 11월 파리를 강타한 테러를 회고하며 말한다. 제국주의 지배로 인해, 특히 세습 귀족가문을 지역 하수인으로 책봉

하는 중동은 "지구상에서 가장 불평등한 곳이다"라고.

그는 계속 말한다. 그 귀족들 가운데 극소수가 대부분의 부를 쥐고 있
다. 반면 여성과 망명자를 포함한 대다수는 거의 반(半)노예 상태로 국가
에 매여 있다. 서방 강대국들이 이 지역에서 잇달아 벌인 전쟁으로 인한
사상자와 더불어 그와 같은 경제적 상황이 지하드 투쟁에 정당성을 부여
해왔다.

—《인디펜던트》, 2015년 12월 1일


2011년 '아랍의 봄'에 대한 대중적 인기는, 서방이 그 지역의 현상
유지 임무를 맡긴 부패한 독재자를 끌어내릴 희망에 의한 것이었다.
잠깐 동안 그 저항은, 독재정권과 제국주의 금융자본의 명령에 따라
강제된 '신자유주의' 긴축정책으로 인한 수백만 희생자들에게 희망
을 안겨주었다. 호시니 무바라크를 제거하면 인민의 삶이 개선될 것
이라는 이집트 시위대의 순진한 소망은 머지않아 깨져버렸다. 진정
한 반제국주의 조직의 부재 속에서, '코란이 우리의 헌법이다'라는
구호를 중심으로 1928년 창립된 이슬람주의 운동인 무슬림형제단이
무주공산의 지도부를 차지했다. 2012년 6월 모하마드 무르시가 대통
령으로 당선되었다. 1년 후 무르시는 군사쿠데타로 타도되었고, 모
든 저항은 곧이어 분쇄되었다.

무슬림형제단의 선거 집권 전략의 실패는 이슬람 통치는 오직 무
장투쟁을 통해서만 성취될 수 있다고 오랫동안 주장해온 지하드주의
반대자들에게 정당성을 부여해준 것으로 보인다. 아부 바크르 나지
라는 익명의 저자가 쓴 책 『이슬람공동체가 걸어가야 할 가장 중요한
단계 : 야만의 운용』이 2004년 인터넷에 게재되었을 때, 수니파 지하

드주의자들에게 인기를 끌었다. 이 책은 2006년 영어로 번역되었는데, 이는 10년 전의 자르카위의 이라크 알카에다와 지금의 ISIS가 차용한 '양극화' 전략을 들여다볼 의미 있는 단서를 제공한다. 하지만 두 조직은 그것을 공식적으로 인정하지 않았다.

그 책은 어떻게 이슬람 전사들이 미국과 그 동맹국과 하수인들을 이길 것인지 그리고 중동전역에 이슬람국가를 수립할 것인지에 대한 전략의 개요를 다룬다. 신학적 편견과 교조적이고 성서적인 구절들로 가득 차 있지만, 또한 몇몇 핵심적 문제에 대한 답을 담고 있기도 하다. 특히, 지하드의 외국 지배가 아랍 세계에 가한 피해를 지하드 언론 부서가 다루어야 한다고 제안한다.

석유 가격 하락으로 인해 움마(Umma, 세계 무슬림공동체−옮긴이)가 겪은 부정의의 정도에 초점을 맞춰 경제 담당자가 준비한 연구의 요약본이 있다. 그것은 또한 수십 년 동안 움마를 위해 부가 쓰이기보다는 주로 아랍과 이슬람 정권 내 한 줌밖에 안 되는 서방 부역자와 하수인들의 손아귀에 들어갔다는 것을 설명한다. 찌꺼기 중의 찌꺼기만 움마와 그 인민들에게 돌아갔다.

1980년대 소비에트에 대항한 아프간 지하드의 성공에 특히 주목하면서, 이전의 지하드 작전에서 여러 교훈을 끌어낸다. 저자가 지적하는 교훈들은,

지하드에 뛰어든 가난한 아프간 인민을 보면서, 초강대국에 굴종하며 살아가던 무슬림 대중의 가슴 속에 교리와 지하드가 부활하게 될 것이다. 가장 강력한 군사무기와 (세계에서) 가장 사악한 군대 앞에서 완강하게 버

틴 그 당시 그 구성원들에 대한 존경을 금할 수 없다. 그후로 우리는, 체첸이나 타지키스탄 같이, 알려지지 않던 땅에 사는 무슬림에 의해 지하드가 전개되는 것을 보았다.

1983년 레바논에서 미국과 그 동맹국들이 근거지를 버리고 쫓겨가게 만든 일은 상대적 수월함을 드러낼 만한 유력한 사건일 것이다. 저자는 소련군을 미군과 대비한다.

여러분! 러시아 병사들의 악랄함은 미군의 두 배는 된다. 만약 아프간과 체첸에서 죽은 소련군의 10분의 1만 죽어도 미군은 모든 것을 다 팽개치고 내뺄 것이다.

아부 바크르 나지는 안정적이고 지속 가능한 이슬람국가를 수립하는 투쟁에 세 단계가 있다고 말한다. 첫 번째는 "괴롭히고 짜증나게 만들기" 단계다. 이 과정에는 네 가지 목표가 있다. 첫째, 관광지와 석유 시설에 대한 산발적 공격을 통해 간접비용을 늘리고 자원을 소모하게 하며 치안병력을 넓은 지역에 분산시켜서 "적을 지치게 하기." 둘째, "사람들의 이목을 끌 규모의 수준 높은 작전을 수행하여 젊은 층을 지하드에 유입하기." 셋째, "배신자 정권의 통제로부터 …… 해당 지역을 탈취하기." 넷째, 지하드 통제에 들어온 "해당 지역"을 관리할 기간요원 양성하기.

이 "괴롭히고 짜증나게 만들기" 단계는 모든 사회질서가 파괴된 혼돈과 절망적 불안을 특징으로 하는 "야만의 땅"을 조성하기 위해 고안되었다.

야만의 땅은 탈레반이 장악하기 이전 아프간의 상황과 유사한 모습이 될 것이다. 원시적 정글의 질서가 지배하는 곳에서, 착한 사람 심지어 악인 가운데 현명한 사람은 이 야만을 관리할 누군가를 갈망하게 될 것이다. 그들은 그 조직이 선하건 악하건 관계없이 어떤 것이든 받아들이게 된다.

"야만의 땅"은 그 다음 단계인 "야만적 혼돈 관리"를 준비한다.

그 초기 형태를 그려본다면, 야만의 땅에서 살아가는 인민들의 식량과 의료, 안전과 정의의 확보에 대한 요구를 관리하는 것이다. 그 야만의 땅을 침범하려는 자들을 제압하여 국경을 지키고 방어적 무장기구를 설립하여야 한다.

"우리가 지배하는 지역을 관리하는 것"은 그 자체로 끝이 아니다. 보다 큰 규모의 작전을 통한 "양극화 첫 단계"로 진입할 기초를 마련하는 것일 뿐이다.

모든 인민을 양극화시킬 전투로, 대중들을 끌어들이는 것을 나는 말하는 것이다. 그리하여 그 중 한 집단은 진실의 편으로 가고 다른 집단은 거짓의 편으로 가고 세 번째 집단은 승자에게 붙기 위해 전투의 결과를 기다리면서 중립적 위치에 남게 될 것이다. 우리는 반드시 이 집단의 지지를 끌어내어야 한다. 지금 전투의 다음 단계에서 이 집단이 결정적 역할을 할 것이기 때문에, 이 집단에 승리의 확신을 불러일으켜야 한다. ……

대중을 전투로 끌어들이기 위해서는, 원하든 원하지 않든 인민들이 전투에 참여하지 않을 수 없게 하는, 반란에 불을 댕기는 보다 많은 행동이 필요하다. 그 와중에 각각의 개인들은 자신이 지지하는 편으로 가게 될 것이다.

야만의 관리는 "가장 결정적 단계"로 규정된다. 왜냐하면 성공하게 되면, 그것은 "칼리프국가가 붕괴된 이후 기다려왔던 이슬람국가로 가는 다리가 될 것"이기 때문이다. 그렇지 않고 "실패한다면, 우리는 죽음의 세계로 망명하게 될 것이다. 그러나 그것이 끝은 아니다. 그 실패는 더 확대된 야만의 세계로 이끌 것이다!"

2014년 6월 알바그다디가 천명한 '칼리프국가'는 허약하지만, 최소한 그것은 그들이 장악한 지역에서, 차악이라는 의미에서, 의미 있는 지지를 얻고 있는 것으로 보인다. 시리아 관련 미국 고위관료이고 오클라호마 대학의 조슈아 랜디스는 사회질서가 너무나 간절한 많은 사람들은 그것을 바트 당이 관리하든 아니면 ISIS가 관리하는 것이든 관심이 없다고 말한다. 2015년 11월 9일, 한 인터뷰에서 조슈아 랜디스는 다음과 같이 말했다.

지난 4년 반 동안 시리아 상황이 심각해져서 시리아인 다수는 독재를 다시 받아들이고 있다. 그들은 불안정에 대해 안정을, 혼돈에 대해 권위를 원한다. 차라리 정치적 자유를 포기하고 독재 치하에서 사는 것을 감수한다. 우리는 이런 모습을 ISIS 지역에서 볼 수 있다. 아무 권력도 없는 것보다 혹독한 권력이라도 있는 편이 더 살만하다고 많은 사람들이 주장한다. 그들은 이미 ISIS가 그 지역을 휩쓸기 전에 만연했던 전투로 인한 혼란을 맛보았다. 그들은 그것이 얼마나 위험한지를 알았다. 그들이 ISIS를 좋아하지는 않겠지만, ISIS가 가져온 안정, 사회기관, 유사(類似) 질서는 바란다.

랜디스는 최근 고향을 방문한 시리아 망명자 오마르 알 와르디의 익명 보고서를 자신의 블로그에 올렸다. 알 와르디는 "범죄와 비인도적 행동"에도 불구하고, 이슬람국가가 통치하는 지역은 "시리아 내에서 유럽으로 망명을 떠나는 젊은이들이 가장 적은 곳 가운데 하나고, 많은 사람들이 이 점을 놓치고 있다"(「칼리프국가로의 여행 : ISIS 치하의 억압적 정의」)고 적었다.

전사들에게 더 많이 지불하는 것이 지하드 경쟁자들보다 ISIS가 우위에 서게 만드는 요인 중 하나다. 반란 지역에서 시민을 대하는 태도의 차이를 알 와르디는 다음과 같이 묘사한다.

> 많은 사람들이 ISIS를 받아들이는 이유 가운데 하나는 아사드 반대 봉기의 처음 몇 해 동안 이 지역에 부패가 만연했기 때문이다. 먼저, 자신들을 자유시리아군대라고 부르는 부대가 지배했다. 그들은 도둑이나 강도처럼 행동했다. 시민들은 자기가 가진 것들을 하나둘씩 빼앗기는 두려움 속에 살았다. 괴롭힘에 시달렸고 생명의 위험을 느꼈다. 그후에는 오직 권력에만 관심을 둘 뿐 정의나 좋은 정부가 되는 것에는 신경을 쓰지 않는 알 누스라의 지배를 받았다. 자유시리아군대와 누스라가 지배하는 사이 사회는 사라져버렸다. 누구도 감히 분쟁 해결을 위해 권력기관에 기대려 하지 않았다. 그러나 칼리프국가가 들어서 통치를 시작하자, 사람들은 조금 더 편하게 숨을 쉬고 덜 억압받는다고 느끼게 되었다.

미국 정부가 "온건파"라고 묘사하는 자들 아래에서가 아니라, 혼란스러운 ISIS 통치 아래에서 시민들이 "덜 억압받는다고 느끼"는 것은, 미국 선전이 거짓말이라는 명백한 근거다.

## 중동 사회주의연방을 위하여!

2001년 9월 11일 뉴욕에서 일어난 범죄적 공격 일주일 후 우리는, 무슬림에 대한 군사 공격은 이슬람 근본주의를 부추길 것이라고 내다봤다.

세계무역센터에 대한 공격은 사건의 긴 연쇄에서 단지 하나의 고리에 지나지 않는다. 아프가니스탄이나 이라크에 대한 제국주의자의 가공할 공격은 재앙을 낳을 것이고, 애꿎은 수천 명의 목숨을 앗아갈 것이고 궁극적으로 그 지역에 이슬람 반동 세력을 강화하게 될 것이다.

—「미국 제국주의 통치 : 끊임없는 공포」, 《1917》, 2001년 9월 18일

아프가니스탄, 이라크 그리고 그 다음 리비아에 대한 군사침략은 수십만 명을 학살했고 수백만 명이 집을 잃게 만들었다. 중동에서 한때 강력했던 노동운동은 스탈린주의 계급협조와 반(反)노동계급 사상의 정치적 수용(대표적으로 1979년 아야톨라 호메이니의 '이슬람교 혁명')으로 약화되었다. 그리하여 노동운동은 제국주의 점령군에 대한 저항을 이끌 정치능력을 상실했다. 그 틈으로 알카에다, ISIS 등등이 서방 제국주의 원정대에 맞서 저항을 이끄는 지도자로 부각되었다. 그 결과 이슬람 반동세력은 유례 없이 강해졌다. 그러나 이슬람 신권통치의 수립은 가난한 중동 인민들을 고통과 빈곤 속에 살게 만드는 세계 시장의 작동을 멈추지 못한다.

세계 노동운동은 시리아의 바트 당 독재나 반동적인 이슬람 반란군 어느 쪽의 승리에도 관심이 없다. 궁극적으로 그 둘은 모두 착취의 도구들이라는 점에서 같다. 그러나 혁명가들은 반동적인 탈레반

이나 ISIS, 알 누스라, 알카에다를 포함하여 이른바 '민주적' 제국주의자들에 대항하는 모든 토착세력들과 군사적으로 같은 편에 선다. 1983년 베이루트에 있는 미국 해병과 프랑스 외인부대 막사를 이슬람 지하드가 폭파했을 때, 우리는 그것을 제국주의 억압에 대한 정당한 공격이라고 규정했다.

지하드가 야만적이라고 해도 그것이 이라크 노동자가 뻔뻔스러운 '민주적' 제국주의자 그리고 그들의 '테러에 대한 전쟁'을 수용할 이유가 되지는 않는다. 2014년 10월 노동자평의회연합과이라크노동조합(Federation of Workers' Councils and Unions in Iraq, FWCUI)은 무임금 노동이라는 사상을 거부했다는 이유로 ISIS가 8명의 노동자를 티크리트에서 살해했다고 보고했다. 그 몇 달 전인 2014년 6월 13일, FWCUI의 팔라 알완은 제국주의 개입이 문제의 근원이라고 지적했다.

처음부터 줄곧 이 모든 문제들의 첫째 원인인 미국 정부는 원하는 것에 개입할 준비를 한다. 오바마 대통령은, 최근의 사건에 대해 언급하면서, 이라크 석유에 대한 관심을 거듭 표명했다. 지금 ISIS 통치 속에서 살아가는 200만 명의 인민이나 ISIS 도당들 때문에 모술에서 연이어 자살하는 여성들의 운명에 대해서는 어떤 관심도 보이지 않았다. …… 우리는 미국의 개입을 거부하며 인민이 아니라 석유에 대한 관심을 표명하는 오바마 대통령의 어처구니없는 연설에 항의한다.

2009년 이란, 2011년 튀니지, 이집트, 바레인 그리고 2013년 이스탄불에서 최근 이 지역을 흔든 저항들이 있었다. 이 저항은 이 사회 저변에 날카로운 사회적 긴장이 깔려 있다는 증거다. 엄청난 난관에 직면하여 노동자 투쟁은 중동 전역에서 계속되고 있다. 2015년 5월 1만 5천 명의 터키 자동차노동자들은 국가의 협박과 조합 지도자의 지시를 무시하고 임금인상을 위한 '아래로부터의 파업'을 전개했다. 2016년 1월 이집트 페트로트레이드 노동자 1만 8천 명은 거리로 나와 파업금지에 정면으로 도전했다. 중동 지역의 허약한 신식민지 정권 지도자들은 그들의 미래를 충분히 불안해 할 만하다.

1848년 『공산당 선언』에서, 카를 마르크스와 프리드리히 엥겔스는 세계의 모든 노동자는 같은 이해를 공유한다고 지적했다. 그리고 그 점 때문에 그들에겐 "모국이 없다." 미국과 그 탐욕스런 동맹자들이 세계지배를 위해 일으키는 전쟁의 주된 희생자는 물론 무슬림 대중들이다. 그러나 제국주의 국가 내부에서 '테러에 대한 전쟁'에서 국기를 흔들어대며 나타나는 공격적인 외국인 혐오는 생활수준 하락, 민주적 권리에 대한 전반적 침해 그리고 사악한 국가감시의 증가와 더불어 거세지고 있다.

국제노동운동은, 특히 제국주의 국가들에서, 제국주의 전쟁과 사회 해체로 인해 수많은 인류에게 가해지는 빈곤과 불행에 대해 역사적이며 진보적인 해결책을 찾는 데에 지도적 역할을 할 가능성이 있다. 2008년 5월 1일 그 가능성이 얼핏 드러난 바 있다. 그날 국제항만/창고노조(International Longshore and Warehouse Union, ILWU)는 이라크 전쟁에 항의하며 미국 서부해안의 모든 항구를 봉쇄하는 1일 파업을 전개했다. 이라크와 제국주의 심장부 노동자들 사이의 강력한 연대를 보여준 이 모범사례는 ILWU의 계급의식적 정치 실천의 오랜 역사에 근거한 전투적 행동의 결과였다.

시리아와 이란을 가로지르는 혼돈, 빈곤, 유혈 사태는 이윤이 지상의 가치라는 원칙으로 지배되는 세계 자본주의 축적체제의 필연적

결과다. 생산수단, 교통, 통신수단 몰수와 인간의 필요를 위한 생산
이라는 원칙으로 이성적 사회계획에 기초한 세계 경제 구축만이 자
본주의 광기가 낳는 폭정을 극복할 수 있다. 이를 위해 정치적으로
가장 각성한 투사들이 규율 잡힌 혁명적노동자정당으로 결집하는 것
이 필요하다.

중동을 파괴하는 반(反)계몽주의와 해로운 자민족중심주의 그리고
제국주의 군사침략 속에서, 국가 종교 인종을 뛰어넘는 노동계급의
단결을 높이 내세우는 것이 중요하다. 노동계급은, 우선적으로 제국
주의자 그리고 또한 이스라엘, 터키, 페르시아와 아랍 지배자 등 모
든 억압자들에 맞선 계급투쟁에 단결하여 나서야 한다. 오직 프롤레
타리아 혁명만이 이 지역의 방대한 자원이, 서방 에너지자본과 그들
의 부패한 현지 하수인들이 아니라, 수많은 피억압 피착취 인민을 위
해 사용될 수 있게 할 것이다. 이 투쟁을 위해서 레닌-트로츠키주의
정당이 필요하다. 프롤레타리아에 깊이 뿌리내리고 외국과 국내 자
본의 몰수를 통해 피억압 피착취 인민의 정치적·사회적·경제적 문
제를 해결할 연속혁명의 강령으로 무장한 정당 말이다.

# 제국주의의 피비린내 나는 발자취

국제볼셰비키그룹★2002년

  미 공군의 첨단기술에 의한 폭격으로 탈레반 정권이 잔인하게 전멸된 후 미 대통령 부시는 이렇게 말했다. "아프가니스탄은 시작에 불과하다." 미 행정부의 예상에 의하면 최소한 10년이 걸릴 피비린내 나는 '테러대전'의 다음 공격 대상은 이라크와 소말리아가 도리라는 것이 많은 이들의 예측이다.

  뉴햄프셔 대학 경제학 교수 마크 헤럴드가 2001년 12월 10일 발표한 연구에 의하면 아프가니스탄 전쟁 과정에서 미군의 폭탄에 맞아 숨진 아프간 민간인의 수는 3,500명이 넘는다. 이 수치는 9월 11일 세계무역센터 테러로 목숨을 잃은 사람의 수치와 거의 같다. 그러나 미 국방부의 나팔수에 불과한 국제 부르주아 언론은 이 사실을 거의 언급하지 않고 있다.

  미국은 아프가니스탄 '전쟁'을 벌이면서 1991년 걸프전처럼 유엔의 이름으로 전쟁을 수행한다거나 1999년 유고 전쟁처럼 나토를 대신해서 전쟁을 수행한다고 하는 허세마저 버렸다. 오랫동안 식민주의의 반대자로 자신을 포장해왔던 '세계 유일의 초강대국' 미국은 현재 세계 구석구석에 자신의 의지를 강요하겠다는 의사를 공공연히 드러내고 있다.

현재 미국은 우주에 무기를 배치하겠다는 공격적인 계획(미사일 방위 계획)을 밀어붙이고 있다. 그리고 상당한 규모의 생물무기 프로그램을 가지고 있다. 또한 환경 관련 국제 조약들을 무시하고 있으며 1972년에 조인한 탄도미사일 금지 조약을 폐기했다. 이 조치들은 현재 전세계의 분노를 자아내고 있다. 일본과 유럽연합 등 미국의 라이벌 제국주의 국가들은 현재 미국에 대항할 엄두를 내지 못하고 있지만, 미국의 일방적 태도에 대한 우려를 명확히 표시하고 있다. 이는 제국주의자들 간의 긴장이 증대될 것임을 예고한다.

미국 내에서 부시 행정부는 '야당'인 민주당, 대중매체, 노동조합 관료들의 도움을 받아 9월 11일 테러에 대한 대중적 분노를 반동적 외국인 배척운동의 물결로 몰아가는 데 성공했다. 미국과 '연합' 동맹국 하수인들이 합작해서 이룬 탈레반 정권에 대한 일방적 승리는 앞으로 있을 군사적 모험에 대한 국내의 반대를 일단 잠재웠다. 그러나 호전적 애국주의에 마취된 수천만 미국 노동자들은 이 환상 때문에 언젠가는 비싼 대가를 치르게 될 것이다.

1990년대 미국의 호황을 부채질한 생산성 증가의 핵심은 평범한 노동자들이 더 힘들게, 더 오래 일하고도 더 적게 받았다는 데 있었다. 그리고 이제 경기가 하강곡선을 그리고 수십만 명이 실업자 신세가 되자 오만한 지배자들은 차가운 목소리로 '테러대전'을 외치며 희생과 국가적 단결을 촉구하고 있다. 이민 노동자들과 정치적 반대자들이 마녀사냥과 구금을 감수하고 힘들게 쟁취해낸 민주적 권리들은 물거품이 되었다. 한편 연방의회는 '경기부양 계획'이라는 미명하에 백만장자들과 기업들에게 대대적으로 자금을 지원하고 있다.

물론 이 비용은 연금 생활자들과 가난한 사람들의 부담이 되어 돌아올 것이다. 이 일방적 계급 전쟁은 조만간 커다란 반작용을 불러 제국주의 세계질서의 기초 전체를 뒤흔드는 노동계급의 저항이 되어 폭발할 것이다.

다음의 내용은 2001년 11월 초 토론토의 여러 대학교에서 탐 라일리가 강연한 내용을 정리한 것이다.

지구상 가장 가난하고 가장 후진적인 나라 가운데 하나인 아프가니스탄과 그보다 인구가 10배나 많으며 세계 최대 최선진국인 미국 사이의 '전쟁'이 시작된 지 몇 주일이 지났다. 무소불위의 미국은 제국주의 '연합국들'의 지지까지 받고 있다. 20년간 계속된 내전으로 거의 남아 있지도 않은 목표물을 막강한 미 공군은 체계적으로 '붕괴시키고' 있다. 영국 보수 지배층의 대변지 《런던타임스》의 기자 사이먼 젠킨즈는 연합국의 전쟁을 이렇게 묘사했다.

아프가니스탄에 대한 강도 높은 폭력의 목적은 이 나라의 방공망을 무력화시키거나 빈 라덴의 테러 조직을 파괴하는 것만이 아니다. 이 폭력은 이 나라의 국가기구, 도시, 인민 등 사회 전체에 대한 전략적 폭력이다. 미 국방부는 도로, 발전소, 병원 표시가 되어 있는 공공건물 등을 폭격하면서 공공연히 이 공격이 '심리적 폭격'이라고 말한다. 하늘에서 보면 아프간 군대와 민간인은 구별이 되지 않는다. 따라서 비행기에서 사격을 한다는 것은 아프간인이 한 명이라도 살아남을 경우 지상전을 펼치는 것을 위험하게 만든다. 수천 명씩 떼를 지어 나라를 탈출하는 아프가니스탄 난민들에게 이 공격은 테러를 테러로 앙갚음하는 것으로 인식될 수밖에 없다.

—《타임스》(런던판), 2001년 10월 24일

지금까지 1천 명 이상의 아프간 민간인이 살해되었다. 세계무역센터를 파괴하는 행위와 마찬가지로 이것 역시 엽기적인 범죄 행위다.

미국은 자기 집 '안마당'에서 벌어진 테러의 대가를 누군가가 치르게 할 작정인 모양이다. 그러나 수만, 수십만 아프간 인민을 살해한다고 해서 미국인이 더 안전하게 살 수 있게 되는 것은 아니다. 물론 공식적으로 이 전쟁은 '아프가니스탄'에 대한 전쟁이 아니라 '테러'에 대한 전쟁이다. 문제는 미 연방수사국이나 국방부가 규정하는 테러의 내용이다. 그들은 테러를 '정치적·사회적 목적으로 정부나 민간인을 협박하거나 강제하기 위하여 인명이나 재산에 무력이나 폭력을 불법적으로 사용하는 것'으로 정의한다.

그런데 다른 어떤 국가보다 미국은 민간인을 협박하고 강제하기 위해 그리고 타국 정부를 전복하기 위해 '무력이나 폭력'을 규칙적으로 행사해왔다. 1953년 과테말라, 1964년 브라질, 1973년 칠레, 1980년대 내내 니카라과 등 수많은 예들이 있다. 그러나 이런 행위는 미 연방수사국에 의하면 '테러'가 아니다. 왜냐하면 이것들은 모두 '합법적'으로, 즉 미국 정부에 의해 인가되었기 때문이다.

아프간 폭격이 시작되고 나서 이틀 후인 10월 9일, 유엔 주재 미국 대사 존 네그로폰트는 미국의 '테러대전'은 아프가니스탄에 이어 다른 나라들을 겨냥할 수 있다고 선언했다. 이라크가 다음 목표물이라고 많은 사람들이 생각하고 있으나 시리아, 리비아 등의 나라들도 논의되었다. 런던의 자유주의 일간지 《가디언》의 기고가 존 필저는 네그로폰트가 매우 기이한 인물이라고 지적했다.

1980년대 초 온두라스 대사로 있으면서 네그로폰트는 정권에 대한 민주적 반대파를 제거한 316대대라는 정권의 테러 조직에 미국의 자금을 지원했다. 이때 미 중앙정보국은 인접국 니카라과의 반군을 지원하는 테러 전쟁을 수행하고 있었다.

—《가디언》, 10월 25일

## 세계 자본주의 : 무한 부(不)정의

미국이 주도하는 자본주의 세계체제는 인류 절대 다수에 대한 대대적이고 끝없는 폭력에 바탕을 두고 있다. 이를 통해 가난한 인민이나 나라들의 재산을 약탈하여 부자들과 부자 나라들의 소유를 증대시킨다. 세계은행의 보고서에 의하면 전세계 인구의 절반이 하루에 2달러도 되지 않는 돈으로 연명하고 있다. 이제 경제지표가 하강곡선을 그리고 있으니 모두가 허리띠를 졸라매는 시기에 대비해야 한다고 저들은 말한다. 하루에 2달러도 되지 않는 돈으로 연명하는 사람들의 상황은 더욱 끔찍해질 것이다. 불행한 수십억 인구가 궁핍에 시달리는 반면 반대쪽의 극소수 엘리트들은 엄청난 재산과 권력을 축적하고 있다.

9월 11일 테러 직후 미 국방부는 럼스펠드 장관 명의로 미 군사 독트린을 소개하는 문서를 발간했다. 이 문서는 전세계에 존재하는 "핵심 시장들과 전략적 자원들을 차지하는" 데에 미국은 "항구적인 국익"을 가지고 있다고 선언한다. 그리고 미국이 자신의 정책에 반대하는 정권들을 전복할 권리가 있다고 주장한다.

미군은 대통령의 지시하에 국가든 어떤 조직이든 미국과 그 동맹국에 반대하는 세력에 대해 자신의 의지를 강제할 역량을 유지해야 한다. 미국의 전략 목표를 위해서라면 반미 정권을 전복하거나 외국 영토를 점령하는 것에 주저하지 말아야 한다.

—「분기별 방위 전략 검토 보고서」, 2001년 9월 30일

지금 벌어지고 있는 '테러대전'은 무엇보다도 '미국의 의지를 강제'하는 것이다.


## 이슬람교 근본주의의 등장

9월 11일 사건을 가져온 일련의 사건들을 추적하고 이해하기 위해서는 적어도 몇십 년을 거슬러 올라가야 한다. 1960년대 초에 이슬람교 근본주의자들은 대부분의 아랍권 사회에서 대개 정신병자 취급을 받았다. 마치 현재 북미에서 '신이 만물을 창조했다고 믿고 있는 과학자들'이 정신병자 취급을 받으면서 사회에서 영향력을 전혀 발휘하지 못하고 있는 것처럼 말이다.

그러나 1967년 6일 전쟁에서 이스라엘이 승리하면서 상황이 바뀌기 시작했다. 당시 이집트의 공군은 완전히 파괴되었고 이스라엘은 시나이 반도를 점령했다. 이로써 1956년 수에즈 운하를 국유화해 영국/프랑스/이스라엘 연합군의 공세를 물리쳤던 '아랍 혁명'의 지도자 가말 압델 나세르의 명성은 무참히 찌그러졌다. 이에 대해 이슬람교 근본주의자들은 아랍 세계의 지도국가인 이집트가 패배한 이유는 알라신을 멀리하고 세속적 현대화에 오염되었기 때문이라고 주장

했다.

1979년 이란에서 아야톨라 호메이니가 팔레비 국왕 정권을 타도하고 '이슬람 공화국'을 수립했을 때 근본주의자들에게 드디어 서광이 비치기 시작했다. 미 중앙정보국이 조종한 쿠데타를 통해 1953년 팔레비는 모하마드 모사데크의 민족주의 현대화 정권을 타도했다. 팔레비 왕조를 '안정시키기' 위해 미 중앙정보국은 이스라엘 정보국의 도움으로 이란의 악명 높은 정치경찰 조직인 사바크를 창설했다. 사바크는 정권에 반대하는 수천 명의 인사들을 고문하고 살해했다. 이스라엘, 사우디아라비아와 함께 팔레비의 이란은 중동 지역에서 미 제국주의의 버팀대가 되었다.

제국주의 세계지배에 대한 반동적 역반응이 중동 지역에서는 이슬람교 근본주의로 나타났다. 제국주의의 지배를 받는 피억압 계층의 일부가 압제자의 이데올로기와 문화를 거부하고 자신의 문화적 정체성을 방어하려는 노력이라고 볼 수 있다. 그러나 호메이니, 빈 라덴, 탈레반 등의 공통점은 사회 평등에 대한 반대다. 이들은 여성이 가족 내에서 남성에 완전히 복종해야 하며 사회생활에서는 철저히 배제되어야 한다고 주장한다. 이들은 서구 자본주의 이데올로기 뿐 아니라 사회주의에 대해서도 적대적이다.

중동 지역의 친미 정권들은 국제통화기금의 '구조조정' 프로그램을 적극 수용했다. 이 결과 이 지역에도 외국 자본과 값싼 수입품이 밀려들었다. 세계 시장의 '효율성'이 갑자기 밀려드는 바람에 이 지역의 농업, 토착 제조업, 전통 직업들이 완전히 싹쓸이되었다. 이 결과 농민이었던 도시 빈민들이 도시주변에 빈민굴을 형성했다. 이들은 지금 이슬람교 사원이 운영하는 자선단체로부터 의료, 교육 등 필수 사회 서비스를 제공받고 있다. 이 도시빈민층은 이슬람교 지도자들의 대중 기반이 되어 언제든지 거리로 몰려나와 근본주의자들의 구호에 호응한다. 다만 이슬람교 근본주의의 중핵들은 과학적으로 훈련받은 지식인층이다. 이들은 제국주의의 부패한 하수인들 대신 자신들이 정권을 장악해야 한다고 생각하고 있다.

## 아프가니스탄 반동 세력과 제국주의

미국이 아프가니스탄에 개입한 것에 대해서는 1978년으로 거슬러 올라가 살펴보아야 한다. 이때 미 중앙정보국은 이슬람교 반동 세력을 부추겨 친소 성향의 아프가니스탄인민민주당(약칭 인민당) 정권 전복 공작에 착수했다. 인민당은 나카라과 산디니스타와 비슷하게 급진 민족주의 성향의 스탈린주의 정치세력이었다. 1998년 1월 15~21일자《르누벨옵세르바뙤르》에 실린 인터뷰에서 카터 대통령의 국가안보 고문이었던 즈비그뉴 브레진스키는 이렇게 폭로했다.

무자헤딘 이슬람교 반군에 대한 미 중앙정보국의 지원은 소련의 아프가니스탄 침공 이전에 이미 존재했다. 공식 역사에 의하면 무자헤딘에 대한 미 중앙정보국의 지원은 1980년대에 시작되었다. 이것은 1979년 12월 24일 시작된 소련군의 아프가니스탄 진입 이후다. 그러나 지금까지 비밀로 붙여진 사실은 전혀 다르다. 아프간 친소 정권에 대한 반대 세력을 지원하기 위해 카터 대통령은 1979년 7월 3일 비밀지원을 처음 명령했다.

기자는 이렇게 물었다. "나중에 테러리스트로 돌변한 이슬람교 근본주의자들에게 무기와 자금을 지원한 것을 후회하는가?" 그러자 브레진스키는 이렇게 대답했다. "세계 역사에서 가장 중요한 사건이 무엇인가? 탈레반 정권인가 아니면 소련의 붕괴인가? 이슬람교 분자들 일부가 소동을 부리는 것과 동구가 해방되고 냉전이 끝난 것 중 어느 것이 더 중요한가?"

이슬람교 지도자, 고리대금업자, 대지주 등 이슬람교 국가의 지배집단들은 인민당 정권의 조치에 반대할 수밖에 없었다. 이 정권은 포고령을 통해 빈민의 부채를 탕감해주고 고래대금업자들의 주 수입원인 신부 매입 대금(bride price)의 수준을 대폭 낮추었으며 농민들에게 경작해왔던 농토에 대한 소유권을 인정해주었다. 또한 아동 결혼을 철폐하고 여아들의 학교 교육을 시행했다. 친소 정권의 이 진보적 조치에 대해 '자유세계'의 지도자들은 본능적으로 이슬람교 반동들과 한편이 되었다. 그러나 사회주의 혁명가들은 아프간인민당과 그 지지세력인 소련에 대한 군사적 방어를 주창했다.

미국의 지원은 당연히 무자헤딘의 가장 광신적인 부위로 향했다. 이들이 소련에 대한 가장 비타협적인 적대 세력일 것이기 때문이었다. 또한 미국은 이교도에 대한 성전(지하드)을 위해 지원자들을 모집하여 아프가니스탄에 보냈다. 이들 가운데에 젊은 사우디 백만장자 오사마 빈 라덴이 있었다. 미 중앙정보국은 빈 라덴의 알 카에다 조직에 무기를 제공하고 중핵들을 훈련시켰다. 그리고 현재 미 공군이 아프간에서 폭격하고 있는 '테러리스트 훈련 캠프'를 세웠다.

1989년 소련의 관료집단은 아프간의 친소 정권을 배신하고 군대를 철수시켰다. 그러자 미국은 이 나라에 대한 관심을 잃었다. 아프간인민당 정권은 3년을 더 버틴 후 결국 이슬람교 근본주의자들에게 제압당했다. 그러나 현재 '북부 동맹'으로 결집되어 있는 승리한 무자헤딘 군벌들은 자기들끼리 극악한 권력투쟁을 벌이면서 민간인들에 대한 끔찍한 학살과 파괴를 자행했다.

그러자 인접국의 내전으로 파키스탄의 민간 정부가 위협받기 시작했다. 1980년대 내내 무자헤딘에 대한 미 중앙정보국의 지원을 몸소 시행했던 파키스탄 정보국은 탈레반 군벌에게 적극적으로 군사 지원을 하기 시작했다. 탈레반은 파키스탄의 북서 국경지역에 위치한 아프간 난민수용소에 대중 기반을 두고 있던 광신도적 이슬람교 종파로 파쉬툰족이 주축이었다. 이 결과 힘도 이름도 없던 탈레반은 거대 군벌들을 차례로 제압하고 1996년 수도 카불을 장악했다.

정권을 장악하자마자 탈레반은 수염을 깎거나 결혼식에서 노래를 부르고 춤을 추는 것을 금지시켰다. 또한 여학교를 폐쇄시키고 텔레비전, 음악 테이프, 비둘기 사육, 연날리기 등도 금지시켰다. 이 정권 하에서 도둑은 손이 잘리고 간통을 저지른 자는 돌에 맞아 죽었다. 또한 정치적·종교적·민족적 소수집단은 잔인하게 탄압당했다.

1990년대 초 아프가니스탄 북부 국경선에 인접한 중앙아시아 지역에 거대한 석유와 천연가스 매장지가 발견되었다. 그러자 아프가니스탄의 지정학적 중요성이 한층 부각되었다. 미국 에너지정보국의 2000년 12월 보고서는 이렇게 표현했다.

아프가니스탄은 중앙아시아에서 아라비아해까지 이어지는 석유와 천연가스 수출 경로의 중간 지점에 위치해 있다. 에너지 수급의 관점에서 이 나라의 지정학적 중요성이 여기에 있다.

원래 미국은 탈레반 정권을 이 나라를 안정시킬 세력으로 파악하여 환영했다. 이 정권이 투르크메니스탄에서 아프가니스탄을 지나 파키스탄으로 이어지는 20억 달러 상당의 천연가스 파이프라인을 건설하기 위해 미국의 주요 석유회사인 유너캘 주도의 컨소시엄을 사업자로 선정했을 때 미 국방부는 기뻐했다. 석유 파이프라인에 대한 사업자도 미국 석유회사로 낙찰될 계획이었다. 이것이 성사되면 미국은 이 지역의 두 경쟁국인 이란과 러시아를 우회한 채 중앙아시아의 석유와 천연가스를 손에 넣을 수 있었다. 그러나 문제가 발생했다. 1998년 알 카에다 조직이 아프리카의 미국 대사관 두 곳을 폭파시켰다. 이에 대한 보복으로 클린턴 대통령은 20개의 크루즈 미사일을 아프가니스탄에 발사했다. 이로써 기존의 모든 계획은 수포로 돌아가고 졸지에 아프가니스탄의 탈레반 정권은 미국의 적이 되었다.

적대 정권을 제거하는 것 외에도 미국의 '테러대전'은 중앙아시아에서 미국의 영향력을 확대하려는 목적을 하나 더 갖고 있다. 과거 러시아의 영향력 안에 확실히 들어가 있었던 우즈베키스탄과 타지키스탄에 미군 기지가 설립되면서 미국의 구상은 현실로 성큼 실현되고 있다. 미국은 러시아에게 이 군사기지들의 목적은 오직 '일시적인' 것일 뿐이라고 안심시켰다. 그러나 푸틴은 미국이 고르바초프에게 한 약속을 어긴 사실을 당연히 기억하고 있다. 베를린 장벽이 무너질 당시 미국은 소련에게 통일 독일이 나토에 남아 있는 것을 소련이 동의해준다면 바르샤바 조약기구의 어떤 나라도 나토에 가입시키지 않겠다고 약속했다. 그러나 현재 폴란드, 체코 공화국, 헝가리는 모두 나토에 가입해 있고 나머지 바르샤바 조약국들도 나토 가입을 기다리고 있는 중이다.

## '선전술의 귀재, 빈 라덴'

미국과 함께 아프간 전쟁에 참여하고 있는 '연합국들'에게 상당히 짜증스러운 일이 발생하고 있다. 중동 지역 이슬람교도들의 몸과 마음을 빈 라덴이 꽉 잡으면서 '선전 전쟁'에서 그가 손쉽게 승리하고 있다는 사실이다. 이 현상에 대한 설명은 아주 단순하다. 빈 라덴의 강령이 이 지역 인민들 대부분의 소망과 일치하고 있다는 것이다. 세 가지 조건이 충족되면 미국에 대한 알 카에다의 성전을 중단하겠다는 것이 빈 라덴의 약속이다. 첫째, 이슬람교의 가장 중요한 성지인 메카와 메디나가 있는 사우디아라비아에서 미군이 철수해야 한다. 둘째, 지금까지 100만 명 이상을 죽인 이라크에 대한 서방의 무역금수 조치를 즉각 해제해야 한다. 셋째, 요르단 강 서안, 가자, 동예루살렘 등지에서 이스라엘이 철군하고 팔레스타인 국가가 수립되어야 한다.

대부분의 미국인들에게 이것들은 별로 어려운 조건이 아니다. 미국 언론이 이 조건들을 일반인들에게 공개하지 않는 이유가 바로 여기에 있다. 물론 빈 라덴의 궁극 목표는 중동 지역 전체에 근본주의자들의 정권을 수립하는 것이다. 그러나 이를 위한 첫 단계로 그는 이 지역에서 '(양키) 이교도들'을 몰아내고자 한다.

'테러'를 근절하겠다는 미국의 테러 행위는 현실에 불만이 많은 이슬람교도들의 눈에 알 카에다의 위상을 확실히 올려주었다. 수만의 아프간 난민들이 이번 겨울에 아사하거나 동사하면 알 카에다에 대한 지지는 더욱 올라갈 것이다. 미국의 아프간 전쟁에 공식 지지를 선언한 파키스탄과 사우디아라비아의 지배자들은 전쟁이 장기화될 경우 자신의 통치 기반이 흔들릴 것이라고 우려하고 있다. 그러나 미국은 지상군 투입의 모험을 하기 전에 일단 공습을 통해 탈레반의 저항을 꺾는다는 계획이다. 물론 이 과정에서 발생하는 아프간 민간인들의 희생은 이들에게 그리 중요하지 않다.

## 파쉬툰족과의 전쟁

현재 아프간 전쟁의 결과를 예측하기는 쉽지 않다. 아프간 인민의 많은 수는 탈레반 정권을 아주 싫어한다. 그러나 연합국의 테러 공습은 탈레반에 대한 아프간 인민의 지지도를 올려놓았다. 세계무역센터에 대한 공격이 부시의 인기도를 올려놓은 것과 유사한 현상이다. 미 공군의 최악의 공습에 대해서도 자기 군대를 생존시킬 수 있다고 탈레반 지도부는 생각하고 있는 듯 하다. 영국의 보수당 대변지《텔레그래프》는 10월 26일자 신문에서 이렇게 보도하고 있다. "10월 20일 칸다하르 지역에서 미국의 정예 델타 부대가 인적이 없는 건물을 공격하다가 탈레반 군대의 치열한 반격을 받고 후퇴했다."

탈레반의 전략은 될 수 있으면 전쟁을 오래 끌어 미군의 사상자를 늘리고 피로감을 가중시켜 결국 미국의 철수를 유도하는 것으로 짐작된다. 이들의 전략은 역사적 경험에 기초한 것이다. 1983년 미 해병대 막사가 차량폭탄으로 파괴되면서 300명 가까운 미군 사망자가 발생하자 레이건 대통령은 레바논에서 급히 미군을 철수시켰다. 이로부터 10년 뒤 소말리아에서 미군이 지역 군벌과 교전을 벌이다 18명의 사망자가 발생하자 클린턴 대통령도 급히 군대를 철수시켰다. 그러나 문제가 있다. 세계무역센터의 테러로 미 국민의 아프간 전쟁에 대한 지지도가 레바논이나 소말리아 개입의 경우보다 훨씬 높다는 것이다.

그런데 미국이 자신의 수족인 북부 동맹을 공중 지원하여 카불을 점령하는 것에 그치지 않고 텔레반 정권을 제거하여 안정된 괴뢰정권을 수립할 생각이 진지하다면 칸다하르 지역 주위의 파쉬툰족에게 전쟁을 확대해야 한다. 이 지역은 아프가니스탄과 파키스탄의 북서 국경지역을 포괄하는 지역으로 탈레반의 정치기반이다. 이렇게 할 경우 문제는 또다시 복잡해진다. 파키스탄의 무샤라프 군사정권이 위험해질 수 있기 때문이다. 파키스탄의 불안정은 이 나라의 핵무기 보유를 고려하면 아주 좋지 않은 결과를 낳을 수 있다.


## 국내의 전쟁

미국 지배자들은 '테러대전'을 이용하여 미국 노동계급의 힘들게 얻은 민주적 권리와 생활수준을 공격하고 있다. 이미 대부분이 아랍 인인 천 명이 넘는 사람들이 무기한 감금되어 있다. 당국은 이들의 이름이나 기소 내용을 밝히지 않고 있다. 이스라엘에서 하는 것처럼 자백을 빨리 받아내기 위해 고문을 합법화해야 한다는 얘기도 나오고 있다. 미국의 아프간 전쟁을 처음부터 끝까지 지지한 캐나다의 크레티엥 정권도 '테러 방지'법을 통과시켜 자기 맘에 들지 않는 누구든지 탄압하고 감옥에 넣을 수 있게 일을 추진하고 있다.

부시 행정부는 현재 불어닥치고 있는 외국인 혐오증에 편승하여 미국 기업들에게 수십억 달러의 세금 감면을 소급해서 적용하고 있다. 또한 항공사와 보험회사들에 대한 구제 금융도 수백억 달러나 약속해 놓고 있다. 이 비용은 사회보장 '금고' 기금을 털어서 나올 수밖에 없다. 결국 미국 노동자들은 은퇴한 후 판지로 몸을 덮고 개밥이나 먹으면서 남은 삶을 연명해야 할 판이다.

이 '전쟁'이 아프가니스탄과 자신들에게 동시에 가해지고 있다는 것을 미국 노동자들이 인식할 경우 미국 '안마당'에서 계급투쟁이 격화될 수 있다. 노동계급 가운데 전통적으로 가장 선진적인 흑인들 가운데 광적인 애국심이 훨씬 덜하다는 사실을 주목할 필요가 있다.

제국주의 '연합국'의 마르크스주의자들은 자국 노동자들에게 이점을 인식시켜야 한다. "자국" 제국주의 지배자에 대항해서 아프가니스탄을 방어하는 것이 노동계급에게 이익이 된다. 전쟁에 반대해서 노동자들의 정치파업이 단 한번 일어나더라도 이것은 국제적으로 특히 중동 지역에서 큰 반향을 불러일으킬 것이다. 그리고 미래에 있게 될 노동계급의 국제적 공동 계급투쟁의 기초가 될 것이다.

탈레반 정권은 피억압 인민의 천적이므로 타도되어야 한다. 그러나 이 임무는 중동 지역의 나머지 반동 정권들을 타도하는 투쟁과 마찬가지로 제국주의자가 아니라 피억압 피착취 인민의 임무이다. 중동 지역과 전세계 노동계급의 관점에서 보면 이 전쟁의 최악의 결과는 미국 주도의 '연합'국이 10년 전 걸프전 때처럼 일방적인 승리를 거두는 것이다. 손쉬운 제국주의자들의 승리는 더 규모가 큰 그리고 더 피비린내 나는 전쟁으로 이어질 것이다.

사회주의자를 자임하는 대부분의 좌익 세력들은 아프가니스탄에 대한 제국주의의 공격에 대해 평화주의적 자유주의적 푸념으로 일관했다. 6주일 전에 토론토를 방문했던 타리크 알리는 과거 '국제 마르크스주의자'였다. 제국주의에 대항해 아프가니스탄을 방어할 것인가를 묻자 그는 결단코 "아니요!"라고 대답했다. 국제사회주의자들 역시 아프가니스탄 방어를 거부한다. 대신 이들은 '전쟁을 멈추라'는 대단히 단순한 평화주의 구호를 내놓고 있다. 그러나 제국주의자들도 가능하면 빨리 '전쟁을 끝내기를' 원한다. 10월 31일자 《뉴욕타임스》는 이렇게 보도했다.

> 미국 지배층 일부는 군사 작전의 느린 속도에 대해 더욱 답답해 하고 있다. 그리고 보수 정치꾼들은 대규모로 지상군을 투입하여 전쟁을 가속화시킬 필요성을 말하기 시작했다. 그러나 영국과 다른 유럽 국가들에서는 정반대의 얘기가 오가고 있다. 유럽의 여론은 전쟁을 빨리 끝내는 것보다 민간인 사상자를 더 우려하는 것처럼 보인다.

미국의 지배자들은 살인을 가속화시켜 "전쟁을 빨리 끝내"고 싶어 한다. 우리도 전쟁이 빨리 끝나기를 원한다. 다만 '연합국' 침입자들의 즉각적인 철수를 통해서 이것이 이루어지기를 원한다. '전쟁을 멈추라'는 요구는 평화주의자들에게는 좋은 요구다. 그러나 혁명가들은 제국주의 약탈자들의 공격에 대해 신식민지 국가의 편을 들어야 한다. 세계 노동계급의 최대의 적이 제국주의 세력이므로 이들의 기도가 군사적 정치적으로 파탄 나는 것은 계급투쟁의 역관계에서 노동자들에게 무조건 유리하다.

## 몰수자들을 몰수하라!

제국주의자들의 아프간 전쟁이 장기화되어 사상자가 증대하면 전 세계 노동자와 피억압 인민이 자본주의의 공격에 저항할 힘이 강화된다. 또한 사우디아라비아나 파키스탄 등 미국과 이해를 같이 해온 나라들의 정권도 취약해질 것이다.

20년간 정권을 지속한 이란의 이슬람교 공화국도 현재 위태위태하다. 주요 스포츠 행사나 공공 행사는 이슬람교지도자들의 통치에 저항하는 정치 시위로 번질 가능성이 크다. 일관된 혁명 강령으로 무장한 강고한 공산주의 조직이 시아파 이슬람교 지도자들에 반대하는 노동자 봉기를 성공시켜야 한다. 이럴 경우 1979년 호메이니의 승리가 이슬람교 근본주의자들을 분기시킨 것처럼 이 지역의 사회주의 혁명투쟁은 크게 고양될 것이다.

격화되는 전쟁의 고리는 제국주의 지배의 특징이다. 이 고리를 끊기 위해서는 인류 절대 다수를 빈곤의 늪에 빠뜨리고 있는 제국주의 체제를 끝장내야 한다. 착취자들의 생산수단을 몰수하고 이윤의 극대화가 아니라 인간의 필요에 부응하는 국제적 규모의 사회주의 계획경제를 수립해야 한다. 이 혁명 투쟁을 통해서만 지구상의 폭력과 광기는 사라질 수 있다. 지금 이 목표는 성취 가능성이 대단히 낮은 것처럼 느껴질지 모른다. 그러나 이 길은 성취 가능할 뿐 아니라 인류의 생존을 도모할 유일한 길이다.

# 베네수엘라 : 국가와 혁명

국제볼세비키그룹★2006년

중남미는 세계에서 소득 격차가 가장 큰 지역이다. 세계은행의 보고서 「세계개발지수」(2005년)에 따르면 중남미에서 1억이 넘는 인구가 하루 2달러도 안 되는 수입으로 목숨을 부지하고 있다. 국제통화기금(IMF)이 강요해온 긴축 및 민영화정책으로 이 지역은 수십 년간 피폐에 피폐를 거듭하고 있다. 2005월 7월 5일자 《뉴스위크》는 이렇게 보도하고 있다. "국영기업을 이 지역보다 빨리 팔아치운 곳은 없다. 1990년대 말까지 개발도상 지역들에서 발생한 민영화 수익의 55퍼센트가 이 지역에서 나왔다."

제국주의 금융 자본가들은 '공공부문'을 축소하여 수도, 전기, 가스 등 공공시설들을 민영화해왔다. 그리고 냉소하며 주장하고 있다: 이 지역에 만연한 처절한 빈곤을 해결하기 위해서는 외국자본이 더 많이 유입되어야 한다. 그러나 제국주의 기업들에게 거대한 이윤을 안기는 국제통화기금의 긴축정책은 대중의 생활수준을 악화시키기만 했다. 제국주의자들의 뻔뻔한 거짓 주장에도 불구하고 이것은 엄연한 사실이다.

192

'신자유주의'는 남미 전역에서 대대적인 저항을 불렀다. 2005년 6월 볼리비아는 석유/가스를 민영화한 1996년의 조치를 철회하라는 대대적인 항의시위가 터져 거의 내전에 직면했다. 한편 카리스마를 가진 베네수엘라 대통령 차베스는 미국 주도의 제국주의 정책(워싱턴합의)에 반대하는 가장 유명한 인물이 되었다. 그는 '볼리바르 혁명'의 기치를 내걸고 수백만 빈농과 노동자들의 지지를 구했다. 시몬 볼리바르는 스페인 제국주의에 대항하여 남미의 독립투쟁을 벌인 인민봉기의 지도자였다. 그의 이름을 딴 차베스의 '볼리바르 혁명' 운동은 미국 기관들의 지원으로 차베스 정권을 위협하고 전복하려는 베네수엘라 지배계급의 끈질긴 공격을 받아왔다. 그러나 지금까지 이 공격은 실패를 거듭했다.

한편 국제 좌익 조직들의 상당수는 "자본주의 극복", "21세기 사회주의 건설" 등 차베스가 남발해온 언사에 한껏 흥분되어 있다. 이들은 열정적으로 소망하고 있다: 대통령의 지위를 이용하여 차베스가 반동세력에게 결정타를 가하고 베네수엘라를 혁명의 새로운 미래로 인도할 수 있을 것이다. 그러나 이것은 정말 위험한 환상이 아닐 수 없다. 1871년 파리코뮌이 패배한 후 마르크스는 이렇게 말했다. "노동계급이 기존의 (자본주의) 국가기구를 단순히 접수하여 이것을 자신의 목적에 맞게 행사하는 것은 불가능하다. (자본주의 국가기구를 철폐하고 자신에게 고유한 국가기구를 새로 수립해야 한다.)"

베네수엘라 노동운동의 '마르크스주의자들' 일부는 스승의 이 기본적 언명을 무시하고 있다. 테드 그랜트와 앨런 우즈가 주도하며 국제마르크스주의경향(International Marxist Tendency)으로도 불리는 마르크스주의인터내셔널준비위원회(Committee for a Marxist International, CMI)가 이의 대표적인 경우다. 이 조직은 마르크스주의 고전에 나오는 정의들과 인용문구들('기존의 국가기구를 철폐해야 한다' 등)을 끊임없이 들먹이는 "종파주의자들과 형식주의자들"을 비난해왔다. 후자에 의해 마르크스주의의 과학적 명제들이 공문구와 종교적 주문으로 돌변했다는 것이다.(Marxist.com, 2004년 5월 4일) 마르크스주의 기본원칙들을 종교처럼 또는 다른 방식으로 추종한다고 CMI를 비난하기는 절대 불가능할 것이다. 그러나 다른 어느 곳과 마찬가지로 베네수엘라에서도 사회주의 혁명이 성공하려면 부르주아 국가기구를 철폐하고 노동자권력 옹호에 헌신하는 기관들을 수립해야 한다.


## 베네수엘라의 계급과 국가

북미의 제국주의 공룡 미국은 베네수엘라 사회를 결정적으로 규정해왔다. 자동차 문화의 태동기인 1차 세계대전 중에 거대한 석유 매장지가 베네수엘라에서 발견되었다. 이 때문에 이 나라는 전략상 크게 중요해졌다. 현재 이 나라는 세계 5위의 석유 수출국이다. 석유는 이 나라 국내총생산의 3분의 1과 수출총액의 80퍼센트를 넘게 차지하고 있다. 1970년대 유가 상승으로 국내 경제는 호황을 누렸고 이 때문에 도시화가 크게 진행되어 지금은 전체 인구의 87퍼센트가 도시에 살고 있다. 그러나 심각한 빈부격차 때문에 노동력의 절반은 도시의 거대한 빈민지역에 집중된 '비공식 부문'에 종사하고 있다. 이에 비해 농업은 국내총생산의 6퍼센트를 차지할 뿐이다. 식량 수요의 3분의 2는 수입에 의존하고 있다.

1976년 1월 1일 페레스 정권은 석유산업을 국유화하고 베네수엘라석유공사(PDVSA)를 발족시켰다. 이로 인해 정부의 석유 수익은 증대되었다. 그러나 기존의 경영진이 새로 수립된 석유공사를 계속 운영했기 때문에 국제 석유 거대회사들은 이 나라의 원유를 상당히 할인된 가격에 계속 구입할 수 있었다. 1980년대에 베네수엘라석유공사는 해외에서 석유의 정제, 유통, 판매 관련 자산들을 매입하기 시작했다. 여기에는 미국의 시트고 주유소 체인도 포함되었다. 그러나 1990년대에 석유산업은 또다시 외국자본에 문을 열어주었고 현재 석유생산의 약 4분의 1은 외국기업들의 몫이다.(『차베스 시대의 베네수엘라 정세』, 스티브 엘너와 대니얼 헬링거 엮음, 2003년)

제국주의자들이 베네수엘라를 움직이는 또 하나의 지렛대는 이 나라의 외채다. 세계은행의 2005년 「세계개발보고서」에 따르면 2002년 현재 베네수엘라의 외채는 325억 달러로 국민총소득의 약 3분의 1이다. 외채의 상당 부분은 1970년대에 발생했다.

> 외채는 1973년의 12억 달러에서 1978년의 110억 달러로 늘어났다. 천문학적 규모의 외국자본이 거대 국책사업들에 투입되었다. 수백만 달러 단위의 사업계약들이 현행법과 헌법을 무시하며 체결되었다. 유착의 고리들이 여기저기 형성되면서 엄청난 액수의 공적자금이 유용되었다. 이 과정을 통해 금융자본이 막대한 이윤을 챙겼다. 금융자본의 유명인사들이 국가기구의 요직을 차지했다.
> —프레데릭 레베크, 중남미정보연대네트워크(RISAL), 2004년 5월 17일

베네수엘라의 '극소수 지배 엘리트들'은 제조업, 수송, 은행, 언론 등 핵심 부문들을 소유하면서 사회와 정치를 장악하고 있다. 그리고 이들은 수많은 연줄들을 통해 제국주의 금융자본의 중심부와 연결되

어 있다. 한편 이들의 사촌격인 거대지주들은 농촌을 지배하고 있다. 미국의 수도 워싱턴의 아메리카대륙위원회 선임연구원 씨쓰 들롱에 의하면 1960년의 토지개혁에도 불구하고 "개인 소유 토지 전체의 약 75~80퍼센트를 전체 지주의 5퍼센트가 소유하고 있다." (Venezuelanalysis.com, 2005년 2월 25일) 극소수 백인 지배계급이 누리고 있는 기생적 지위는 인종주의에 의해 합리화되고 있다. 엘리트 '유럽인들'이 흑인, 인디오, 메스티조 대중보다 인종적으로 우월하다는 것이다. 그리고 가톨릭 교회의 반(反)계몽주의 반동들은 이 지배 이데올로기를 신성한 교리로 위조하여 퍼뜨리고 있다.


## '카라카소'에서 '볼리바르 혁명'으로

유가 하락과 외채 급등으로 1980년대에 베네수엘라는 심각한 재정적 위기에 직면했다. 이를 타개하기 위해 페레스 정권은 국제통화기금이 명령한 긴축 및 '구조조정' 정책을 수용했다. 이에 따른 1단계 조치는 연료 가격의 자유화였다. 1989년 2월 27일 아침 직장으로 향하던 인민은 버스요금이 밤새 100퍼센트 인상되었다는 것을 알게 되었고 이들의 분노는 폭발했다.

버스가 뒤집히고 불태워졌다. 그러나 이것은 봉기의 첫 징후에 불과했다. 몇 시간 내로 봉기는 확대되어 각종 상점의 약탈과 파괴가 확산되었다. 빈곤과 분노로 열이 오른 빈민지역 청년들이 카라카스의 상업중심지에 몰려다녔고 도시 중심부에 가까운 아빌라산 기슭의 특권 부유층 거주지에 모여들었다. 밤새 그리고 다음 날까지 봉기와 약탈이 저지 받지 않고 계속되었다. 카라카소라고 불리는 이 저항운동은 위력을 보이며 장기화되었으나 곧이어 군대의 잔인한 탄압이 며칠간 이어졌다.

—『해방자의 그림자 속에서』, 리처드 가트, 2000년

곧이어 군대의 발포로 무려 3천 명이 사망했으나 봉기는 진압되지 않았다. 이때부터 기존의 사회통제 방식은 무력화되기 시작했다. 베네수엘라공산당에서 떨어져나온 민족주의 좌파 조직들인 사회주의운동(MAS)과 급진적 대의(LCR)는 급격히 성장하기 시작했다. 군대의 장교집단도 대중의 저항에 영향을 입었다. 1992년 2월 차베스 대령 주위로 결집한 장교들은 페레스 정권과 '신자유주의'를 전복하는 쿠데타를 감행했다. 그러나 이 시도는 실패하고 9개월 후 이들은 다시 쿠데타를 기도했으나 역시 실패했다. 이 거사는 "잠시" 중단되고 있을 뿐이라고 지지자들에게 공언한 후 차베스는 감옥에 갔다.

1969년부터 1974년까지 대통령이었던 칼데라는 1994년 다시 대통령에 당선되었다. 그는 대중의 반감을 샀던 조치 일부를 즉시 철회하고 부도 은행 몇 개를 국유화한 후 차베스를 사면했다. 더욱이 사회주의운동(MAS)의 대표가 장관이 되자 칼데라 정권의 인민주의 색채는 더욱 강화되었다. 그러나 새 정부는 경제를 되살릴 수 없었고 1996년 4월 국제통화기금의 구조조정정책에 다시 합의했다. 1993년부터 1999년까지 실질임금은 급격히 감소했으며 노동조합 조직률은 반감하여 13.5퍼센트에 불과했다. 실업률은 6.3퍼센트에서 14.9퍼센트로 배로 늘어났고 '비공식' 경제부문은 확대되었다.

하루 소득이 2달러가 채 되지 않는 빈곤층의 비율은 1991년의 32.2퍼센트에서 2000년의 48.5퍼센트로 늘어났다. 마찬가지로 하루 소득이 1달

러가 되지 않는 극빈층의 비율은 11.8퍼센트에서 23.5퍼센트로 늘어났다.

—「국가개요 : 베네수엘라」, 세계은행, 2004년 8월

빈익빈 부익부 현상은 가속화되었다. "극빈층의 소득이 전체 소득에서 차지하는 비율은 1981년의 19.1퍼센트에서 1997년의 14.7퍼센트로 낮아졌다. 반면 극부층의 소득 비중은 21.8퍼센트에서 32.8퍼센트로 증가했다."(『차베스 시대의 베네수엘라 정세』)

1994년 3월 감옥에서 나오자마자 차베스는 '군민연합'의 기치 아래 제5공화국운동(MVR)을 조직하기 시작했다. 그리고 부패와 신식민지 노예상태에서 베네수엘라를 해방시키자는 강령을 내건 정당연합체 '애국의구심(Polo Patriotica)'에 합류했다. 1998년 12월 선거에서 이 연합체의 대통령 후보로 나선 그는 56퍼센트의 득표율을 기록했다.

차베스는 세 가지 공약으로 1998년 선거에서 당선되었다. 첫째, 기독교 민주당과 민주행동당의 양당정치체제인 '푼토 피호체제'를 철폐한다.(푼토 피호는 두 정당이 협약을 맺은 곳) 둘째, 부패를 종식 시킨다. 셋째, 빈곤을 완화시킨다.

—그레고리 윌퍼트, Venezuelanalysis.com, 2003년 11월 11일

대통령에 당선된 지 수개월 후 차베스는 제헌의회 소집 국민제안을 발의하고 압도적 지지를 얻었다. 1999년 7월 제헌의회 선거에서 그의 지지자들은 압도적 의석을 확보하여 다수당이 되었다. 이들은 베네수엘라가 "법과 정의에 의거하여 민주주의와 사회발전을 지향하는 국가"임을 선언하는 새로운 헌법 초안을 작성했다. 1999년 12월

의 국민투표에서 70퍼센트의 찬성으로 새 헌법이 비준되었다. 이로써 '베네수엘라 볼리바르 공화국'이라는 새로운 정치체제가 탄생했다. 이로부터 7개월 후인 2000년 7월 차베스는 새 공화국의 초대 대통령으로 당선되었다.

이제 국가기구 내부에서 구체제 지지자들과 신체제 지지자들 사이에 갈등이 격화되었다. 차베스는 그의 지지자들 상당수와는 달리 지위를 이용하여 개인적 이해를 추구하는 데 무관심한 것처럼 보였다. 구체제 출신들은 당연히 그를 신뢰하지 않았다. 볼리바르 운동이 빈곤과 '세계화'를 비난하면서 궁핍한 대중을 선동하지 않을까 우려했기 때문이었다. 군대 내의 충성파 간부들을 동원하여 차베스가 공무원 사회를 감시하자 이들은 크게 놀랐다.

> 어느 고위급 경제고문이 이렇게 설명했다. "군대가 모든 곳에서 움직이고 있다. 우리가 알지 못하는 비밀 사업이 진행되고 있는 것 같다. 군대의 정당이 진짜 존재하고 있다. 일부 부처에서는 이중권력이 형성되었다."
> —리처드 가트, 앞의 책

미국 역시 차베스의 정책에 의심의 눈길을 보냈다. 제국주의자들을 안심시키기 위해 차베스 정부는 외국 자산을 건드리지 않겠다고 약속했다. 그러나 가트의 주장에 의하면 이 약속이 발표되었을 때 차베스는 개인적 책임을 회피하려고 국외에 나가 있었다.

그러나 '신자유주의'를 격렬히 비난하면서도 차베스 정권은 전기 및 알루미늄 공사의 민영화를 제안했다. 다만 석유공사는 계속 국영으로 남겨두었다. 취임 연설에서 차베스는 정부의 경제계획을 이렇게 설명했다.

우리 정부의 경제정책은 국가주의도 아니고 신자유주의도 아니다. 시장의 보이지 않는 손이 국가의 보이는 손을 맞잡는 중도노선을 추구하고 있다. 필요한 만큼의 국가개입과 가능한 많은 시장 질서를 원한다.

—앞의 책

사회정의를 외치면서도 정부는 외채를 계획대로 계속 상환했다. 그리고 반동세력을 안심시키려고 마리차 이사구이레를 재무장관으로 임명했다. 그녀는 칼데라 정권의 장관으로 있을 때 대중의 분노를 산 조치들을 도입했었고 차베스의 지지자들로부터 비난받은 인물이었다.

그러나 정부의 보수적 경제정책에도 불구하고 정권을 지지하는 대중들은 대통령이 자기편이라고 믿으면서 대담성을 발휘했다. 2001년에 구체제 추종자들과 신체제 추종자들 사이의 갈등이 폭발했다. 인기 하락을 만회하기 위해 차베스는 선거공약의 일부를 실현하는 49개 조치들을 밀어붙였다. 이 중의 하나는 외국기업의 석유산업 통제력을 제한하고 석유 로열티를 배로 인상하는 것이었다. 그러자 우익 야당은 정권 전복 기도를 본격화했다.

베네수엘라 자본가들 일부는 차베스 정권과 타협을 원했다. 그러나 대다수 자본가들과 소자본가들은 격렬하게 정부에 저항했다. 베네수엘라노동총연맹(CTV)의 부패한 노동관료들은 노동자들의 올바른 불만사항 일부를 참주선동으로 활용하면서 자본가들 편을 들고 차베스에 대항했다. 썩었으며 냉소적인 좌익 일부, 특히 알바니아를 지지했던 〔적기〕 그룹의 타락한 스탈린주의자들 역시 제국주의와 손잡은 '민주' 야당을 지지했다. 경영자협회와 석유공사 경영진의 지지를 등에 업고 노동조합총연맹은 2001년 12월 10일 차베스가 1개월 전에 발표한 포고령에 항의하며 1일 총파업에 나섰다. 그러나 2002년 2월 차베스는 석유공사의 최고 경영진을 해고하면서 이에 맞섰다. 이 조치는 이로부터 2개월 후 미국의 지원을 업고 일어난 쿠데타의 도화선이 되었다.

미국민주주의재단(NED)은 1980년대에 니카라과 반군에게 미국중앙정보국의 자금을 건네는 중간자 역할을 했었다. 그리고 미국노동총연맹(AFL-CIO) 산하 국제노동연대미국센터(약칭 연대센터)를 통해 베네수엘라노동총연맹에 오랫동안 자금을 제공해왔다. 연대센터는 과거 악명 높았던 자유노동개발미국연구소의 최신판이다. 1997년부터 2002년까지 미국민주주의재단은 연대센터에 베네수엘라 정부 전복 활동 명목으로 70만 달러를 공식적으로 제공했다.(《월간평론》, 2005년 5월) 베네수엘라 전복 활동을 위한 미국민주주의재단의 예산은 2002년 4월 쿠데타 직전 시기에 4배나 증액되었는데 이것은 결코 우연한 사건이 아닐 것이다. 특히 이 단체는 베네수엘라의 미래 전망과 우선적 정책 과제들을 논의하는 회의를 2002년 3월에 주재했다. 이 회의에는 베네수엘라노총의 관료들, 경영자연합의 대표들, 가톨릭 교회의 고위층이 참석했다.

## 2002년 4월 쿠데타 : 미국산(美國産)

2002년 4월 11일 베네수엘라 군부의 일부 분자들이 차베스 대통령을 체포했다. 그리고 경영자협회 회장 페드로 카르모나가 곧이어 대통령을 자칭했다. 그는 즉시 신헌법을 폐기하고 의회를 해산했으며 대법원의 권한과 운영을 정지시켰다. 또한 차베스의 포고령들을 전부 철회시켰으며 볼리바르 운동 지도자들을 체포하기 시작했다. 더할 나위 없이 냉소에 차서 그는 이렇게 선언했다. "자유, 다원주의, 법치 등이 이 나라에서 충분히 존중되고 있다는 것을 모두 피부로 느낄 수 있을 것이다."《연합통신》, 2002년 4월 12일) 그는 언론사, 지식계층 다수, 장교집단, 가톨릭 교회 그리고 물론 대자본가들과 거대지주들의 지지를 받았다. 그리고 그의 쿠데타 정부는 미국, 스페인, 국제통화기금 등에 의해 즉시 인정되었다. 그러나 선거로 수립된 정부를 미국 주도하에 전복한 행위를 열성적으로 지지하는 나라는 중남미에는 하나도 없었다. 이 쿠데타에 미국이 개입한 사실에 대해서는 의심의 여지가 없었다.

소식통들에 의하면 '이미 몇 개월 전에' 카르모나 자신을 포함하여 쿠데타 모의자들은 미국을 방문하기 시작했고 지난 주말의 거사 몇 주 전까지 이 방문 행렬은 계속되었다. 이들은 백악관에서 부시가 중남미 핵심 정책입안자로 임명한 오토 라이쉬의 영접을 받았다. 라이쉬는 우익 성향의 쿠바계 미국인으로 레이건 행정부 시절에는 공개외교국 책임자였다. 이 기관은 이론상으로는 국무부 소속이었다. 그러나 의회조사 결과 그는 백악관에서 근무하는 레이건의 국가안보 보좌관 알러버 노스 대령에게 활동 내용을 직접 보고한 것으로 드러났다.

—《옵저버》(런던), 2002년 4월 21일

미 해군 정보장교였던 웨인 마즌은 이렇게 보고했다.

정보분석가 마즌이 어제 이렇게 말했다. "카라카스의 미국 대사관에서 육군무관 대리였던 제임스 라저스 중령이 쿠데타 기초 작업을 위해 현지로 간다는 소식을 처음 접했다. 우리의 마약단속반 요원들도 이 일에 일부 관련되었다. 쿠데타와 무관한 작전 때문에 해군은 베네수엘라 해역에 있었으나 쿠데타가 진행되는 동안 통신정보를 지원했다고 알고 있다. 해군은 베네수엘라 군부에게 통신 방해 활동을 지원했으며 차베스 지지를 표명한 쿠바, 리비아, 이란, 이라크 등의 외교공관에서 오고 나가는 통신에 특히 관심을 집중했다."

—《가디언》, 2002년 4월 29일

카르모나가 쿠데타로 정권을 잡은 시간은 48시간이 채 되지 않았다. 그러나 이 짧은 시간 안에 그는 스페인과 미국 대사들을 만났다. 그러나 차베스를 지지하는 수십만 대중이 미라플로레스 대통령궁 외곽에 집결하여 그의 대통령 직 복귀를 요구했다. 또한 쿠데타에 대한 정보를 미리 입수한 후 대통령궁 지하실에 숨어 있던 차베스 충성파 군인 수백 명이 나타나 카르모나를 체포했다. 이로써 쿠데타는 실패로 끝났다.

일부 보도에 따르면 애초에 쿠데타에 가담했던 일부 고위 장교들은 쿠데타 첫날 카르모나가 보인 독재적 행동에 너무 구역질이 나 결국 그에 대한 지지를 철회했다. 이 사건은 쿠데타 불발 직후 차베스가 보인 행동을 일부 설명해준다. 차베스는 대통령직에 복귀하자마자 우익 대표들과 '대화'를 시도했으며 개혁조치 일부를 철회했다. 또한 해고된 석유공사 경영진이 복귀할 것이라고 발표했다. 그러나 이 유화 제스처에 마음을 누그러뜨리기는커녕 우익 대표들은 그가 허약한 성격을 가지고 있다고 해석했다. 그리고 2002년 12월 차베스 정권 타도를 위한 전국 총파업과 직장 폐쇄를 감행했다. 대자본가들 전부와 소수 노동자들은 직장폐쇄를 지지했다. 이 집단행동은 심각한 경제적 손실을 초래했으나 두세 달 후 와해되었다. 그러자 이번에는 차베스가 강경하게 나와 석유공사 경영진을 포함하여 가담자 1만 8천 명을 즉시 해고했다.

노동계급 대다수와 중요 노동조합들 일부는 직장폐쇄를 적극 반대했다.

석유공사의 직장폐쇄를 저지하고 현장이 복구되는 과정에서 그리고 특히 엘 일레나데로 데 야구아, 푸에르토 라 크루즈, 엘 팔리토 등의 정유소에서는 노동자들이 생산을 직접 통제하는 실험을 다양하게 전개했다. 후자의 경우 수십 명의 노동자들이 낮과 밤을 가리지 않고 경제 사보타지에 저항했다. 노동자들의 압력 때문에 페라리 정유소는 강제로 조업을 재개하여 휘발유를 배급했다.

다른 산업에서도 이와 유사한 실험들이 있었다. 직장폐쇄 중에 노동자들은 회사를 점거한 후 조업재개와 노동자에 의한 생산 통제를 요구했다. 마라카이의 섬유공장 텍스달라와 라라주의 설탕공장 쎈트랄 카로라가 이런 경우에 속했다.

—프레데릭 레베크, 중남미정보연대네트워크, 2003년 6월 5일

2004년 4월 2일자 《전국가톨릭기자》의 보도에 따르면 우익세력은 차베스 정권 전복을 위해 미국으로부터 연간 100만 달러를 지원받고 있었다. 직장폐쇄가 차베스 정권을 타도시키지 못하자 이들은 대통령 소환 국민투표를 위한 서명운동을 시작했다. 결국 2004년 8월 15일의 국민투표에서도 정권 반대 세력은 처참하게 패배했다. 소환 국민투표를 주도했던 수마테 그룹의 지도자 마차도는 제국주의 앞잡이로 유명했다. 투표 결과에 영향을 미치기 위해 외국의 자금을 불법으

로 사용했다는 죄목으로 그녀는 지금 형사 재판을 받고 있다. 그러나 차베스 정권을 압박하기 위해 부시는 2005년 5월 그녀를 백악관으로 초대했다.

국민투표에서 차베스가 결정적으로 승리하자 정권 반대세력의 위력은 급격히 약화되었다. 국민투표 직후 열린 2004년 지방선거에서 차베스 지지 후보들이 승리했다. 대법원에서도 차베스 지지 판사들이 다수파가 되었다. 우익세력이 이렇게 후퇴하자 차베스는 최소한 말로나마 좌경화하여 포르투 알레그레에서 열린 2005년 1월의 세계사회포럼에서 '사회주의' 정책을 추구할 것이라고 선언했다.

정권 반대 세력이 우익 반동이라는 이유로 다수의 국제좌익들은 소환 국민투표에서 차베스를 지지했다. 그러나 차베스를 소환하고 대통령 선거를 새로 실시하자는 제안에 반대표를 던지는 것은 집권 부르주아 정부를 정치적으로 지지하는 행위다. 마르크스주의자들은 어떤 경우에도 이렇게 해서는 안 된다. 노동계급의 명확한 대안을 표명할 수 없는 이런 상황에서 계급의식에 투철한 베네수엘라 노동자들이 할 수 있는 최선의 행동은 투표용지를 더럽혀 무효표를 만드는 것이었다. 동시에 우익이나 이들의 제국주의 상전들이 법의 한계를 무시하고 차베스 정권을 군사적으로 공격할 때는 무기를 손에 들고 차베스 정부를 즉시 방어할 것이라는 점을 이들은 명확히 해야 했다.


## 사회 개량과 '볼리바르 운동'

차베스 정권은 '임무(missions)'라고 불리는 상당한 사회개량 조치들을 시행해왔다. 이로 인해 수백만 빈민은 정부로부터 중요한 지원을 받게 되었다. 임무 메르칼(Mission Mercal)은 대형할인점 체인을 수립하여 정부지원금으로 낮게 책정된 가격의 상품을 제공했다. 대대적인 문맹 퇴치 프로젝트인 임무 로빈슨(Mission Robinson)은 이미 100만 명이 넘는 빈민에게 읽기와 쓰기를 가르쳤다. 임무 리바스(Mission Ribas)는 고등학교를 졸업하지 못한 사람들에게 공부를 계속하도록 도와주고 있으며 임무 수크레(Mission Sucre)는 빈곤 학생들에게 장학금을 제공하여 대학교에 다닐 수 있게 하고 있다. 임무 부엘반 카라스(Mission Vuelvan Caras)는 임무 리바스 과정을 마쳤거나 기타의 경우에 속하는 사람들에게 품위 있고 생산적인 직업을 영위할 수 있는 기술을 가르친다.

임무 바리오 아덴트로(Mission Barrio Adentro)의 목표는 무상의료 서비스 체계를 수립하는 것이다. 이미 쿠바의 의료전문가 2만 명이 병원을 차려서 도시와 농촌 빈민에게 건강 및 치아 관련 서비스를 무료로 제공하고 있다. 이에 대한 보답으로 베네수엘라는 국제시장 가격보다 훨씬 낮은 가격으로 쿠바에게 석유를 판매하고 있다. 2005년 6월에 시작된 임무 바리오 아덴트로 2편은 진료소, 재활시설은 물론이고 병원도 세우고 있다. 현대 의료장비 구입을 위한 임무 바리오 아덴트로 3편은 차베스에 의해 이미 공언되었다. 임무 기적(Mission Miracle)은 환자 수천 명을 쿠바로 보내 돈이 없어서 하지 못한 수술을 할 수 있게 해주고 있다.

임무 프로그램들은 대중의 엄청난 호응을 얻고 있다. 그리고 이를 통해 수백만 빈민이 '기층'의 참여라는 구호 속에 정치활동에 참여하고 있다. 임무 프로그램들의 다수는 '볼리바르 서클'에 의해 운영되고 있다. 이 서클은 7명에서 10명 단위의 지역 조직이며 대중의

'임무' 프로그램 가입을 돕고 있다. 또한 프로그램의 과정을 지원하고 그 결과를 검토한다. 국가기구에 대해 준(準)독립적인 볼리바르 서클은 한때 적극 회원 200만 명을 보유하고 있다고 주장되었다. 그러나 현재 이 조직의 위세는 한풀 꺾이고 있으며 다른 조직들로 대체되고 있다.

2002년 2월 차베스 정부는 '100가구에서 200가구로 구성되는 토지위원회가 빈민 지역 주민에게 토지소유권을 부여하겠다'는 내용의 토지 소유와 관련된 획기적 계획을 발표했다. 이로 인해 도시 지역의 토지위원회가 '볼리바르 혁명'의 중심으로 우뚝 섰다.

> 볼리바르 서클이 한물가면서 이제 도시지역의 토지개혁이 대중을 동원하는 촉매가 되고 있다. …… 5천 개가 넘는 토지위원회들이 적극 활동하고 있으며 이를 통해 500만 명 즉 전체 인구의 20퍼센트가 토지개혁운동에 참여하고 있다. 이제 도시지역의 토지위원회는 베네수엘라 최대의 사회운동이 되었다.
>
> ―그레고리 윌퍼트, Venezuelanalysis.com, 2005년 9월 12일

또한 정부는 여성은행과 인민은행 등 소규모 금융기관들을 수립하여 중소기업과 협동조합에게 저리 융자를 제공하고 있다. 2003년에 수립된 전국주부연합은 '토착민 주도 개발' 계획의 핵심 세력이다.

> 주부연합의 지도자 프라다는 이렇게 설명했다. "여성들에게 중소기업활동과 지역사업을 위한 협동조합 수립 방법을 가르치는 인력도 우리에게 있다. 예를 들어, 바나나와 같은 원재료가 풍부한 지구는 이것을 이용

하여 제과점을 차릴 수 있고 사업의 필요에 따라 지역의 수송수단을 사용할 수 있다. 이 모든 활동들이 지역 활동을 좀더 촉진할 것이다." 요리법, 식품 유통, 직물, 봉제 등과 관련하여 주부연합에 가맹한 협동조합들도 있다.

—벤저민 댕글, 2005년 4월 27일

그러나 이런 조치들은 극빈층 다수의 삶을 개선시킬 수는 있지만 제국주의 세계질서가 조성한 사회 불평등의 뿌리는 전혀 건드리지 못한다. 최근 차베스는 '21세기 사회주의'를 말하기 시작했다. 그러나 지금까지 제시된 조치들은 '인도주의적 자기관리형 경쟁 경제체제'의 개발을 제시한 1999~2000년의 '점진적 경제 프로그램'을 크게 넘어서지는 못하는 것 같다.

인도주의적 자기관리형 경쟁 경제체제의 배경에는 사회적 생산체제가 자리 잡고 있다. 이 체제에서 생산 자원과 요소들을 배분하는 기본 장치인 시장은 협동조합, 전략적 소비자/생산자 조합 등 생산의 역동적 다양화를 촉진하며 가치를 부가시키는 보완적인 사적소유 형태들을 통합한다.

경제의 핵심 지렛대들을 소유하고 통제하는 베네수엘라 자본가들과 이들의 제국주의 상전들의 이해관계는 이 나라 대중들의 이해관계와 깊게 그리고 근본적으로 충돌하고 있다. 일부 경우에 자본가들은 대중에게 양보하도록 강제될 수도 있다. 그러나 부르주아 국가체제가 그대로 있는 한 노동대중의 투쟁 성과는 역관계가 불리하게 바뀔 경우 손쉽게 유실될 수 있다.

## 볼리바르 농업 정책의 한계

이른바 '거대농장에 대한 전쟁'은 볼리바르 운동의 한계를 잘 설명해주고 있다. 2001년 11월 차베스가 공포한 49개 포고령 가운데 극소수 지배 엘리트들을 특히 분노시킨 것은 온건 토지개혁의 임무를 띤 전국토지연구소 수립에 대한 포고령이었다. 이 법에 따르면 전체 면적 가운데 80퍼센트 이상이 노는 토지에는 세금이 더 부과되고 '비옥도가 높은 100헥타르 이상의 토지 또는 비옥도가 낮은 5천 헥타르 이상의 토지'는 완전 보상을 조건으로 국가가 접수할 수 있다. 이렇게 접수된 토지는 농민협동조합에 관리권을 넘기기로 계획되었다. 이 개혁 조치는 토지 소유에 대한 빈농의 갈증을 해소하고 농촌을 현대화하며 농업생산 증대를 통해 '식량 주권'을 강화시키는 것이 목적이었다. 전국토지연구소 소장 레오네테는 이것이 반(反)자본주의적 조치는 아니라고 지적하며 다음과 같이 말했다. "이 나라 지주들은 자본가도 아니다. 자본가들은 자기 토지를 이용한다. …… 유럽 자본주의는 이런 종류의 기생적 행태를 이미 오래 전에 제거했다."(《외교세계》, 2003년 10월)

그러나 기생 부재지주들을 가끔 말로만 비난했을 뿐 차베스 정권은 3년이 넘게 사유 토지를 전혀 건드리지 않았다. 이러는 동안 거대 지주들의 무장조직은 100명이 넘는 농민 지도자들을 살해했다. 어떤 경우에는 지방 행정 당국이 지주를 편들었다.

야라쿠이, 아푸레, 카라보보 등의 주에서 야당 출신 주지사 또는 구체제 정치인들은 우리의 적이다. 그러나 2002년 1월 코헤데스 주의 엘 로발에서 적들을 풀어준 자는 바로 랑겔이었다. 그는 여당인 제5공화국운동의 후보로 선거에 당선되었다. "그는 농민들을 내쫓고 농장과 농기구들을 파괴했다. 우리에게 남은 것은 하나도 없다"고 무토지 농민인 바스케스는 그 동안 일어난 사태에 대해 아직도 분노하며 말했다. 혁명정부의 주지사가 어떻게 혁명에 반대하는 행동을 할 수 있는가?

—《외교세계》, 2003년 10월

차베스 정권이 반동들과 화해할 생각이 별로 없었던 2005년 1월에 랑겔은 3만 2천 에이커의 대농장 엘 차르코테에 국가방위군 소속 군인 200명을 보냈다. 이 대농장은 영국의 백만장자 베스티경이 소유했으며 몇 년 동안 수백 명의 무토지 농민들이 이곳에 눌러앉아 있었다. 2005년 1월 14일자 《워싱턴포스트》는 차베스가 "민주주의와 자유기업의 근간을 침해하고 있다는 것을 증명하는 사유재산에 대한 공격"이라고 이 사건을 즉각 비난했다. 그러나 유럽의 언론은 이 사건에 대해 히스테리를 보이지는 않았다. 영국방송공사(BBC)는 토지개혁이 가속화될 것이라는 차베스의 선언에 대해 "다수가 기대했던 것보다 온건한 조치"라고 평가했다. 그리고 2005년 3월 15일 네덜란드국영라디오방송은 이렇게 보도했다.

차베스 대통령이 '거대농장에 대한 전쟁'을 공언했지만 정부는 '몰수'라는 말을 사용하지 않으려고 조심하고 있다. 언제나 '공공재산'이었으나 개인 지주들과 기업들이 의심스럽게 '차지해온' 토지는 '다시 정부의 손에 들어가는 것'일 뿐이다.

최근 정부는 지주들과 '조정'을 통해 합의를 시도했으며 농민의 거대농장 점거를 지지할 생각이 없음을 계속 보여주었다. 이것은 '거대농장에 대한 전쟁'에 대한 강한 언사와 실제로 취해진 미온적 조치들 사이의 불일치를 뚜렷하게 증거하고 있다. 급진적 언사들을 수없이 남발했으나 차베스는 거대농장을 근본적으로 뿌리 뽑는 진정한 농업혁명은 도시의 자본주의 소유관계도 위협한다는 것을 잘 알고 있다. 지난 몇 년에 걸쳐 차베스 정부는 거대지주를 자극하지 않으면서도 빈농을 달래기 위해 200만 헥타르가 넘는 국가소유 토지를 13만 농민가구와 협동조합들에게 나누어주었다. 이를 통해 정권은 농촌에서 자본주의 시장의 영향력을 확대하고 거대지주의 지배체제를 그대로 유지했다.

## 차베스와 공식 노동조합

차베스 정권은 여러 번에 걸쳐 최저임금을 인상했다. 2005년 5월에는 최저임금을 물가인상율과 거의 맞먹는 26퍼센트 인상했으며 고용주들이 노동자를 해고하는 것을 더 어렵게 만들기도 했다. 이 조치들은 '공식' 경제부문 노동력의 절반에만 적용되고 있지만 노동자들이 노동조합을 결성하는 것을 더 쉽게 만들었다.

차베스가 정권을 잡을 당시 주요 노동조합연맹은 매우 관료화한 베네수엘라노동총연맹이었다. 이 조직은 구체제 양당체제의 한 축이었던 자칭 '사회민주주의' 정당인 민주행동당과 전통적으로 유착되어 있었다. 2000년 3월 차베스는 임금인상과 노동조건 개선을 요구한 석유공사 노조의 파업을 불법으로 규정했다. 그리고 협상을 계속하려면 새 지도부를 선출하라고 요구했다. 정부의 요구를 따르는 것이 불리하다고 판단한 노동조합 지도부는 파업을 즉시 철회했다. 그러나 7개월 뒤인 10월에 석유 노동자 3만 명이 다시 파업에 들어갔다. 그리고 4일간의 파업 후 60퍼센트의 임금인상을 따냈다. 이때 정부는 개입을 원치 않았다. 100만 명이 넘는 공공부문 노동자들이 연대파업을 선언했기 때문이었다.(〈영국방송공사 뉴스 온라인〉, 2000년 10월 15일)

노동조합총연맹 관료들의 아성을 깨기 위해 정부는 2001년에 포고령을 내려 모든 노동조합들이 즉시 선거를 치를 것을 강제했다. 물론 노총 관료들에 질린 다수의 노동자들은 차베스의 개입을 지지했다. 그러나 마르크스주의자들은 노동조합에 대한 부르주아 국가의 개입을 원칙적으로 반대한다. 노동조합의 부패에 저항하기 위해 관료적인 국가기구에 도움을 요청할 경우 약화되는 것은 노동운동뿐이기 때문이다. 노총 관료들이 선거에서 승리하자 차베스 지지자들은 조직을 나와 2003년 4월 전국노동조합(UNT)을 결성했다. 이후 새 연맹은 급격히 세를 늘려 지금은 공공노동자의 압도적 다수 그리고 민간부문 노동자들의 절반을 대표하고 있다.

차베스를 혁명적 사회주의자로 인정하고 싶어하는 좌익의 일부는 최근 이뤄진 정부의 국유화 조치에 흥분했다. 마르크스주의인터내셔널준비위원회(CMI) 그룹의 지도자 앨런 우즈는 이렇게 선언했다.

차베스 대통령이 공개적으로 사회주의를 지지한 사실은 볼리바르 혁명의 목표를 명확히 보여주고 있다. 전에는 베네팔(Venepal) 그리고 지금은 발불라스전국건설회사(CNV)의 국유화가 이 목표를 확인시키고 있다. 볼리바르 혁명이 사회주의로 나아가지 않을 경우 실패할 것이라고 우리는 지적해왔다. 이제 우리를 비판한 자들이 완전히 틀렸다는 것이 드러났다.

—Marxist.com, 2005년 6월 10일

베네팔 제지공장은 소유주가 2002~2003년의 자본가 '총파업'에 참여한 후 파산했다. 한편 수백 명의 공장 노동자들은 2004년 9월 직장폐쇄에 대항해 공장을 점거하고 조업을 계속했다. 결국 이 공장에 대한 2005년 1월의 국유화 조치는 정부의 사후 승인에 불과했다. 차베스는 이것이 사회주의를 향한 조치라고 허세를 부리지도 않았다. "베네팔의 몰수는 정치적 조치도 아니고 정부의 조치도 아니다. 그저 예외적인 경우에 불과하다. 토지가 당신의 것이라면 그것은 당신의 것이다. 우리가 그것을 몰수하는 일은 없을 것이다. 그러나 폐쇄되고 버려진 공장은 모두 접수할 것이다."(Venezuelanalysis.com, 2005년 1월 20일) 회사가 파산을 공식 선언한 후인 2004년 12월에야 정부는 국유화 조치를 취했다. 그리고 소유주에게는 공장의 시장 가치를 전부 보상한 후였다. 발불라스전국건설회사(CNV) 역시 석유공사 사장 출신의 피에트리가 공장을 폐쇄한 후 정부가 나서서 시설을 접수했다. 이 경우에도 정부는 약 60명의 공장 노동자들이 공장을 점거한 후에야 조치를 취했다.

한편 정부는 노동자들이 회사측과 '공동 관리'한 민간기업 일부와 기타 파산 기업들을 사회생산기업(EPS)으로 전환시키는 계획을 발표했다.

전기회사 카다페, 수도회사 히드로벤, 수도지하철회사 메트로, 국영항공사 콘비아사 등이 사회생산기업으로 전환될 기업들이다. 석유공사는 자본주의 기업에서 사회생산기업으로 전환이 완료된 기업이다. 이것이 차베스의 설명이다. …… 이 계획을 위해 취해질 공장 접수 조치는 최후 수단일 뿐이다. 일단 소유주들과 합의를 도출할 것이다. 이 결과 정부의 지원을 통해 이들은 사회생산기업으로 다시 문을 열 수 있을 것이다. "소유주가 기업의 상황을 개선하고 노동자 참여를 증진하며 제품 유통과 기업이윤 분배에 이들을 참여시키려는 용의가 있을 경우에만" 합의가 가능할 것이라고 차베스는 말했다.

—Venezuelanalysis.com, 2005년 7월 18일


좌익 일부의 헛된 소망에도 불구하고 고용주와 노동자의 '공동 관리'는 사회주의와 아무 관계가 없다.


카다페는 베네수엘라 전기 총량의 60퍼센트를 제공하는 국영전기회사이다. 이 회사 노동자들은 1998년 차베스가 대통령에 당선되자마자 공동 관리를 추진하기 시작했다. 그리고 2002년 4월의 불발 쿠데타 직후 공식으로 공동 관리체제로 전환하기 시작했다. 그러나 이로부터 3년이 지난 후 회사 운영 결정 과정의 노동자 역할은 5인 관리위원회에 2명이 참여하는 것에 그치고 있다. 더욱이 관리위원회는 회사 사장에게 권고를 할 수 있을 뿐 사장은 권고를 받아들일 의무가 없다. 전기연맹의 지도를 받은 회사 노동자들은 공사 경영진에게 진정한 공동 관리를 시행할 기회를 준 후 자신들의 불만을 표현하는 일련의 항의 행동에 들어갔다. 그러나 이것은 위험한 전략이다. 왜냐하면 회사 노동자 대다수가 차베스를 열렬히 지지하고 있는데 이들의 항의는 회사를 관리하는 정부 부처인 동력자원부에 필연적으로 향하고 있기 때문이다.

—《월간평론》, 2005년 6월

공동관리의 최대 '성공' 사례는 알카 사다. 공업도시 푸에르토 오다즈 소재의 이 국영 알루미늄회사는 부서별로 노동위원회를 설치하여 회사의 '참여예산'을 논의할 수 있게 만들었다. 2005년 4월 이 공장의 노동자 2,700명은 5명의 회사 이사 가운데 2명을 직접 선출했다. 게릴라투쟁 지도자 출신인 이 회사 사장 란즈는 이렇게 제안했다. "이것은 노동자들의 공장 통제 조치이며 바로 이 때문에 21세기 사회주의로 향한 일보전진이다."(《영국방송공사 뉴스 온라인》, 2005년 8월 17일) 그러나 실제로는 이 실험은 작업 속도를 높여 생산성을 증대시키는 조치에 불과하다. 그리고 경영진은 언제든지 이런 것을 환영한다.

주물공장의 열 때문에 얼굴에 땀을 줄줄 흘리면서 지게차의 굉음과 공장 선풍기의 소음 속에서 이 회사 노동자 고메스는 이렇게 말했다. "경영진과 노동자들이 회사를 함께 운영하고 있다. 이 때문에 우리는 열심히 일하려는 동기를 새로 갖게 된다."

—《뉴욕타임스》, 2005년 8월 3일

차베스를 지지하는 노동조합 지도부는 정권의 공동관리 정책을 '사회주의'로 규정하기를 좋아한다. 전국노동조합 연맹이 내건 2005년도 노동절의 2대 구호는 '공동관리는 혁명이다'와 '베네수엘라 노동자들은 볼리바르 사회주의를 건설하고 있다'다.(《녹색좌익주간지》, 2005년 5월 11일) 노동자들이 경영진과 얼굴을 맞대고 결정사항들을 협의하며 국가가 대대적인 사회복지 프로그램을 제공하는 분권적 시장경제를 '사회주의'로 바라보는 것은 베네수엘라 인민 다수에게 고무적인 일일 것이다. 그러나 사회 전체의 이익을 의식하며 인도주의적 지향을 가지면서 노동자들이 관리하는 자본주의는 현실에서는 실현 불가능한 소자본가의 환상에 불과하다.

볼리바르 가짜 사회주의는 회사를 망친 자본가들을 공공자금으로 회생시키는 것에서 시작하여 모든 일이 잘 풀릴 경우 노동자들을 소자본가/직원으로 전환시킬 수 있을 뿐이다.

> 지금은 없어진 베네팔 노동조합의 운영위원이었으며 현재 인베팔(국유화된 베네팔의 새로운 이름)의 이사 오르네보는 이렇게 설명했다: 이제 경영진이 없기 때문에 노동조합도 필요 없다; 노동자들은 이제 협동조합으로 조직되어 회사를 운영한다. 그리고 그는 재빨리 이렇게 지적했다: 협동조합으로 조직되어 있기 때문에 노동자들은 정관에 따라 세금이 면제되는 등 여러 가지 혜택을 누리고 있다; 또한 1999년의 볼리바르 헌법에 의하면 회사 주식의 49퍼센트를 보유하고 있는 협동조합은 주식 지분을 95퍼센트까지 늘릴 수 있는 권리를 보장받는다.
>
> ─《월간 평론》, 2005년 6월

그렇다면 번창하는 협동조합들은 시장 점유율을 충분히 확보하여 경쟁기업들을 파산시킬 것이다. 그리고 이윤율이 떨어지는 협동조합들을 흡수하고 재조직하여 영업을 확장할 기회를 얻으려할 것이다. 또한 자신들의 전문 능력에 대한 보상으로 미래에 창출될 이윤의 일부를 원할 것이 틀림없다. 성공한 협동조합 회원들은 여러 가지 사업을 챙기느라 진짜 필요한 일을 할 시간이 거의 없다는 것을 알게 될 것이다. 시간이 흐르면서 이들의 수입은 갈수록 전체 이윤에 대한 몫인 배당금으로 채워질 것이다. 이것은 사회주의가 아니라 자본주의이다. 그리고 베네수엘라에 독특한 조화롭고 자비로운 종류의 자본주의라는 환상에 의해 잠시 그 본질이 위장될 것이다. 사회계급인 자본가 집단의 생산수단을 몰수하고 이들의 억압적인 국가기구를 해체해야 한다. 그리고 이를 통해 이윤에 의해 좌지우지되는 경쟁이 아니라 계획과 협동의 원리에 기초한 새로운 경제기관들을 수립해야 한다. 바로 이 때에 진정한 사회주의는 시작된다.

## 볼리바르 식 보나파르트

지금까지 차베스는 반대세력과의 모든 정치적 대결에서 결정적으로 승리했으며 현재 국민 대다수의 확실한 지지를 누리고 있다. 그러나 생산, 통신, 수송 등의 주요 수단들은 아직도 자본가들의 손에 있으며 이들의 국가기구도 기본적으로 달라진 것이 없다. 그리고 이들 자본가들은 '이후의 주요한 정치 대결에서 자신들은 제국주의 초강대국 미국의 지원을 받는 중남미 자본가 정권들의 지원을 기대할 수 있다'는 사실을 잘 인식하고 있다. 지금까지 베네수엘라 군부가 차베스를 확고하게 반대하거나 지지하지 않고 불투명한 입장을 보인 것은 최소한 부분적으로 '여타 중남미 국가들에서와는 달리 베네수엘라의 장교들은 상당수가 피억압 대중 출신이다'라는사실에 기인한다.

그런데 심지어는 차베스 지지자들도 "자본주의는 좀 덜 그리고 사회주의는 좀더 많이"(2005년 4월 10일)라는 혼란스럽고 민족주의 좌파적인 그의 언사를 의심하고 있다. 차베스는 자본주의와 사회주의가 연속선상에 놓인 두 지점이며 국유화 경제의 비율에 따라 체제의 성격이 결정될 수 있는 것처럼 말하고 있다. 당연히 두 체제는 혁명 또는 반혁명, 즉 내전에 의해 그 생사가 판가름나는 상호적대적 사회체제다. 차베스에게 우호적이지 않은 것으로 간주되고 있는 어느 여론조사 회사의 2005년 여론조사에 따르면 전국민의 70퍼센트 이상이 전반적으로 대통령의 직무수행을 지지했으며 35퍼센트는 정부가 사회주의를 수립하기를 원했다. 그리고 10퍼센트는 대통령을 지지할지 말지를 결정하지 못했다. 그러나 차베스 지지자들 가운데 그가 사회주의를 수립할 수 있을 것이라고 믿는 경우는 20퍼센트도 되지 않았다.(Venezuelanalysis.com, 2005년 5월 3일)

2005년 4월 10일, 차베스는 쓸데없이 나서서 예수를 칭송했다. "그는 가장 위대한 혁명가들 가운데 하나다. …… 진정한 예수는 빈민의 구원자다." 그리고 2005년 7월 이렇게 주장했다. "베네수엘라 역사에서 지금 정부보다 기독교의 원칙에 더 가까운 정부는 존재하지 않았다."(Vheadline.com, 2005년 7월 14일) 사실을 말하자면 차베스 정권의 주요한 "원칙"은 바로 보나파르트주의다. 마르크스가 가장 먼저 사용한 이 용어는 서로 경쟁하는 사회계급들의 갈등을 초월하여 사회 위에 존재하는 것처럼 보이지만 실제로는 이들 사이에 위태롭게 곡예를 하는 '강력한' 정부를 지칭한다.

운신의 폭을 유지하기 위해 차베스는 볼리바르 혁명의 특징으로 간주되는 '참여민주주의'를 필요에 따라 무시했다.

후보들을 뽑기 위해 경선 제도를 도입하자는 세력이 차베스 진영 내에서 점점 대중적 세를 얻자 차베스는 많은 사람들을 놀라게 하는 입장을 취했다. 지난 달 그는 이렇게 선언했다. "우리는 이미 후보들을 천명했다. 이들이 우리의 후보다. 단결을 원치 않는 자들은 반대 세력에 가담해도 좋다." 그러나 이 후보들은 여당인 제5공화국운동이 장악한 전국위원회에서 모두 지명되었다. 이 때문에 참여 민주주의에 대한 언사를 실천에 옮길 것을 요구하는 다수의 지역들이 이에 맹렬히 반대했다.

　　　　　　　　　　　　　　　　　　　—2004년 10월 17일

2005년 12월의 국회 선거에서 차베스를 지지한 '변화 지향 그룹'의 후보들도 기층대중이 아니라 '전국전술특공대'에 의해 임명되었다.

차베스의 보나파르트 식 행태는 자본주의 소유체제를 침해하지 않은 채 빈민과 짓밟힌 대중의 삶을 개선시키려는 자신의 욕구에서 비롯된 것처럼 보인다. 그러나 노동계급과 자본가계급의 근본 이해는 화해 불가능한 것이다. 그리고 말은 사회주의를 말하지만 차베스는 '자신의 권력은 자본가 국가의 수반이라는 직위에서 비롯되었다'는 것을 잘 알고 있다. 그는 독재자처럼 행동할 필요가 없기를 소망할지도 모른다. 그러나 그는 볼리바르 운동을 지지하는 대중에 의거하여 중요한 사항들을 결정할 수 없다. 이렇게 할 경우 그의 아슬아슬한 곡예는 끝장날 것이기 때문이다.

유럽의 제국주의자들은 백악관 주위에 모인 '다시 태어난 기독교인들'보다는 '볼리바르 혁명'과 같은 것에 좀더 세련되게 반응하고 있다. 이들은 베네수엘라 사태에 대해 크게 민감한 반응을 보이지 않고 있다. 2005년 10월의 유럽 순방 도중에 차베스는 이탈리아의 우익 수상 베를루스코니와 회담을 했다. 베를루스코니는 나중에 이탈리아 신문 《공화국》에 이렇게 말했다. 차베스는 우리와 같이 일할 수 있는 "실용주의적 인물이다. 차베스는 미국과 이데올로기에서 차이를 보이고 있으나 양국의 상업 관계는 서로에게 도움이 된다. 나는 차베스를 이제 좀 안다. 그와 나는 좋은 관계에 있다."(Venezuelanalysis.com, 2005년 10월 18일) 현재 경영자협회 회장 베탄쿠르트 역시 공개적으로는 차베스에게 나머지 한쪽 뺨도 갖다댈 태세로 이렇게 선언했다. "공공투자와 민간투자가 합작하는 것이 이 나라를 조화롭게 발전시키는 유일한 길이다."(Venezuelanalysis.com, 2005년 10월 26일) 베탄쿠르트는 겉으로 보기에는 "베네수엘라 경제개발 과정에서 소유권이 존중받을 것이라는 차베스의 선언에 대해 적절하게 반응했다."(앞의 글)

그러나 베네수엘라 지배계급의 압도적 다수는 여전히 차베스를 맹렬히 증오하고 있다. 이들은 나라의 정치 지도자들과 긴밀한 개인적 재정적 관계를 유지하는 데 익숙해 있다. 그런데 국가를 책임지고 있는 자가 좌익적 발언을 일삼는 보나파르트식 독재자인 것이 영 마음에 걸린다. 그러나 차베스가 지배계급으로부터 상대적 독립성을 유지하는 것이 베네수엘라 자본의 이해를 위해서는 더 좋다. 이 역설을 차베스는 카라카스에서 열린 '거시경제원탁회의'에서 설명했다. 베네수엘라와 미국의 자본가들 그리고 정부 관료들이 참석한 이 회의에서 그는 이렇게 말했다.

나는 대통령이 되기 전에도 말했지만 베네수엘라는 일종의 시한폭탄이다. 우리는 1995년과 1997년에 이렇게 말하곤 했다. 틱톡, 틱톡. 우리는 이 폭탄을 해체하기 시작할 것이다. 지금 이 폭탄이 완전히 해체되었다고 말하는 것은 아니다. 1985년, 1988년, 1989년보다 지금 이 폭탄이 터질 가능성은 훨씬 작아졌다. 그때에는 폭탄이 이미 터졌다. 1990년에서 1998년까지 빈곤과 불평등은 만연했다.

—베네수엘라/미국 기업 대표들에 대한 차베스 대통령의 연설,

Venezuelanalysis.com, 2005년 7월 6일

차베스는 사회주의적 언사를 사용하여 자본주의가 '야만 체제'라고 말했다. 그런데 사회모순을 '해체시키고 있다'는 그의 표현은 사회주의적 언사에 크게 대조되면서도 볼리바르 프로젝트의 핵심을 찌르고 있다. 그는 '좀더 포괄적이고 사회적으로 책임지는 토착적 형태의 경제개발을 통해 빈민과 제국주의 금융자본의 이해를 동시에 증진시키겠다'는 등의 실현 불가능한 약속을 하고 있다. 이를 통해 그는 우익 세력이 이후 강력하게 피의 보복을 감행할 미래를 자기도 모르게 준비하고 있다.

## 볼리바르 혁명의 '제국주의 반대'

미국은 차베스 정권을 가차없이 적대하고 있다. 지구상의 무지몽매한 인민들을 위해 미국이 '민주주의'와 '자유'를 옹호하고 있다는 부시 행정부의 거짓 주장을 이 태도는 생생하게 폭로하고 있다. 미국 관리들은 차베스 세력의 계속된 선거 승리가 '엄밀한 의미에서는 합법적'이라고 마지못해 시인한다. 그러면서도 차베스 정권이 '권위주의의 새로운 유형'이라고 경고한 후 그가 '민주적으로' 통치하지 않는다고, 즉 미국의 명령을 따르지 않는다고 불평한다.

차베스는 미국의 아프가니스탄과 이라크 침공을 비난하고 국제통화기금과 아메리카주 자유무역지대를 맹렬히 비판했다. 그리고 카스트로와 친하게 지내왔다. 최근 베네수엘라 중앙은행은 외환보유고 대부분을 미국 달러에서 유로화로 전환시키기 시작했다.(Venezuelanalysis.com, 10월 5일) 또한 차베스는 석유 수출대금도 유로화로 결제할지도 모른다고 암시했다. 이 모든 것 때문에 미국의 제국주의 선전기구들은 그를 흉악한 짐승으로 묘사하고 있다. 신의 왕국이 건설되어야 한다는 편협한 주장을 일삼으며 부시를 강력하게 지지하는 복음주의자 팻 라벗슨은 심지어 차베스를 암살하라고 율법에 근거한 명령을 내렸다. 2005년 6월 볼리비아에서는 대대적인 반정부 투쟁이 준혁명적 상황까지 치달았다. 그러자 미국의 서반구담당국무차관보 라저 노리에가는 "볼리비아에서 차베스의 영향력은 처음부터 명백히 드러났다"(《마이애미헤럴드》, 2005년 6월 8일)고 주장하며 사태의 책임을 차베스에게 전가했다. 환각에 빠진 반공 광신도들에게 중남미의 악마로 항상 취급받아온 카스트로는 차베스에게 이렇게 농담조로 불평했다. "당신과 친구가 되면서 기존의 나의 이미지가 손상을 입고 있다는 것을 나는 요즘 실감하고 있소."(《로이터》, 2005년 4월 30일)

미국의 이라크 모험이 점점 꼬이면서 베네수엘라에 대해 미국이 즉각적으로 군사 공격을 할 가능성은 줄어들었다. 그러나 침공 계획은 확실하게 수립되고 있다. 지난 몇 년간 미국은 콜롬비아의 군대를 대대적으로 지원하여 그 덩치를 세배나 불려놓았다. 이제 미국은 이 지역에서 콜롬비아라는 믿을만한 하수인을 두게 되었다. 차베스가 민병대를 소폭 증강하고 러시아제 에이케이 47소총 10만 정과 40대의 헬기를 구입할 계획을 발표하자 부시 행정부는 그가 이 지역의 평화를 위협하고 있다고 투덜거렸다. 미국의 국방장관 럼스펠드는 냉소에 차서 이렇게 질문했다. "도대체 어떤 위협 때문에 베네수엘라는 저렇게 많은 무기들을 구입했는가?"

—〈영국방송공사 뉴스 온라인〉, 2005년 7월 1일

시장을 다원화하려는 노력에도 불구하고 베네수엘라는 석유 수출의 약 3분의 2를 미국 시장에 의존하고 있다. 이 때문에 차베스 추종자들은 미국과 화해할 이유가 충분히 있다고 암시해왔다. 2002년 4월의 쿠데타가 불발로 끝난 후 차베스는 불편한 심기를 숨기지 않은 채 이렇게 선언했다. "내가 정권을 잡고 있기 때문에 미국으로 석유가 제대로 공급되고 있다. 나를 권력에서 밀어내려고 반대 세력을 지원한다면 내전과 함께 석유공급이 중단될 것이다."(ZNet, 2002년 9월 10일) 2005년 7월의 원탁회의에서 차베스는 미국 지배계급 "양당 모두에 친구들이 있다"고 말했다. 세계사회포럼이 열렸던 포르투 알레그레에서 차베스는 연단을 주먹으로 치며 제국주의를 반대하는 열변을 토해 자신의 좌익 팬들을 그렇게도 흥분시켰다. 이제 그는 이들을 무시하고 "평화", "이해", "투명성", "진정한 통합"을 추구하자고 자신의 "친애하는 북미 사업가 친구들"에게 호소했다. 볼리바르 사회주의를 통해 '자본주의를 극복하자'고 촉구하기는커녕 토빈세는 "정부와 사회가 인류의 생존을 위해 역사적 동맹을 체결할 기금을 조성"(Venezuelanalysis.com, 2005년 7월 6일)시킬 것이라며 토빈세 실시 등을 주장하면서 제국주의 세계체제가 평화적인 방식으로 개혁될 수 있다는 환상을 유포했다.

국제유가의 폭등으로 '볼리바르 혁명'의 사회개량 프로그램들의 확장에 필요한 자금이 마련되었다. 1998년 차베스가 집권했을 때 석유는 배럴당 약 12달러였는데 2005년에는 60달러가 되었다. 그가 집권하면서 외국 석유회사들이 정부에 지불하는 로열티는 총수익의 명목적인 1퍼센트에서 16.6퍼센트로 올랐다.(《뉴욕타임스》, 2005년 7월 5일) 그러나 정부의 석유 수익은 급등했으나 공공 부채 역시 증가했다. 베네수엘라 은행들에게 넉넉하게 지원금을 퍼주는 의도적인 정책이 이 결과에 큰 몫을 했다.

베네수엘라신용은행의 회장 멘도사는 이렇게 말한다. "정부는 자신의 석유수익 전부를 약 5퍼센트의 이자를 받고 같은 은행들에 예금한다. 그리고 14퍼센트의 이자를 주고 이 돈을 다시 빌린다. 미치도록 좋을 지경이다. 은행들이 돈을 벌기가 너무 쉽다. 이 정부가 부자들의 정부라고 내가 말하는 이유가 여기에 있다."
—크리스티안 파렌티, 「차베스와 석유 인민주의」, 《나라》, 2005년 4월 11일

중남미 국가들 사이에 무역과 경제협력이 확대되면 미국에 대한 이 지역의 종속성이 감소될 것이라고 차베스 추종자들은 상상하고 있는 것 같다. 그러나 미국 지배의 아메리카주 자유무역지대에 대한 대안으로 차베스가 제안한 '아메리카주의 볼리바르 식 대안'은 지금까지 쿠바만 반기고 있을 뿐이다. 그러나 볼리바르 식 연대 프로젝트를 통해 기타 자본주의 국가들을 포섭하려는 계획이 내포하는 논리가 2005년 8월에 노골적으로 드러났다. 투자와 일자리 증대를 요구하며 에콰도르의 석유 수출을 중단시킨 노동자들의 파업에 대항하여 차베스는 에콰도르 정부 편을 들었다. 노동자들의 강점인 연대투쟁을 갉아먹으며 차베스 정권은 이렇게 선언했다. "요즘 에콰도르 정부가 충족시킬 수 없었던 석유 수출 약정을 베네수엘라가 대신 이행할 것이다. 에콰도르 정부는 단 한 푼도 낼 필요가 없다."(《로이터》, 2005년 8월 21일)

## 베네수엘라의 마르크스주의와 국가

그러나 차베스를 칭송하는 여러 국제 좌익 조직은 그의 파업 파괴 책동에 대해서 한마디도 하지 않았다. 그 중 마르크스주의인터내셔 널준비위원회(CMI)는 적어도 이론상으로는 자본가계급으로부터 노동계급의 정치적 독자성을 문서상으로는 옹호하고 트로츠키의 연속 혁명 강령을 실천할 레닌주의 전위당을 주창하고 있다. 하지만 베네수엘라에는 자기의 주장과 이론이 적용되지 않는다고 이 그룹은 생각하는 모양이다.

빈민과 무산자들의 삶을 개선시키는 차베스 정부의 조치들을 마르크스주의자들은 폄하하지 않는다. 그렇다고 사회주의의 근본 원칙들이 현실에 더 이상 적용되지 않는다고 결론내리지도 않는다. 다른 모든 곳과 마찬가지로 베네수엘라에서도 자본가와 노동자는 물질적 이해관계가 서로 대립된다. 볼리바르 연금술사들이 아무리 요술을 부려도 자본주의 착취를 방어하고 증진하는 부르주아 국가기구는 사회 해방의 기구로 변신할 수 없다.

차베스가 "국가기구를 부분적으로 숙청했다"(Marxist.com, 2004년 5월 20일)고 CMI는 주장한다. 이 조직의 지도자 앨런 우즈는 심지어 노동자와 자본가들을 중재시키려는 차베스의 보나파르트적 시도는 "베네수엘라 국가기구가 더 이상 자본가들에 의해 통제되고 있지 않다"(Marxist.com, 2004년 5월 20일)는 것을 의미한다고 말한다. 차베스가 부르주아 국가의 수반이라는 것을 인정하고 이 국가기구가 아직 자리를 잡지 않은 "혁명"을 위협한다고 경고하면서도 우즈는 아직 국가기구 내에 몸을 숨기고 있는 "모든 보수주의자들을 제거하는 것이 필요하다"(Marxist.com, 2004년 5월 20일)는 해결책을 제시한다. "혁명의 중심부에서 보내는 목격담"이라며 이 조직의 지지자는 베네수엘라 부르주아 국가기구 내에서 벌어지고 있다고 주장되는 거대한 혁명투쟁을 숨을 헐떡거리며 이렇게 묘사했다.

> 이 나라 국가기구는 자본주의적 성격을 가지고 있다. 그러나 진정한 혁명가들과 혁명이 너무 나아갔다고 생각하는 세력 사이에서 무자비한 투쟁이 벌어지고 있다. 미라플로레스 대통령궁, 정부 부처들 그리고 모든 종류의 공직들은 개량주의자들과 혁명가들에 의해 거대하게 분열되어 있다. 일부 부처들 예를 들어 노동부에서는 좌익이 강력하다. 크리스티나 이글레시아스는 전국노동조합 연맹과 협력하여 자본가들의 반노동자적 행태들에 대항하고 있다. 또한 노동조합에서 노동자 참여를 증진시키고 있으며 공동관리 조치들을 더욱 발전시키려고 노력하고 있다.
>
> —Marxist.com, 2005년 9월 7일

혁명을 무력화시키는 베른슈타인의 개량주의 처방이 바로 이 글에서 모두 노골적으로 드러나 있다: 노동계급은 자본가의 국가기구를 평화적으로 접수하여 이것을 억압의 기구에서 해방의 기구로 서서히 전환시킬 수 있다.

CMI는 주장한다. "일반적으로 차베스는 좌경화했으며 혁명적 마르크스주의자들은 이 지향을 지지하고 전진시켜야 한다."(Marxist.com, 2004년 5월 19일) 차베스나 그를 칭송하는 CMI를 비판하는 자들은 '차베스와 대중 사이의 변증법적 관계'를 파악하지 못하는 '종파주의자'로 낙인찍혀 무시의 대상이 된다.

우리는 내내 차베스를 비판적으로 지지해왔다. 즉 그가 제국주의와 베네수엘라의 극소수 지배 엘리트들에 타격을 가하는 한에서만 그를 지지할 것이다. 그러나 그가 동요하면서 이들에게 양보할 때에는 그를 비판할 것이다.

—앨런 우즈, Marxist.com, 2004년 7월 23일

이것은 1917년 2월 러시아에서 차르가 타도된 후 수립된 부르주아 임시정부에게 스탈린, 카메네프 그리고 볼셰비키 당 우파 전부가 채택했던 바로 그 노선이다. 역사에 길이 남을 문서 '4월 테제'를 통해 레닌은 이 노선을 단도직입적으로 거부하고 아무리 '진보적'이더라도 모든 부르주아 정부에 대한 강경한 반대 노선을 고수했다. 1917년 10월 혁명 승리의 정치적 기초가 된 이 입장은 러시아 사회주의 운동의 온갖 기회주의 대표들로부터 종파주의 광기(狂氣)라고 비난받았다. 지금의 CMI처럼 이들은 모두 자본주의 '좌파' 정부에게 압력을 가해 '혁명의 역동성'이 전개되기를 기다렸다.

CMI는 차베스를 혁명의 촉매제로 보고 그의 대담한 조치들이 노동계급을 혁명으로 나아가도록 밀치고 있다고 생각한다. 우즈는 말한다. "노동계급이 투쟁의 장에 진입하는 순간, 이들은 나름의 역동성과 운동성을 획득한다."(Marxist.com, 2005년 1월 21일) 차베스가 혁명으로 도도히 전진하는 역사 과정의 담지자라고 보고 CMI는 그에게 모든 희망을 건다. 그리고 차베스와 그의 추종자들이 노동계급 내부에 유포하는 소자본가적 환상들에 대해 투쟁해야 할 책임을 모두 내던진다.

차베스와 그의 지지자들은 베네수엘라의 극소수 지배 엘리트들과 제국주의에 타격을 가하기 위해 대중의 지지에 의존한다. 이들은 원래 사회주

의 전망을 가지고 있지 않았으며 부패를 척결하고 베네수엘라를 현대화할 생각밖에 없었다. 이들은 좀더 공정하고 정의로우며 평등한 사회를 원했으나 이것이 자본주의의 한계를 넘어서지 않고도 가능하다고 상상했다. 그러나 바로 이 생각 때문에 이들은 자본가계급과 제국주의에 즉시 충돌하게 되었다. 대중이 거리로 나서면서 이 과정은 전혀 다른 역동성을 부여받았다. 대중운동은 차베스에게 자극제가 되었으며 그는 이 운동이 혁명을 지향하도록 고무해왔다.

—앨런 우즈, Marxist.com, 2004년 5월 20일


차베스는 자기를 연모하는 CMI를 주목하고 자신의 주간 텔레비전 프로그램 〈대통령과 함께〉에 이 조직의 대표들을 초대했다. CMI는 자랑스럽게 다음과 같이 보도했다. 우즈와 다른 한 명의 조직 회원이 "대통령 바로 반대편의 눈에 확 들어오는 앞자리에 앉혀졌다. 이 대담 프로그램 도중 차베스는 우즈의 이름을 적어도 세 번 이상 언급했다."(Marxist.com, 2004년 4월 19일)

물론 텔레비전에 나오는 것은 기분 좋은 일이다. 그러나 레닌은 제2인터내셔널의 세련된 체하는 속물들을 비웃었다. 이 속물들은 독일 제국의 장관들 그리고 유명한 자본가들과 사이좋게 지내면서 노동자들에게는 '사회주의를 선사할 준(準)자동적인 역사 과정의 도도한 물결을 참을성 있게 기다리라'고 가르쳤다. 우즈는 추종자들에게 "조만간에 대중은 자신의 행동이 진정으로 의미하는 바를 의식할 것이다"(Marxist.com, 2005년 1월 21일)라고 확신시켰다. 그러나 그의 확신은 정말이지 별볼일이 없다. 대중이 정치의식을 획득하도록 투쟁하지 않는다면 사회주의 조직은 전혀 쓸모가 없다. 노동자들이 사회현실을 이해하고 자신의 진정한 이해에 따라 행동하며 이를 통해 부르

주아 이데올로기에 의해 몽롱해진 '즉자적 계급'이 아니라 '대자적 계급'이 되도록 돕는 것이 바로 혁명가들의 진정한 임무다.


## 혁명인가, 반혁명인가?


베네수엘라의 빈민과 노동자들은 자본주의가 자신들에게 강요한 빈곤과 절망에서 빠져나오기 위해 무슨 일이든지 하겠다는 의지를 반복해서 증명했다. 자본가들을 계급집단으로 바라보고 이들의 생산수단을 몰수한 후 사회주의의 기초 위에 사회 재건을 시작하는 것이 역사가 우리에게 부여한 임무이다. 이 임무를 선진적 분자들에게 이해시키는 것이 마르크스주의자들의 소명이다. 이 소명을 완수하는 데에 필요한 첫 단계는 착취자들과 화해하거나 전략적으로 타협하자는 노선을 격퇴시키는 것이다.

베네수엘라는 정지해 있지 않을 것이다. 그렇다고 사회주의로 천천히 그리고 꾸준히 표류하는 일도 없을 것이다. 제국주의 공룡 미국은 이라크에서 된통 당해왔기 때문에 중남미에서 대규모 군사작전을 새로 감행할 의사가 없다. 그러나 이 공룡의 하수인인 콜롬비아의 지배자들은 지금 할 일이 많은 것 같다. 그리고 볼리바르 운동에게 3번 연속 패배한 베네수엘라 우익 반동들은 재집결하면서 패배의 상처를 보듬고 있다. 이들의 손에는 언론뿐 아니라 경제의 핵심 지렛대들이 그대로 쥐어져 있다. 따라서 이들이 다시 한번 공세로 나서는 일은 시간문제일 뿐이다.

칠레의 피노체트나 스페인의 프랑코가 감행했던 우익 쿠데타를 저지하기 위해서 베네수엘라 노동자들은 공장, 정유소, 광산 그리고 기타 모든 일터에서 선거를 통해 대표들을 선출해야 한다. 그리고 이들의 네트워크를 통하여 자신들을 투쟁 부대로 조직해야 한다. 협력의 네트워크를 전국 차원에서 수립하는 노동자평의회체제는 생필품의 생산과 유통을 장악하고 사회의 피억압 계층 대부분을 정치투쟁의 장으로 동원할 것이다. 그리고 자본가들과 이들의 용역 깡패들이 대중에 대한 잔인한 탄압을 통해 기존의 특권을 그대로 유지하겠다는 책동을 모두 효과적으로 격퇴할 것이다.

권력 장악 투쟁에 헌신하는 정치 지도부를 노동운동 내부에 수립하는 것, 바로 이것이 지금 베네수엘라에서 필요하다. 이 지도부는 노동계급에 뿌리 내린 레닌주의 전위당이다. 이 정당은 볼리바르 운동을 계급적으로 분화시키고 노동계급을 자본가 계급과의 결전에 대비시켜야 한다.

좌익 일부는 '차베스 정권이 카스트로의 7월 26일 운동과 같은 길을 갈 것이다'라고 희망하고 있다. 카스트로의 운동은 급진 자유주의 조직으로 시작하여 기존의 부르주아 국가기구를 분쇄한 후 자본가 계급의 생산수단을 몰수하여 중앙집중화된 명령경제체제를 수립했다. 이 결과 미국 플로리다주 해안에서 약 150킬로미터 떨어진 쿠바에서 기형적 노동자국가가 수립되었다. 이것은 쿠바 자본가들과 이들의 상전인 미국의 제국주의자들이 고삐를 늦추지 않고 비타협적으로 카스트로 정권을 적대한 결과였다. 그러나 제국주의의 대항 세력으로 소련의 퇴보한 노동자국가가 있었기 때문에 쿠바 노동자국가는 성립될 수 있었다.

2006년 베네수엘라와 1960년 쿠바는 상황이 전혀 다르다. 지금 소련은 사라졌고 베네수엘라의 부르주아 국가기구는 온존하고 있다. 차베스는 정권에 특히 적대적인 분자들을 제거했지만 자본주의 국가체제의 핵심은 건드리지도 않았고 그럴 의사도 없다. '볼리바르 혁명'의 실험은 일시적인 막간극에 불과할 것이다. 지금 베네수엘라 사회 앞에 놓인 길은 '노동계급이 자본가 계급의 생산수단을 몰수하여 이 계급을 청산하는 길로 전진하든가 아니면 자본가 계급이 노동계급을 압살하든가'의 두 가지밖에 없다. '제3의 길' 또는 중간의 길은 존재하지 않는다. 생산수단이 극소수 지배계급의 손에 남아 있는 한 중남미 대중의 고통과 불행은 해소되지 않을 것이다. 러시아의 위대한 혁명가 트로츠키는 지금부터 70년이 넘는 과거에 이미 이렇게 말했다.

중남미는 모든 국가들을 하나의 강력한 연방으로 단결시키는 것을 통해서만 후진성과 노예상태에서 자신을 해방시킬 수 있다. 그러나 뒤늦게 등장했으며 외국 제국주의에 철저히 굴종하는 남미 자본가 계급은 이 임무를 달성할 수 없다. 이 임무는 피억압 대중 지도자로 선택된 남미의 젊은 노동자들에게 맡겨져 있다. 따라서 세계 제국주의의 폭력과 음모 그리고 식민지의 토착 매판자본 파벌들의 피비린내 나는 더러운 억압에 대항할 구호는 중남미 소비에트 합중국이다.

—「전쟁과 제4인터내셔널」, 1934년 6월 10일

# 리비아와 좌익

국제볼셰비키그룹 ★ 2012년

무아마르 카다피 처형에 관한 청문회에서, 지난 2009년, 카메라 앞에서 카다피와 나란히 포즈를 취했던, 미 대통령 버락 오바마는 "리비아에서, 우방국 그리고 동맹국과 함께 한 작전을 통해, 21세기에 어떠한 협동 작전을 수행할 수 있는지를 우리는 보여주었다"고 말했다. 오바마는 "지상군 단 한 명도 없이 목표를 달성했다"는 것에 특히 만족스러워했다. 그리고 미래의 목표물에 대해 암시했다.

이 지역의 다른 독재자들을 지적하며, 대통령은 이렇게 말했다. "철권통치는 필연적으로 종말을 맞을 수밖에 없다는 것을 오늘 사건은 증명한다."

그 발언이 시위대를 잔혹하게 진압하고 있는 시리아의 바샤르 알 아사드를 겨냥한 것이냐는 질문에 대해, 백악관 대변인 제이 카니는, 아사드는 "이미 정통성을 상실했다"는 기존 입장을 다시 확인했다.

—《뉴욕포스트》, 2011년 10월 21일

232

리비아의 성과를, 미국 부통령 조 바이든은, 덜 성공적인 이라크/아프가니스탄 작전과 비교했다.

> "이번에 미국은 20억 달러를 지출했고, 한 명도 잃지 않았다. 이 사건은 지금까지 했던 방식과 달리 앞으로 우리가 세계에 어떻게 대응해야 할지를 잘 보여주는 것이다."
>
> —앞의 글

이스라엘 언론가 올리 아줄레이는 "강력한 공군"과 "지역 반란군"의 결합을 지적하며, 오바마의 "새 전쟁 정책"에 찬사를 보냈다.

> 카다피 장군의 죽음은 미 대통령 버락 오바마가 채택한, 적국에 지상군은 파견하지 않고, 무인 조종기를 포함한 강력한 공군력을 이용하여 적의 근거지를 분쇄하는, 새로운 전쟁 정책의 또 다른 승리다. 리비아의 경우, 이 작전은 토착 반란군과의 협동작전을 통해 수행되었다.
>
> —Ynetnews.com, 2011년 10월 21일

'카다피에 충성하는 군대를 "강력한 공군력"이 분쇄한 후, 토착 앞잡이들이 열린 문으로 다투어 들어가 진공 상태의 권력을 장악하는 것', 이것이 리비아에서 일어난 일에 대한 대체적 요약이다. 그러나 일이 항상 계획한 대로 진행되는 것은 아니다. 그리고 나토 군이 아프가니스탄에서 확인했던 것처럼, 존립 가능한 새 권력을 구축하는 것보다, 기존 권력을 끌어내리는 것이 보통 쉽다.

리비아와 아프가니스탄 모두에서, '정권교체'는 미국과 끈끈하게 맺어져 있는 새로운 꼭두각시 정권을 세우는 것이었다. 2001년 독일

본에서 열린 회의에서 추대된 아프가니스탄 대통령 하미드 카르자이는, 20년 전 CIA와 함께 반(反)소련 무자헤딘을 위한 기금 모금자로 일했던 자다. 새로운 리비아 수상으로 선임된 압두라힘 엘 케입은 미국에서 학교를 다녔고 앨라배마 대학에서 가르친 미국 시민권 소지자이다. 이후 그는 아랍에미리트연방으로 건너가 석유대학의 전기기술부 책임자 자리를 맡았고, 그의 연구를 미국 에너지부가 지원하기도 했다. 이러한 배경으로 볼 때, 그는 1970년대 초반 카다피 정권이 국유화했던 리비아의 석유가스를 서방에 넘겨주는 작업을 관장하기에 아주 적합한 인물로 보인다.

## 제국주의 침략에 맞서 신식민지를 군사적으로 방어하자!

사회민주주의자와 달리 마르크스주의자는, '선진 자본주의' 열강들의 탐욕에 대한 피정복 국가의 저항권을 무조건적으로 방어한다. 1956년 영국/프랑스/이스라엘 연합군이 국유화된 수에즈 운하를 되찾기 위해 이집트를 공격했을 때, 혁명가들은 이집트를 지지했다. 미국/영국 그리고 다른 나라들이 세르비아를 1999년 공격했을 때 그리고 2001년 아프가니스탄 사태 때 그리고 2년 뒤 이라크 사태 때, 그 정권들이 반동적이었음에도 불구하고, 마르크스주의자들은 슬로보단 밀로셰비치, 물라 오마르 그리고 사담 후세인 편에 섰다.

세르비아, 아프가니스탄, 이라크 경우에서처럼, 리비아 공격에 앞서 한 다발의 거짓말이 퍼졌다. 리비아 경우는 2월 17일 '분노의 날' 시위 이후 시민들을 무차별 학살한다는 주장을 집중 부각시켰다. 이러한 보도의 주된 공급자는 카타르 지배계급이 운영하는 알 자지라였고 이들은 또한 반란자들에게 수백 명의 병사와 무기를 공급했다. 리비아 공군이 시민을 학살했다는 꽤나 그럴듯한 이야기는 심각하게 과장된 말임이 드러났다.

2011년 3월, 폭격이 있기 두 주 전에, 미군 합동참모부장 마이크 물렌 장군은 의회 분과위원회에서 "국무부는 리비아 독재자 카다피가 공군을 시민학살에 사용했다는 확증을 가지고 있지 않다"(CBS, 2011년 3월 2일)고 말했다. 폭격이 시작된 후인 3월 22일, 《유세스에이 투데이》는 텍사스 대학의 알란 쿠퍼맨의 논문을 실었다. 그는 논문에서 "수많은 휴대폰에도 불구하고, 반란자들이 주장하는 대량학살과 관련된 사진이 하나도 없다"고 지적했다. 2주 후 미국 대외관계위원회 의장 리처드 하스는 "대규모의 학살이 있었다거나 임박했다는 증거는 없다"(《허핑턴포스트》, 2011년 4월 6일)고 썼다.

2003년 이라크에 '대량살상무기'가 없었던 것처럼, 리비아에는 '대량학살'이 없었다는 것이 이제는 명확해졌다. 군사침략을 거짓말로 정당화하는 것은 유서 깊은 전술이다. 폴란드 침공을 위한 마지막 준비를 하면서 최고위 지휘자들에게 아돌프 히틀러는 1939년 8월 22일 다음과 같이 말했다.

전쟁 개시의 명분을 제시해야겠지. 그것이 그럴듯하건 아니건 간에. 거짓말을 했는지 안 했는지를 승리자에겐 묻지 않는다. 일단 전쟁이 시작되면, 그 따위 것은 문제가 되지 않는다. 오직 승리만 문제될 뿐이다.

—알란 불록, 『히틀러와 스탈린』

이것이 리비아에서 벌어진 일이다. 그것이 군사개입의 그토록 중요한 명분이었음에도 불구하고, 부르주아 언론 가운데 어느 누구도 그 정권이 저지른 시민 학살 이야기를 추적하려 하지 않는다. '혁명적임'을 뽐내는 세계의 많은 좌익들이 열정적으로 그 제국주의자들의 선전을 집어삼키고 재탕한 사실은—그리고 그들이 아직까지 제국주의 선전에 낚였다는 것을 인정하지 않는다는 것은—그들이 자본주의 사회질서에 정치적으로 순응하고 있다는 것을 보여주는 것이다.

유엔 안보리는, 리비아 인민의 복지에 깊은 관심을 가지고 있다고 떠벌이면서, 리비아에 대한 제재와 해외자산 동결 그리고 '비행 금지 구역' 설정을 정당화하는 데에 이 이야기를 이용했다. 그리고 곧 벵가지에 근거를 둔 제국주의와 연계된 반란자들과 카다피 사이의 내전에 나토 공군을 투입했다.

4월부터 10월까지 영국, 프랑스 그리고 여타의 나토 공군에 의한 9,600차례에 달하는 이른바 '인도적' 폭격으로 인한 사상자 수는, 일치된 통계는 없지만, 무고한 시민을 포함해서 최소한 수천 명의 리비아인들이 죽고 또 다른 수천 명 정도가 중상을 입었다는 데에 대체로 동의한다. 나토의 폭격은 리비아 사회간접시설을 심각하게 파괴했고 수만 명의 이재민을 낳았다. 이 파괴가 시민 '보호' 조치였다고 선전하지만, 나토 공습으로 인한 희생자가 어떻게 다루어지는지에 대해서는 무관심하다.

수백 명의 외국 특수부대원의 지원을 받는 반란군의 도움 속에서 제국주의자들의 지속적 폭격은 카다피 군대를 무력화시키는 데에 성공했다. 많은 소식통에 따르면, 정권에 맞서 가장 효율적으로 싸운 토착 세력은 일부가 알 카에다와 연계된 이슬람 세력이라고 한다. 하지만 '반란군'은 이번 사건의 주역이 아니었다. 물론 카다피 군으로부터 사격을 이끌어내고 그리하여 나토의 공습 명분을 만드는 데에는 큰 역할을 했다. 그러나 반(反)카다피 잡동사니 전사들은, 제국주의의 개입을 처음부터 즐겼던 임시국가위원회(Transitional National Council, TNC)처럼, 리비아 '정권교체'의 명분을 제공하기 위해 필요한 존재들이었다.

1905년에 집필된 「사회주의와 전쟁」에서 위대한 혁명가 블라디미르 레닌은, 그것이 '인도적'이건 아니면 다른 무엇이건 간에, 신식민지에 대한 제국주의의 모든 군사적 공격에 대해서, "모든 사회주의자는 억압하는, 노예 소유의, 침략적인 열강에 맞서, 피억압, 종속, 약소국가의 승리를 지지한다"고 천명했다. 다음과 같은 사실엔 어떤 애매모호함도 없다. "지배정권의 (실제 아니면 거짓의) 범죄 행위에도 불구하고, 혁명가들은 제국주의 공격에 맞서 군사적으로 피억압 국가들 편에 선다." 무솔리니가 1935년에 에티오피아를 침공했을 때, 레온 트로츠키는 즉각 다음과 같이 응답했다. "물론, 우리는 에티오피아의 승리, 이탈리아의 패배를 지지한다."(「이탈리아—에티오피아 전쟁」, 1935년 7월 17일) 하일레 셀라시에 정권하에 광범하게 존재했던 노예제는 문제가 되지 않았다.

만약 무솔리니가 승리한다면 파시즘의 증강, 제국주의의 강화 그리고 아프리카와 그 밖 지역 식민지 인민들의 사기저하를 가져올 것이다. 그러나 네구스[왕, 하일레 셀라시에를 의미]의 승리는 단지 이탈리아 제국주의뿐만 아니라 제국주의 진영 전체에 강력한 한 방이 될 것이고, 피억압 저항세력들에게 의미심장한 영감을 주게 될 것이다. 오직 장님만이 이러한 점을 보지 못할 것이다.
　　　　　　　—「독재자와 오슬로 고원에 대하여」, 1936년 4월 22일

미국 제국주의를 위한 오바마의 '새로운 전쟁 정책'은 카다피에 대한 나토의 승리로 검증되었고, 이는 앞으로 아프리카와 중동 지역을 대하는 기본태도가 될 것이다. 세계의 자칭 '트로츠키주의' 조직들 절대 다수가 제국주의자들의 선전을 열심히 받아먹는 모습은, 자신들이 계승한다고 주장하는 정치적 유산으로부터 그들이 얼마나 멀리 떨어져 있는지를 극적으로 증명했다. 나토 제국주의 군대와 그 하수인들에 대한 카다피 군의 군사적 승리 편에 분명하게 서는 대신, 이 수정주의자들은 전자〔제국주의 하수인들〕가 '혁명적' 운동을 대표한다고 보고 지지하거나, 또는 기껏해야 중립을 취했다. 그렇게 함으로써 그들은 레닌과 트로츠키 당시 코민테른의 반(反)제국주의 노선을 배신했다.

## 제국주의 하수인에 대한 지지의 합리화

가장 노골적으로 친제국주의 입장을 취한 조직은 아마도 영국 노동해방동맹(British Alliance for Workers' Liberty, AWL)일 것이다. 그들은 부드러운 어조로 다음과 같이 지적한다.

지금까지 가장 큰 영향을 미치는 〔북아프리카〕 봉기는 리비아에서 일어난 것이다. 물론 궁극적 성공이 나토의 군사적 개입에 의한 것이었다는 점은 개운치 않은 일이다. ……

나토 개입을 저지하기 위한 서방 좌익의 성공적 시위는 아마도 혁명 운동 자체의 소망을 표현하기에는 적절했을 것이다. 그러나 그것은 벵가지의 대량학살을 낳았을 것이고, 그것은 그 자체로 비극일 뿐 아니라 '아랍의 봄' 전체에 심대한 패배를 안기는 것이다.

—「노동해방동맹(AWL)은 나토의 개입을 반대하지 않았다」,

2011년 10월 5일


벵가지에 있는 제국주의 오랜 하수인들, 이슬람 반동 그리고 카다피 정권 이탈자들의 뒤범벅을, 우리가 존중해야 할 '혁명적' 운동의 지도자라고 규정하는 노동해방동맹의 관점을 많은 자칭 '트로츠키주의' 조직들이 공유하고 있다. 물론 그들은 보통, 리비아 전쟁에서 나토의 중심적 역할에 대해 조금 덜 노골적으로 지지하고, 그 입장의 궁극적 귀결에 대해 조금 덜 분명하게 말하려고 한다. 대신 그들은, 한편으로 (친제국주의 독재자를 끌어내린 튀니지와 이집트 저항 청년과 혼동되었던) 나토 하수인들을 지지하면서, '반제국주의' 적 제스처를 유지하기 위해 어색한 설명을 하거나, 논리에 맞지 않는 주장을 펴거나 하면서 사실을 왜곡하고 있다.

대단한 기회주의 조직인 국제마르크스주의경향(International Marxist Tendency, IMT) 지도자 알란 우즈도, 나토의 벵가지 동맹자들을 무조건적으로 지지하던 자들 가운데 있었다.


국가는 무장기구라고 엥겔스는 설명했다. 반란군이 장악한 벵가지와 다른 도시들에서, 구 국가는 작동하지 않는다. 그 도시들에서 국가는, 레닌이 새 국가기구의 맹아라고 말한, 혁명 투사와 무장한 인민에 의해 대체되었다.

—「리비아 봉기:흔들어라, 압제를!」, 2011년 2월 23일


조금 다르지만 거의 비슷한 평가를 노동자인터내셔널조직위원회

(Committee for a Workers' International, CWI, 1992년 IMT로부터 분립한 조직)가 제출했다. 그들 또한, 한편으로 카다피 정권 잔당과 친자본주의 반대파 '지도자'들, 반동적인 부족 지도자들 그리고 제국주의의 이해관계에 의해 왜곡될 가능성 등을 경계하면서, 벵가지 봉기를 "혁명"이라고 규정했다.(『카다피는 반드시 사라져야 한다. 결전을 위한 투쟁』, 2011년 2월 28일) 몇 주 후 CWI는 유엔의 '비행 금지구역'을 제국주의 군사개입으로 비판했다.

벵가지와 토브룩 거리에서는 환영받고 있지만, 유엔안전보장이사회가 결정한 '비행 금지구역'은 리비아 혁명을 방어하려는 것이 전혀 아니다. 이번 결정이 도움이 될지 모른다고 리비아 혁명가들이 생각한다면 그것은 실수다. 거기엔 제국주의 열강들의 속 들여다보이는 경제적·정치적 계산이 깔려 있는 것이다.

—「서방 군사개입 반대—리비아 혁명의 승리—노동자와 청년의 독립적 운동의 건설」, 2011년 3월 19일

"벵가지에서 결성된 '국가위원회'가 구정권 잔당들과 그보다 더 친제국주의적 분자들 사이의 결합"(앞의 글)이라는 것을 지적하면서, CWI는 임시국가위원회(TNC)가 진두지휘하는 이른바 '리비아 혁명'에 대한 예찬을 계속했다.

사회주의노동자당(Socialist Workers Party, SWP)은 경쟁 조직인 CWI와 기본적으로 같은—서방에 기금원조와 나토의 공중지원을 호소하는 것은 제국주의의 위협을 초래할 것이라고 경고하는 한편, '혁명'을 찬양하는—입장을 취했다.

혁명 과정에서 나온, 리비아의 임시국가위원회(TNC)는 봉기의 결정적인 첫 며칠 동안 간명한 요구를 제출했다. TNC 인정, 무기와 시급한 물품 구입을 위해 압류된 자금에 대한 접근 보장, 그리고 카다피 정권에 용병을 실어 나르는 항공편 운항의 즉각 중지 를 요구했다. ……

서방은 실질적으로 혁명을 위협하고 있다.

—《사회주의노동자》, 2011년 3월 26일

IMT나 CWI처럼, SWP는 폭동을 촉발한 2011년 2월 17일의 시위를 애초부터 자발적인 것이라고 평가한다.

이집트와 튀니지에서 영감을 얻은, 젊은 활동가들과 저명한 판사나 변호사가 포함된 유명 인사들의 느슨한 네트워크는 2월 17일 평화적인 시위를 소집했다. 이 시위는 온건한 요구를 제기했지만, 정권에 대한 반대가 공공연히 표출된 첫 번째 장이었다.

—《사회주의 평론》, 2011년 4월

사실상, 그것은 '젊은 활동가들의 느슨한 네트워크' 가 아니었다. 나중에 SWP도 인정했지만, 2월 17일 시위는 제국주의와 연계된 '반대를 위한 리비아 전국회의(National Conference for the Libyan Opposition, NCLO, 이후 TNC로 편입됨)' 가 주도한 시위였다. '젊은 활동가들의 느슨한 네트워크' 에서 저항이 비롯되었다는 이전 주장을 분명하게 철회하지 않으면서, 2011년 5월 《사회주의 평론》은 "반대를 위한 리비아 전국회의의 망명자들이 반체제인사들과 더불어 2월 17일 '분노의 날'을 기획했다"고 말한다. 2011년 4월 1일 성명서에서 우리가 지적한 것처럼, CIA와의 오랜 연계 속에서 활동해왔던 인자들이 창립한 NCLO를 제국주의자들이 '위협'할 필요는 없었다.

벵가지 반란군에 대한 이른바 '트로츠키주의' 선전가들은 임시국가위원회(TNC)가 '비행 금지' 구역을 지지했다는 보도를 처음에는 무시했다. 그 이후에는 외국군대 개입에 대한 TNC의 공식적 반대 입장을 극구 강조했다. 예를 들어, IMT는 2011년 3월 1일 다음과 같이 썼다.

알 자지라에 따르면, 반대파로 넘어간 압둘 파타 유니스 전 내무장관은 인민들이 외국군을 환영할 것이라는 생각은 '당치 않은 소리'라고 일축했다고 한다.

이 사실은 벵가지에 새롭게 구성된 TNC 대변인 하피즈 고가에 의해 확인되었다. 고가는 "우리는 외국군의 개입에 대해 반대한다. 리비아 전역은 인민의 손에 의해 해방될 것이다. …… 그리고 카다피 보안군은 리비아 인민에 의해 분쇄될 것이다"라고 말한 것으로 전해졌다.

　　　　　　　　　—「리비아에 대한 외국군 개입을 반대한다」

TNC가 처음에 외국군 개입에 반대하는 듯한 모습을 취했던 것은 대중적 지지를 끌어내고, 리비아 석유자원을 차지하는 것이 주목적인 외국의 이해와 저항 지도자들이 함께 하고 있다는 카다피 정권의 주장(기본적으로 맞는)을 회피하기 위함이었을 것이다. 처음 몇 주 동안, 법무장관과 내무장관을 포함하는 몇몇 유명 인사들이 이탈했고, 벵가지 반란자들과 지지자들은 카다피 정권이 스스로 붕괴될 것이라고 희망했었다. 하지만 카다피 충성파들이 전열을 추슬러 벵가지 탈환에 나서자, TNC는 나토의 공중지원을 간절하게 원했다. 이러한 태도 변화가 반란군 진영에 어떤 종류의 불화도 낳지 않았다는 사실은

'혁명이 [외국의 간섭에 의해] 탈취되었다' 는 류의 모든 주장을 반박하고 있다.

사실상 '리비아 혁명'은 존재하지 않는다. 벵가지 봉기는 근본적으로 전통적 지배엘리트 내의 오랜 불화의 표현이다. 군주주의자와 (리비아이슬람전투조직의 간부들이 나중에 합류한) 전 카다피 충성파들이 불안정한 결합 속에서 권력을 두고 경쟁하고 있었다. 그 불안정한 결합이 반란으로 파열되었고, 쌓여 있던 분노와 저항의 물꼬를 터뜨렸다. 그리고 대부분의 TNC 지지자들은 그 지역 독재자들을 끌어내린 '아랍의 봄'의 새로운 국면에 자신들이 진입하고 있다고 생각했다. 그러나 리비아 봉기는 처음부터 전혀 다른 성격을 가지고 있었고, 바로 그것이 미국과 프랑스 그리고 다른 나토 국가들이 열광적 지지를 표한 이유다.

2011년 3월 중순, 폭격이 시작될 무렵, 심지어 IMT조차도 그때까지 그들이 추켜세웠던 '반란군' 지도자들의 성격에 대한 불안감을 표현했다.


혁명을 맞아 국가가 붕괴되었을 때, 진공 상태의 벵가지 권력을 이 사람들이 차지했다. 이들은 혁명을 강화시키기보다는 약화시켰다. 거기엔 노동인민이라고 주장할 수 없는 이슬람주의자들이 있었다. 그리고 부르주아 민주주의를 핵심과제로 삼을 뿐, 평범한 노동인민의 사회 경제적 요구에 대해선 관심이 없는 인권운동자들과 민주주의 조직들이 있었다. 이러한 사람들과 더불어 거기에는 혁명적 청년과 노동계급 그리고 빈민이 있었다.

—「왜 리비아에서 혁명은 지연되고 있는가?」, 2011년 3월 17일

몇 주 후, IMT는 그들을 아프가니스탄의 카르자이 정권 또는 이라크 말리키 정권과 비교하면서, '반란군 지도자들'에 대한 평가를 더 낮추었다.

벵가지에 설립된 임시위원회의 역할에 대해 생각해 봐야 한다. 대중들이 국가권력을 붕괴시키자, 이 임시위원회는 불쑥 그 공간에 나타났다. 그러나 그 국가를 무엇으로 대체할지는 몰랐다. 사실상의 권력 공백이 만들어졌다. 이 상황에서 우연적 인자들이 전면에 나서게 되었고, 지금 이 자들이 명백한 반혁명적 역할을 하고 있다.

— 「리비아 임시정부—제국주의 하수인」, 2011년 4월 1일

TNC 지도부가 반혁명적인 것은 틀림없지만, "우연적"으로 그렇게 된 것은 아니다. TNC는 2월 17일의 '분노의 날' 시위 주도자들을 포함해, 카다피 반대파 대표들로 구성된 것이다.

2011년 10월, 제국주의자들이 카다피 살해를 축하하고 있을 때, 알란 우즈는 여전히 '리비아 혁명'을 떠벌이고 있었다.

혼란스럽고 모순적인 상황이다. 그 결과는 아직 명확하지 않다. 한편으로, 노동계급을 포함한 대중운동은 자신들의 요구를 제출하고 있다. 다른 한편, 부르주아 인자들은 제국주의자들과 더불어 상황을 장악하려고 획책하고 있다. 혁명의 주요 동력은 정직하고 용감한 청년층이지만 그들 또한 혼란스럽고 방향을 상실하고 있어서 근본주의자들과 다른 선동가들의 손에 놀아날 가능성이 있다.

— 「카다피 죽음 이후 : 리비아의 혁명과 반혁명」, 2011년 10월 21일

상황은 매우 명확하다. 나토가 석유가스 자원을 다시 약탈하기 위해 리비아의 '정권교체'를 지휘했다. 그러나 "혼란스럽고 방향을 상실"한 청년층이 있었다고 해도, 알란 우즈의 아무 생각 없는 객관주의를 진지하게 받아들이는 IMT 회원들보다 그 청년층이 더 혼란스러울 것이라고 생각하기는 어려울 것이다.

IMT와 달리, TNC가 이끄는 '리비아 혁명'에 대한 많은 찬양자들은, 트리폴리가 함락되었을 때 그 주역이 리비아 대중이 아니라, 제국주의자들이라는 예감을 가지고 있었다. 예를 들어 영국 SWP는 주수혜자가 서방 석유회사들일 것이라는 것을 한편으로 인정하면서도, 카다피 정권의 붕괴를 '축하'하는 등 정신분열증 환자 같은 모습을 보였다.

카다피 정권의 종말은 축하할 만한 일이다. 그는 이 해에 몰락한 세 번째 아랍 독재자다.

그러나 리비아 투쟁의 성격은 이제 이 투쟁에 영감을 주었던 튀니지와 이집트 혁명과 근본적으로 다르다. 서방 세력들이 이 투쟁을 이용하겠다고 생각한 이후 그렇게 되어버렸다. ……

제국주의 열강들은 리비아 봉기를 탈취했고 그들의 요구에 맞게 구부렸다. 그들은 벵가지의 반란기구를 압박하여 거래 계약과 국제 석유 거래를 재확인했다.

—《사회주의노동자》, 2011년 8월 20일

다른 조직들도 혁명의 "탈취"를 언급했다. 2011년 3월, 프랑스 제국주의에게 TNC 인정을 요구하는 성명서를 스탈린주의 공산당 등과 더불어 발표했던 프랑스 반자본주의신당(NPA)은, 8월 21일 다른 성명서를 제출했다. 그 성명서는 리비아에서 일어난 일련의 사건들이 "튀니지, 이집트에서 진행된 혁명적 과정"과 유사한 것이지만, "공중 폭격을 통해 그 혁명을 탈취하려는 유엔과 나토 회원국들의 영향 아래" 있다고 주장한다.

NPA와 밀접한 관계를 맺고 있는 미국 조직인 사회주의행동 (Socialisit Action, SA) 역시 리비아 '혁명'에 환호한다. 그러나 "리비아 에 제국주의자들의 개입을 끌어들인 하수인들에 대한 투쟁을 정치적 으로 지지한다"《사회주의 행동》, 2011년 3월)는 언사로 TNC를 지지하 는 자신들의 입장에 좌익적 색채를 칠하려 한다. 뒤이은 TNC 하수인 들의 제국주의 개입에 대한 적극적 요구는, 아마도 SA로 하여금 궁극 적 입장을 재고하게 만들었을 것이다. 그러나 나토가 개입을 준비하 고 있을 때, SA는 어네스트 만델의 제4인터내셔널통합서기국(United Secretariat of the Fourth International, USec) 조직들과 더불어 "우고 차베스〔베네수엘라〕, 다니엘 오르테가〔니카라과〕, 카스트로〔쿠바〕가 카다피의 억압과 학살에 대해서는 아무 말도 하지 않으면서 이 사건 에 대한 제국주의의 이해만을 편파적으로 비난하는 것"(앞의 글)에 대 해 비판했다. 물론 수년 동안 SA와 통합서기국이 알랑댔던 이 민족주 의 좌파 제3세계 보나파르트주의자들이 카다피의 반민주적 범죄 행 위에 대해 특별히 주의를 기울이지 않는 것은 딱히 놀랄 만한 일이 아니다. 그러나 최소한 그들은 제국주의자들이 무엇을 하고 있는지 를 이해하고 있고, TNC를 탁월한 '혁명' 조직이라고 묘사하지도 않 는다.

아직은 분명하게 인정하지 않는 SA의 노선 변화는 트리폴리가 지 난 8월 나토와 TNC 동맹에 의해 함락되기 전까지 공개되지 않았다. 2011년 9월 2일, "제국주의의 승리는 리비아 인민들에게 아무것도 가져다주지 않는다"는 제목의 성명서에서 SA의 지도자인 제프 맥클러는 다음과 같이 썼다.

이 대중 시위의 처음 며칠 동안, 건물 지붕에 반정부 시위대가 '외국 개입 반대: 리비아 인민은 스스로 해결할 수 있다'는 문구를 새긴 현수막을 내걸었을 때, 반(反)카다피 지도부의 최소한 일부가 독립적 성격을 띠고 있다는 오해의 여지가 없는 증거들이 있었다. 하지만 그 때조차도, 반대파의 주요 인사들이 유엔/나토 군대의 지원과 '비행 금지구역'을 언급하거나 심지어 요구한 것을 보면, 외국 개입의 반대가 단지 지상군만을 의미하는 것인지 확실하지가 않다.

카다피 정권이 붕괴되는 것처럼 보일 때, 외국의 간섭 없이 리비아 사회 재건을 바란다고 주장하는 것이 TNC 지도부에게 그럴듯해 보였을 것이다. 그러나 카다피 지지자들이 유효한 반격을 조직하는 데 성공했을 때, TNC의 목소리는 달라졌다. 맥클러는 그의 성명서에서 상황의 급속한 변화를 인정했다.

대중 시위 초기에 구성된 자치조직은 카다피 군이 벵가지를 공격하였기 때문에 식량배급과 필수적 업무 수행을 위해 조직된 자생적 조직이었다. 우리는 이 조직이 대중의 이해를 관철시키기 위한 목적으로 조직된 독립적 정치세력인가에 대한 증거를 가지고 있지 않다. 또한 지도적 부르주아와 친제국주의 세력을 하나로 뭉치기 위해 조직되었다는 증거도 없다.
반(反)카다피 세력의 공백으로 인해, TNC는 국가의 '합법' 정부로 재빨리 인식되었다. …… 유럽과 미국이 겉으로 내세웠던, 시민을 카다피로부터 보호하기 위함이라는 수사는, '정권교체'라는 실제적 목표의 이행으로 급속히 바뀌었다.

나토의 개입 이후의 갈등을 "제국주의 주도의 리비아 점령"으로
규정하면서, SA의 성명서는 이어진다.

모든 피억압 국가의 자결권은, 심지어 혐오스런 독재자의 나라라고 하
더라도, 제국주의 침략에 맞서 반드시 지지되어야 한다. 피억압 국가와의
모든 종류의 갈등에서, 제국주의의 패배는 앞으로의 침략 능력을 약화시
키며 다른 피억압인민을 고무시킨다. 모든 독재자들을 비난할 권리와 의
무를 혁명적 사회주의자들이 가지지만, 그 권리와 의무는 제국주의 개입
과 침략 격퇴에 종속되는 것이다. 우리는 항상 제국주의 침략자 그리고 식
민지 본국의 패배를 지지한다.

이 성명서는, 명확하게 언급하지는 않지만, SA와 동조자들이 그랬
던 것처럼 마치 혁명이 진행되고 있다고 가장하는 것이 아니라, 사회
주의자가 제국주의자와 그들의 TNC 꼭두각시에 맞선 카다피 군에
군사적지지 입장을 취했어야 했다는 것을 암시한다. 맥클러 또한 '분
노의 날' 조직에서 CIA와 연계된 NCLO가 한 역할을 인식하지 못한
다. 대신에 벵가지 사태가 처음부터 자생적이었다고 한다. 하지만 그
는 TNC의 집권으로 "가혹한 패배가 리비아 인민에게 가해졌다는 사
실을 우리는 인정하지 않을 수 없다"고 지적한다.

오늘 제국주의자들의 군화가 리비아 땅을 디뎠고 발자국이 깊게 새겨
졌다. 리비아 대중들은 해방되지 않았다. 수천 명이 학살당했다. 제국주
의자들은 같은 짓을 시리아와 나아가 이란에서 자행하기 위해 골몰하고

있다.

때늦고 불충분하지만, SA의 노선 변화는 최소한, 카다피 정권의 몰락은 제국주의의 승리이고 노동인민과 피억압인민의 패배라는 것을 인정한다. 이것은 아직 그 출발점과 궁극적 의미를 명확히 이해하지 못하는 좌익들에게 명확한 변화를 대표한다.

오랜 기간 제4인터내셔널통합서기국(Usec) 지지자이고 SA의 노선 변화에 비판적인 켄 히버트는 만약 2011년 3월이 "리비아 인민에 대한 학살과 파괴를 낳은, 지난 6개월 동안 이어진 공격"의 시작이었다면 왜 SA는 "2011년 4월 28일까지도 봉기의 승리를 호소했는가? 왜 9월호에 가서야 SA는 그 관점을 수정했는가?"라고 묻는다. SA 새 입장의 논리는, 나토에 대항한 카다피의 승리를 주장한 그룹들이 "SA의 지도부보다 더 멀리 내다본 것"을 의미한다고 히버트는 지적한다. 만약 "리비아 군대가 제국주의 침략에 맞설 수 있는 유일한 세력이라면, 우리는 그 군대와 지도부를 지지했어야 했던 것 아닌가?"라고 의문을 제기한다. 이러한 의문들에 SA는 아직 대답하지 않고 있다.

미래의 '심각한 패배'를 피하기 위해, 히버트의 질문들에 SA는 대답해야 한다. 그리고 지금 부정하고 있는 애초의 실수와 그 과정의 뿌리를 허심탄회하게 점검해야 한다. 지나간 일이긴 하지만, 나토에 맞서 카다피 군대와 군사적으로 연대했어야 했다는 것을 SA는 분명히 언명해야 한다.

세계사회주의자웹사이트(World Socialist Web Site, WSWS)는 나토의 패배를 주장하나, 리비아 방어를 주장하지는 않는다.

SA가 회고적으로 채택한 정책은 세계사회주의자웹사이트의 데이비드 노스가 도달한 입장과 거의 같다. 2011년 2월 18일, 초기에 세계사회주의자웹사이트는 다음과 같이 지적했다.

리비아에서 일어나고 있는 사건들은 중동과 북아프리카를 휩쓸고 있는 봉기의 일부다. 리비아의 저항자들은 이집트와 튀니지 저항자들과 같은 궤에 있다.

튀니지와 이집트의 대중운동이 리비아에 영향을 주었다는 것은 의문의 여지가 없는 사실이고, 벤 알리(튀니지)와 호스니 무바라크(이집트)의 몰락으로 촉발된 저항에 참여하고 있다고 카다피에 맞선 대부분의 사람들은 생각했다. 그러나 벵가지 봉기를 촉발한 2011년 2월 17일 '분노의 날'이 CIA와 오랜 기간 연계된 리비아 반체제인사들이 창립한 NCLO에 의해 주도되었다는 사실 또한 논란의 여지가 없는 명백한 사실이다.

벵가지 봉기를 튀니지와 이집트 혁명과 같은 것이라고 여기고, 바람직한 봉기가 나쁜 놈들에 "탈취"되었다고 주장하는 조직들과 달리, 세계사회주의자웹사이트는 그 지도부의 친제국주의적 성향이라는, 인정하고 싶지 않은 진실을 직시했다. 반란자들을 "정당한 대중저항"이라고 규정하면서, 그 성격이 뭔가 이상하게 바뀌고 있다고 SEP 지도부는 재빠르게 판단했다.

폭압적인 카다피 정권에 대한 대중적 저항으로 시작했었지만, 벵가지 임시정부의 도움 아래, 제국주의 침략의 구실로 점점 바뀌고 있다. 그 작전은 리비아에 실질적인 꼭두각시 정권을 수립하려 할 것이다. 그렇게 되면 막대한 석유가스 매장지에 대한 통제권을 제국주의 세력이 장악하게 되고, 리비아는 모로코에서 이라크에 이르는 그 지역 전체의 노동계급 저항에 맞선 반동의 요새 역할을 할 것이다. ……

　카다피의 전 법무장관이었고 지금은 벵가지에 있는 반(反)카다피 조직인 리비아국가위원회(NLC)를 이끌고 있는 무스타파 압델 잘릴은 공중폭격과 비행 금지구역을 요청했다. 위원회 인사들의 말을 인용하며,《뉴욕타임스》는 그 결정은 "강한 반대 의사"가 개진된 위원회 회의에서 결정되었다고 보도했다. 신식민지 통치로 되돌아갈 것에 대한 두려움—카다피가 리비아 자결권의 방어자로 행세하는 데에 이용해온 그 두려움—때문에 반(反)카다피 대중 운동 내에 그와 같은 요청에 대한 깊은 반대가 있어왔다.

—2011년 3월 5일

나토의 폭격이 시작되자, 리비아 자결권 문제가 심각해졌고, 갈등의 성격은 지배권력 내부의 투쟁에서 신식민지 정권과 제국주의자들의 동맹과 그 하수인 사이의 투쟁으로 변했다. 그에 따라 마르크스주의자들의 입장은 양쪽의 패배를 주장하는 것에서 제국주의와 그 TNC 협조자들에 맞서 카다피에 대해 군사적 지지를 하는 것으로 바뀌었다. 세계사회주의자웹사이트는 나토 침략의 성격을 다음처럼 올바르게 평가했다.

　카다피를 교체한 정권이 리비아 인민이 아니라 워싱턴과 석유자본을 위해 봉사하도록 하기 위함이다. 게다가 그 지역 노동자들의 혁명 운동을 진압할 기지를 세우고자 하는 것이다.

—2011년 3월 18일

다음 날 세계사회주의자웹사이트는 다음과 같은 호소를 실었다.

구역질나는 인도적 가면 뒤에 감춰진 전쟁선전에 반대할 것을, 노동자와 청년들에 세계사회주의자웹사이트는 호소한다. 억압과 착취, 전쟁에 대한 투쟁은 자본주의와 제국주의에 맞선 투쟁 속에서 하나가 된 국제적 노동계급의 사회주의 운동의 건설과 불가분의 관계를 맺고 있다.

—2011년 3월 19일

하지만 제국주의 침략에 저항하려는 카다피 군대에 대한 군사적지지 호소는 빠져 있다. 그것은 우연이 아니다. SEP는 모든 민족의 자결권을 인정하는 레닌주의 정책은 그 실효가 사라졌다는 입장을 가지고 있다. 리비아 방어 입장 채택을 꺼리는 것은 바로 그러한 태도에서 나오는 것이다. 이 입장은 「마르크스주의, 기회주의 그리고 발칸 위기」(1994년)라는 문건에 서술되어 있다.

정치에서, 특정 시기 일정한 사회계급적 함의를 가진 용어는 종종 다른 시기에는 다른 뜻을 표현하게 된다. '자결권'이라는 구호가 바로 그런 경우다.

세계 경제 정치 관계의 광대한 변화는 민족 운동의 성격에도 그에 상응하는 변화를 가져왔다. ……

보스니아나 카자흐스탄 또는 카시미르의 민족 부르주아지가 '국내 시장 장악'을 원하고 그것으로 '상품생산의 전면화'를 위한 조건을 창출하고 그리하여 계급투쟁을 충분히 발전시킬 것이라고 주장할 수 있을까?

그와 반대로, 이 민족중심적 운동들은 현존 국가들의 발칸화(원래 지역과 국가가 서로 적대적이고 비협조적인 지역들과 국가들로 갈라지는 것-옮긴이)를 지향했다. 국내시장을 창출하기보다, 그들은 제국주의 그리고 국제 자본과 더 직접적인 경제적 연계를 원했다. '민족자결권'은 소규모 지역의 토착 자본가들의 이해를 위해 제기되었다.

SEP가 제기하는 정치적 결론은 사회주의 혁명 말고는 '민족적 분리 문제에 대한 해법이 없다'는 것이다. 이 같은 SEP의 빈곤한 근본주의는 리비아 사태를 다루는 방식에서 뚜렷이 드러난다. 제국주의 침략을 비난하고, TNC를 "정권으로부터 최근 이탈한 자, CIA 첩자 그리고 여타 반동 세력들에 의해 지배되는"(2011년 3월 24일) 것으로 정확하게 평가했지만, 신식민지 관계를 재구축하려는 상황에서, 편들기 거부로 인해 SEP의 입장은 흠이 크게 생겼다.

## 노동자권력(Workers Power)-중도주의적 혼란과 제국주의 추종자

카다피 군대를 방어하는 입장을 개진하지는 못했지만, SEP는 최소한 나토 군의 침략의도와 그 내부 협조자인 TNC의 성격을 정확하게 지적했다. 하지만 영국 노동자권력(WP, 제5인터내셔널동맹의 주창자)은 전혀 그렇지 않았다. WP는 그 좌익적 언사와 추한 기회주의적 입장 사이의 부조화로 잘 알려져 있다. IMT, CWI 그리고 SWP 또는 여타의 수정주의자들과 똑같이, WP가 리비아 사태를 '혁명'이라고 규정했다는 것은 놀랄 만한 일이 아니다. 나토가 폭격을 시작했을 때, 제5인터내셔널동맹은 한편으로 제국주의 꼭두각시 TNC를 '무조건적으로 지지'하면서, 다른 한편으로 UN이 승인한 제국주의 침략을 큰 소리로 비난했다.

카다피 독재에 맞선 반란자들은 무조건적 지지를 받아 마땅하다. 그리고 그것은 UN 결정으로 인해 달라지지 않는다. ……

강력한 국가권력에 반대하는 자들은 그 압제자의 불리한 상황을 이용하고, 어떤 방법으로든 무기를 획득할 권리가 있다. 그것은 그 불리한 상황이 제국주의 개입에 의해 발생했다고 하더라도 여전히 유효하다. 만약, 비행 금지구역 아래에서 리비아 반란자들과 혁명가들이 재정비하고 카다피 군대의 충성심과 사기를 떨어뜨리고 수도인 트리폴리로 진격할 수 있다면, 그것은 리비아 혁명의 전진이며 환영받을 만한 것이다.

동시에 우리는 미국, 영국 그리고 프랑스의 공격에 반대해야 한다.

—「리비아 혁명의 승리를 위하여!」, 2011년 3월 19일


1주 후 WP는, 왜 제국주의 공격에 반대해야 하고, 왜 카다피 편을 들지 말아야 하는지에 대해 설명했다.


폭격이 시작되었을 때, 좌익 일부는 반(反)제국주의 공동전선 조직을 호소하며 카다피 지지를 결정했다. 이 입장은, 그 정치적 맥락과 전쟁에 임하는 양측의 목표에 상관없이, 노동계급은 제국주의의 표적이 된 자들을 자동적으로 편들어야 한다는 생각에 기초해 있다. …… 카다피가 혁명을 억압할 것이 뻔한데, 리비아 노동자와 빈민이 카다피와 공동전선을 펼 수 있는가?

—「리비아를 덮은 나토—물결의 흐름이 바뀌다」, 2011년 3월 26일


WP는 '순수한' 내전이 벌어지고 있는 지역에 나토가 군사적으로 개입한 것을 "민주주의 혁명 세력"(즉 TNC와 그 추종자들)이 이용해야 할 기회라고 여기며 다음과 같이 말한다. "제국주의 작전으로 인해

카다피의 억압기구가 약해졌다고 해서 그를 향한 저항의 지속을 거부한다는 것은 진실로 우스꽝스런 것이다!"(앞의 글) 여러 달이 지나자, 제5인터내셔널동맹 지도부는 나토 하수인들에 대한 지지입장을 합리화해야 할 필요성을 느꼈다. 2011년 6월 제5인터내셔널동맹은 다음과 같이 묻고 답했다. "지상에서 싸우는 반란자들을 단순히 제국주의 하수인이라고 볼 수 있는가? 그렇지 않다. 처음 우리가 말해왔던 것처럼 나토 군은 반란군에게 무기를 제공하지 않았다. 즉 나토는 카다피를 전복할 반란군의 독자적 힘을 증강시키지 않았다."(「제국주의에 맞선 투쟁과 리비아」, 2011년 6월 15일)

TNC 군대를 강화하기 위해 나토와 기타 특수부대 요원 수백 명이 파견된 것은 널리 알려진 사실인데, 그러면 이에 대해서 WP는 어떻게 설명할까? 그 글은 다음과 같이 이어진다.

리비아의 군사 작전이 수개월 동안 지속되고 있었지만, 6월 초에 와서야 나토 공군/해군과 벵가지 지상군 사이에 직접적 명령 체계가 수립되었다.

나토 사령부와 반란군 사이의 "직접적 명령 체계"의 존재는, 대다수의 사람들에게 반란군이 '제국주의 도구'로 쓰이고 있다는 꽤 명백한 증거로 여겨질 것이다. '반란군'은 단지 '친제국주의적 반혁명적 지도부'만 가지고 있었던 것이 아니라, '사하라 주변 아프리카인들에 대한 인종적 학살'도 자행한 사실을 WP는 인정한다. 그러나 이러한 어떤 사실도 입장을 변화시키지 못한다.

사회주의자는 항상 독재자에 맞서 민주적 권리를 쟁취하려는 대중운동을 지지해야 한다. 그들이 얼마나 반(反)제국주의적이냐 하는 것은 중요하지 않다. ……

사회주의자들이 1980년 폴란드의 자유연대노조(Solidarnosc)를 대중적 노조운동으로 지지하는 것은 옳았다. 역시 이 경우에도 그 지도부의 친자본주의적, 친가톨릭적 성격은 중요하지 않다. 2차 세계대전, 공산당이 지도한 레지스탕스 운동이 프랑스 파리를 해방시켰는데, 그 운동은 어느 모로 보나 반제국주의적이지는 않았다.

혁명 내에서 혁명을 위해 싸우는 것은 이 모든 사회 운동 내에서 핵심적 관점이다. 그것이 관료화이든 변질이든, 모든 혁명 운동 내에는 반혁명적 씨앗도 같이 있다. 리비아 저항에 닥친 위협은 아주 명확하다. TNC는 구 카다피 정권 관료, 친사유화주의자, 친제국주의자 그리고 반(反)노동계급 인사들로 구성되어 있다.

—앞의 글

"친제국주의 그리고 반(反)노동계급" 강령이 이끄는 운동은 일반적으로 혁명운동이 아니다. 1921년 러시아에는 혼란스런 크론슈타트 반란자에서부터 완고한 백군 반혁명 지휘관에 이르기까지 "[볼셰비키] 독재에 맞서 민주적 권리를 쟁취하려는 …… 진정한 대중운동"이 존재했다. (1981년 폴란드 자유연대노조의 레흐 바웬사와 그 밖의 자본주의 복귀 세력을 지지한 WP나 여타의 좌익들처럼) 이 운동을 지지한 이른바 "사회주의자"는 실제로는 제국주의와 한통속이 된 것이다. 소비에트 블록에서 반혁명이 승리하기 몇 해 전, WP와의 논쟁에서, 우리는 다음과 같이 지적했다.

혁명가의 임무는 진실을 말하는 것이지, 반동적 정치운동을 '혁명'으로 묘사하는 것이 아니다. 폴란드의 많은 노동자들은, 자유연대노조의 지도를 추종하면서, 자신의 역사적이고 계급적인 이해에 반하여 행동하고 있다.

—「자유연대노조:트로츠키주의자의 시험대」, 1988년

TNC를 추종하는 리비아 노동자들도 같다. WP 창립자 중 한 사람인 데이브 스톡튼은 나토 하수인들이 트리폴리 진격에 성공했을 때 쓴 성명서에서 다음과 같이 말한다.

한때 카다피를 지지했던 제국주의자들은 이제 그를 반대하고 끌어내리려 하고 있다. 그들에게 우리는 다음과 같이 말하는 바이다. 저리 비켜라. 이 일은 당신들과 아무 상관이 없다. 리비아 인민 혼자서 카다피와 그의 추한 동조자들을 패퇴시킬 것이다.

—「사회주의자들은 리비아 혁명을 지지해야 하는가?」, 2011년 8월 22일

스톡튼은 누구를 바보로 만들려 하는가? WP 신입 회원조차도 틀림없이 알고 있을 것처럼, "리비아 인민"이 아니라, 나토가 카다피를 끌어내린 것이다. 스톡튼은, "결론적으로, 사회주의자는 항상 제국주의에 반대한다. 그러나 그들은 제국주의에 맞서 싸우는 자를 항상 지지하지는 않는다"는 말로, 제5인터내셔널동맹의 우익 기회주의적 혼란을 깔끔하게 요약한다.

WP와 반대로, 혁명가들은 항상 그리고 예외 없이, 군사적으로 제국주의 침략에 맞서는 신식민지 군대 편에 선다. 그 지도자가 마음에 들지 않는다 하더라도, 신식민지 질서 재구축 시도에 저항하는 자들을 군사적으로 지지하지 않으면서, "항상 제국주의에 반대"하

는 것은 불가능하다. 이 정책은 레닌이 이끌던 제3인터내셔널(코민테른)에서 유래했고, 1930년대와 1940년대 제4인터내셔널에 의해 계승되었다. 그리고 70여 년 전 트로츠키가 설명했던 것처럼 여전히 유효하다.

민족적 단결과 자립을 위한 피억압 인민의 투쟁은, 한편으로 그들에게 유리한 조건을 만든다는 점에서, 다른 한편으로 제국주의에 한 방 먹인다는 점에서 이중으로 진보적이다. 이것이 바로 문명화되고, 민주주의적인 제국주의 나라와 식민지의 후진적이고 야만적 군주주의와의 갈등에서, 피억압국가의 군주주의에도 불구하고, 억압국의 이른바 '민주주의'에도 불구하고, 사회주의자가 온전히 피억압국가의 편에 서야 하는 이유다.

제국주의는, 식민지를 장악하고 시장을 개척하며 천연자원을 획득하고 영향권을 넓히려는 자신의 야심을 '호전적인 자에 맞선 평화 수호', '조국 방어', '민주주의 수호' 등의 미명으로 감추려 한다. 이러한 선전은 완전한 사기이다. 그들을 지지하는 것이 아니라 그 반대로 인민 앞에서 그 가면을 벗겨내는 것이 모든 사회주의자의 임무이다.

―「레닌과 제국주의 전쟁」, 1938년 10월 30일

# 우크라이나와 러시아
## 그리고 유라시아의 쟁투

국제볼셰비키그룹★2015년

2014년 9월, 텔레비전 인터뷰에서 국가안보 전직 고문이자 오랜 기간 냉전주의자였던 즈비그뉴 브레진스키는, (ISIS로도 알려진) 이슬람국가가 미국에 어떠한 위협이 되는가라는 질문을 받고, 다음과 같이 대답했다.

우리는 세계 여러 지역에서 빠르게 번져가는 혼란을 마주하고 있다. 지금 중동이 그러한데, 그것은 서아시아로 그리고 중앙아시아로, 심지어 러시아 또는 중국에까지 그 혼란은 번질 수 있다. 또 한편으로 아프리카나 그 너머로 번져갈 수도 있다. 그리고 지금 우리는 후기 냉전—또는 부활된 냉전—이라고 불릴 만한 갈등을 러시아와 겪고 있다. 군사적으로 직접 부딪히는 것은 아니지만, 그 갈등은 우크라이나의 자유와 안정을 둘러싸고 전개되고 있다.

—〈MSNBC〉, 2014년 9월 14일

우크라이나와 레반트 지역(그리스와 이집트 사이에 있는 동지중해 연안 지역을 통틀어 이르는 말. 좁게는 시리아, 레바논 두 나라를 이른다―옮긴이)의 혼란스런 전쟁은 미국의 비밀 작전과 관련 있다. (이른바 '자유언론'이라고 불리는) 제국주의 선전매체들이 일상적으로 무시하지만, 이 관련이 바로, 브레진스키가 그의 유명한 책『거대한 체스판』에서 거의 20년 전 설명한, 전략 구상이 현실화된 모습이다. "유라시아를 지배할 그리하여 미국에 도전할 유라시아의 도전자가 등장하지 않았다는 것은 틀림없는 사실이다. 이 책의 목적은 그런 점에서 광범위하고 통합된 유라시아 지정학을 설명하는 것이다"라고, 그는 서두에서 말한다. 이 지역은 과거 500년 동안 "세계 권력의 중심지였다." 왜냐하면 "75퍼센트의 세계 인구가 유라시아지역에 살고 있고, 세계 대부분의 부가, 기업과 매장된 형태로, 그곳에 있기" 때문이라고 브레진스키는 설명한다. 미국의 세계 지배는 유럽 러시아 인도반도 동아시아와 중동을 포함하는 유라시아 장악에 달려 있다.

중동의 광대한 석유자원 통제는 미국 외교정책의 오랜 핵심 목표였다. 2003년 이라크 침공은 미국의 군사/정치적 지휘부 수립과 지역 통제를 의도한 것이었다. 미 제국주의가 상당한 인적, 물질적 희생을 통해 세운 시아파 정권이 점차적으로 이란 이슬람교정권과 가까워지면서 그 계획은 실패로 돌아갔다. 점증하는 이란의 영향력에 맞서기 위해, 미국과 여러 아랍정권들은 이란의 가장 중요한 지역 동맹 시리아의 바트 당 정권을 무너뜨리기 위해, 지하드 봉기에 자금을 대고 무기를 지원했다.

2013년 9월 버락 오바마는 봉기를 지원하기 위해 실행하려던 폭격을 포기했다. 유일한 아랍 동맹을 잃어버릴 것을 꺼려하는 러시아 블라디미르 푸틴 대통령이, 시리아가 일방적으로 화학무기를 폐기할 것을 제안한 직후였다. 미국 국립민주주의기금(National Endowment for Democracy) 수장 칼 거쉬맨은 다음과 같이 언급했다.

최근 러시아 대통령 푸틴은 시리아 아사드 정권 지지를 통해, 중동 내 러시아 지위 강화에 일정한 성공을 거두었다. 그러나 이 전선에서의 성공은 '인접 국가'에서 점점 심각해지는 문제에 비하면 훨씬 덜 중요한 사안이다. 서방과 바로 맞닥뜨리는, 전략적으로 결정적인 지역 말이다.

—《워싱턴포스트》, 2013년 9월 26일

동유럽에서 "우크라이나는 가장 큰 성과다"라고 지적하면서, 거쉬맨은 "미국은 이 지역 정부와 시민사회에 개입할 필요가 있다"고 제안한다. 외국자본을 위해 우크라이나의 문을 열어젖힐 "기회가 많다"고 그는 주장한다. 그것은 또한 러시아 복속이라는 더 큰 전략적 목표에 한 걸음 더 다가가는 것이 될 것이다.

러시아 민주주의 또한 이 과정에서 이득을 얻을 것이다. 유럽에 속하려는 우크라이나의 선택은 푸틴이 대표하고 있는 러시아제국 사상의 붕괴를 촉진할 것이다. ……

러시아는 또한 선택에 직면해야 할 텐데, 인접국에서만이 아니라 국내에서도 푸틴은 패배를 맛봐야 할 것이다.

거쉬맨은 또한 불과 몇 주 전에 "우크라이나 대통령 빅토르 야누코비치는 유럽연합(EU)과의 협조를 '현대적 유럽국가 건설의 자극제'라고 불렀다. 우크라이나 의회는 유럽연합이 요구하는 개혁조치들을 즉시 가결했다"고 지적했다.

2013년 9월 크림반도 얄타에서 열린 회담의 핵심 의제는 우크라이나의 미래였다. 1945년에 스탈린 처칠 루스벨트가 모여 회담을 개최한 그 유명한 빌딩에서 개최된 회의에는 토니 블레어, 빌 클린턴, 힐러리 클린턴, 전직 CIA 수장 데이비드 페트라스, 전 독일 수상 게르하르트 슈뢰더, 전 세계은행과 IMF 총재들 스웨덴 폴란드 그리고 여러 나라에서 온 정치 지도자들이 참가했다. 우크라이나 대통령 야누코비치와 현 대통령인 페트로 포로셴코도 참가했고, 블라디미르 푸틴 러시아 대통령의 측근인 세르게이 글라지에프도 참가했다.

대부분의 참가자들이 유럽연합 하의 우크라이나의 미래를 장밋빛으로 묘사했지만, 글라지에프는 제국주의적 정복 결과에 그다지 낙관하는 모습을 보이지 않았다. 러시아를 표제로 다룬 미국의 저명한 경제지《포브스》2013년 9월 23일자에 실린 마크 아도마니스의 글은 "그 회의에서 러시아와 유럽연합이 드러낸 극명한 차이는 유럽연합에 우크라이나가 가입하는 것이 바람직한가 여부가 아니라, 그것이 미칠 영향에 관한 것이었다"라고 썼다. 유럽연합에 대한 개방은 "우크라이나를 발전된 서방 경제에 신속히 결합시킬 것"이라는 이야기를 제국주의 대표단들이 쏟아놓은 데에 반해, 러시아 대표는 경제적 붕괴를 예상하며 디폴트를 피하기 위해 대규모의 공적자금 투여가 필요할 것이라고 말했다. 어지러운 상황 속에서 뭔가 확실한 정보를 원하는 투자가들을 독자로 거느린, 아도니마스는 "러시아의 입장에는 어느 정도 설득력이 있다"고 지적했다.

결국 독일과 우크라이나 소비재 생산자들 사이의 완전히 평등한 경쟁에서 누가 승리할 것인가? 단기적 관점에서, 서유럽의 선도 기업들이 우크라이나 경쟁자들보다 월등할 것이라고 예견하는 것이 미친 짓이라고 생각하지 않는다.

물론, 아도니마스가 잘 알고 있듯이, 아주 극소수의 우크라이나 생산자들만이 그 "단기"의 시작을 볼 수 있을 만큼 오래 살아남을 수 있을 것이다. 그는 결론짓는다.

브뤼셀(NATO, EU 본부가 있는 벨기에의 수도, 서방을 가리킴—옮긴이)이나 키예프(우크라이나공화국 수도, 쿠데타정권이 장악한 서부 우크라이나를 의미한다—옮긴이)의 장밋빛 이야기보다, 러시아의 입장이 진실에 더 가깝다. 우크라이나 통합 과정에서 심각한 재정적 도움이 필요할 것이고, 러시아인들은 그들이 그 재정지원자가 되지 않을 것이라는 데에 확고한 입장을 가지고 있다. 그렇다면 누가 그 비용을 조달할 것인가? 경제위기 이전이라면 '유럽연합'이라고 나는 대답했을 것이다. 그러나 2013년에 그것은 가능해 보이지 않는다.

"비용" "조달" 방법은 유럽과의 협약에 덧붙은 IMF 긴축정책에 함축되어 있다. 정부보조를 없애고 사회지출을 깎아서 우크라이나 족벌들과 그들의 협력자인 서방 금융자본의 자산을 보호하자는 것이다. 미주리 대학의 경제학 교수인 마이클 허드슨은 다음과 같이 지적한다.

IMF는 한 나라 정부의 재정적자를 메꿔주기 위해 설립된 것이 아니다. 대출금은 외국채권자들에게 갚을 돈을 꿔주는 것이고 특히 환율을 유지하기 위한 것이다. 높은 환율로 인한 손실을 줄이려고 예금자와 채권자가 해외로 도피시키는 자금을 벌충하기 위한 것이다.

—2014년 7월 7일

우크라이나의 에너지 구입 보조를 지속한다는 약속을 포함하여, 상당히 관대한 조건으로 150억 달러의 대출을 러시아가 제안하자, 우크라이나의 억만장자 족벌들의 부패한 하수인 야누코비치는 즉각 방향을 틀어 유럽연합에 등을 돌렸다. 이에 대해 '자유세계' 지도자들은 쿠데타를 촉진하는 것으로 응답했다.

외교정책기관과 뉴스매체들이 우크라이나의 혼란을 심화시킨다고 한 목소리로 푸틴을 비방하지만, '사실주의' 분석가들은 다른 시각을 가지고 있다. 시카고대학 출신의 유명한 '사실주의자' 존 머쉬마이어는 2014년 《포린어페어스》에 실린 「우크라이나 위기는 왜 서방의 잘못인가」에서, 다음과 같이 썼다.

민주적으로 선출된 친러시아 우크라이나 대통령의 불법적 타도는—그가 '쿠데타'라고 정당히 이름을 붙인—푸틴에게는 더 이상 참을 수 없는 일이었다. 그는 크림반도가 나토의 해군기지로 쓰일 것을 걱정하여 크림반도를 장악했고 서방에 합류 노력을 포기할 때까지 우크라이나를 불안정하게 만드는 것으로 대응했다.

브라운 대학 스테판 킨저는 「우크라이나 실패의 책임자 미국」이라는 제목의 논평에서 역사적 배경을 설명했다.

미국은, 1991년 소련 붕괴 이후부터, 중국이나 이란 같은 적국에 하는 것처럼, 러시아 포위 전략을 끊임없이 추구했다. 이전에 모스크바의 동맹이었던, 중부 유럽 12개 나라들을 나토 동맹으로 끌어들였다. 미국의 군사력은 지금 러시아 국경에 접해 있다. …… 이 위기는 부분적으로, 냉전 때부터 미국의 러시아 정책이었던 제로섬 계산법에 따른 것이다. 러시아의 손실은 미국의 승리이고, 러시아에게 유리한 것은 무엇이든 미국에게 해가 된다는 셈법이다. 이러한 접근은 사태를 누그러뜨리기보다는 대결을 더욱 고조시킨다.

—《보스턴글러브》, 2014년 3월 3일

지난 15년 동안, 러시아 자본주의 지배자들은 미국의 하위 파트너나 동맹이 되기를 바랐다. 그러나 실패했다. 그후 그들은, 푸틴이 월 스트리트저널 기자에게 2007년 2월 다음과 같이 설명했던 것처럼, 다른 생각을 갖기 시작했다.

우리는 그 동안 러시아의 유럽 쪽에 배치했던 중화기들을 철수하여 우랄 산맥 뒤쪽으로 옮겼다. 무장 병력을 30만 가까이 줄였다. 우리는 유럽재래식무기감축조약(Conventional Armed Forces in Europe treaty)이 요구하는 여러 조치들을 이행했다. 그러나 그 대가가 무엇인지 봐라. 동유럽은 신무기들을 들여오고 있고, 새로운 군사기지 두 곳이 루마니아와 불가리아에 건설되었고 체코공화국과 폴란드엔 미사일 기지가 들어섰다. 그래서 우리는 스스로에게 묻는다. 어떤 일이 진행되고 있는가? 러시아는 일방적으로 무장을 해제하고 있다.그러나 우리가 일방적으로 무장을 해제하면, 유럽의 상대방도 같은 행위를 할 것이라고 기대한다. 하지만 그 반대로, 유럽은 새로운 무기와 체계로 무장하고 있다. 물론 우리는 걱정하지 않을 수 없다.

## 마이단 시위─오렌지 혁명

미국의 '정권 교체' 계획이 시작된 몇 주 후, 오바마로부터 우크라이나 파일을 넘겨받은, 딕 체니 부통령의 전직보좌관 빅토리아 눌란드는 워싱턴에서 열린 2013 우크라이나 사업협의회에서 연설했다. 그 자리에서 그는, 우크라이나의 정치적 미래에 영향을 미칠 하수인과 협력자 관계망을 만들기 위해 50억 달러라는 거액을 투자했다고 털어놨다. 미국에 고용된 청부업자들은 야누코비치 반대 시위를 시작했고 그 결과를 지휘했다. 그러나 마이단 시위(우크라이나 수도 키예프의 마이단 광장을 중심으로 벌어진 친유럽 시위. 유로마이단이라고도 부름─옮긴이)에 대한 광범한 지지는, 오랜 기간의 민족적 언어적 분열과 겹쳐진, 우크라이나 사회에 내재한 심각한 사회모순의 표출이었다. 우크라이나인 70퍼센트가 우크라이나어를 모국어로 여기는 한편, 상당수의 소수는 자신들이 러시아인이라고 생각한다. 산업 노동계급의 다수를 구성하는 이 소수는 우크라이나 동쪽 지역에 집중되어 있다.

마이단 시위는 우크라이나 남부나 동부에서보다 서부에서 더 인기가 많았다. 이 양상은 2004년 이른바 '오렌지혁명'의 양상과 일치한다. 야누코비치 지지자들의 선거 탈취 시도로 촉발된, 제국주의가 지원한 그 시위는 정권교체를 낳았다. 2010년 선거에서 (당시 야당이었던) 야누코비치가 (2014년 시위에서 두드러진 반대 인사였던) 율리아 티모센코 수상을 이겼을 때, 그 지지자 대부분은 남부와 동부 출신들이었다.

야누코비치에 맞선 마이단 시위는 2013년 11월 21일에 시작되었다. 존 맥케인 상원의원과 그 밖의 미국 고위 정치인들은 "미국이 당신들과 함께한다!"라고 선언했다. 그 당시 정권의 무능력과 부패에 신물이 난 젊은이들은 시위대열에 빠르게 합류했다. 마르크스주의자는 이와 같은 대중적 결집에 참여하여, 시위 참가자들의 분노가 문제의 근원인 자본주의 그리고 한 줌밖에 안 되는 소수의 족벌들이 공공자산을 대규모로 강탈하여 발생한 심각한 사회 불평등을 향하도록, 이끌었을 것이다.

야누코비치와 그 무리들은 썩었고 자기잇속만 차리는 자들이다. 그러나 티모센코처럼 유럽연합을 지향하는 자들이라고 해서 더 나은 것은 아니다. 야누코비치 반대자들과 결합하여, 족벌 자산 몰수, 사회보장의 재건 그리고 이윤이 아니라 노동인민의 필요에 부합하는 경제활동 요구를 통해, 사회주의자들은 그 시위가 혁명적 방향으로 나아가도록 했을 것이다. 그랬다면 러시아, 동유럽 그리고 그 너머에서 수천만의 열광적 지지를 얻어냈을 것이다. 좌익 쪽에서 그 어떤 의미 있는 저항도 없는 상태에서, 시위는 기생적인 족벌들 사이에서 러시아편에 붙는 것이 좋은지 아니면 유럽연합에 붙어야 하는지를 둘러싼 논쟁 안에 갇히고 말았다.


## 마이단 시위에서의 파시스트의 역할

폭동진압경찰에 대항하여 화염병과 각종 무기들을 빈번히 사용했음에도 불구하고, 제국주의 언론들은 마이단 시위를 '평화적'이고 '민주적'이었다고 묘사했다. 서방 주류 언론들은 스보보다(Sbovoda)와 라이트섹터(Right Sector, 우익)라는 두 파시스트 조직들이 시위에서 중추적 역할을 했다는 사실에 대한 언급을 회피하고, 그들을 언급할 때는 단지 단호한 '민족주의자'라고 묘사한다. 두 조직은 공공연히 자신을 우크라이나 나치 협조자인 스테판 반데라(우크라이나 파시스트—옮긴이)와 동일시한다. 반데라의 조직인 우크라이나민족주의자들(Organization of Ukrainian Nationalists, OUN)은 2차 대전 당시 공산주의자와 폴란드인 그리고 유대인들을 대량 학살했다. 스보보다와 라이트섹터 두 조직은 모두 스보보다 지도자 올레 티아니복이 묘사하듯, '모스크바—유대인 마피아' 페미니스트 좌익 그리고 LGBT(레즈비언, 게이, 양성애자, 성전환자 등의 성소수자—옮긴이)들이 없는, 민족적으로 순수한 우크라이나를 추구한다.

마이단 시위를 혁명적 의미를 가지고 있는 인민의 봉기라며 환영한 좌익 조직들은 파시스트의 역할을 자연스럽게 경시한다. 키에프의 긴장이 최고조에 달했을 때, 에르네스트 만델의 통합서기국의 극단적 기회주의 계승자는 다음과 같이 선언했다.

우리는 이른바 유로마이단 운동과 나라 전체에서 표출된 대중적 민심 이반과 족벌과 범죄적 정권이 없는 민주국가에서 자유롭고 존엄하게 살고자 하는 열망을 지지한다. 한편 유럽연합은 그러한 열망을 충족시킬 수 없다는 것을 확신한다.

—「우크라이나에 대한 제4인터내셔널 국제위원회 성명」,
2014년 2월 25일

그러나 그 시점에서는, 민주적 삶을 열망하는 인민이 아니라, 우크라이나 러시아인과 유대인 그리고 공산주의자 제거를 목표로 하는 반데라의 후예들이 마이단 시위를 이끌고 있다는 것이 명백했다. 하지만 통합서기국의 이른바 '트로츠키주의자들'은 계속 마이단 운동을 지지했다.

지금 조직된 핵심 정치세력은 우익과 극우 출신이지만, 우리는 그 운동 내에서 좌익 반대파를 건설하려는 사회 정치세력을 지지한다. 그렇게 함으로써, 그들은 운동의 바깥에 있기를 거부해왔고 운동 전체가 극우세력과 동일시되는 것도 거부했다.

—앞의 글


우크라이나 노동자와 좌익들이 장차 사형집행인들과 함께 야누코비치에 맞서는 '운동' 건설을 도와야 한다는 제안은, 히틀러의 나치를 분쇄하기 위한 공산주의자와 사민주의자의 공동전선이라는 트로츠키의 정책을 뒤집어놓은 것이다. 노동운동의 불구대천의 원수와 '연대' 한다는 자살적 전략은, 대중운동은 그 지도부나 정치노선과 상관없이 언제나 필연적으로 '혁명적' 역동성을 가진다고 생각하는 객관주의적 방법론의 논리적 귀결이다.

마이단 반동들에 대한 통합서기국의 순응은, 1980년대 초 폴란드 자유연대노조(Solidarnosc) 운동의 종교반동들로부터 1991년 보리스 옐친의 자본주의 반동분자들에 이르기까지 과거 소비에트 권역 내의 다양한 반동들에 대한 지지와 유사한 것이다. 이 추악한 기록들 가운데서 가장 저질인 것은 아마도 1989년의 일일 것이다. 그때 통합서기국은 발틱의 나치 협조자인 '숲의 형제들(Forest Brothers)'과 연대했다.

20여 년 전에 반동세력들에 대한 지지를 반대하지 않았던 통합서기국의 미국 지부 사회주의행동(Socialist Action)은, "저항운동을 지도하는 정치조직들은 명백히 반동적 성격을 가지고 있다"라며, 마이단 시위의 파시스트들과 함께하는 것에 덜 적극적이었다. 사회주의자들이 스테판 반데라의 정치적 후계자들과 함께 싸워야 한다는 생각은 위험하고 터무니없는 생각이다. 그러나 사회주의행동이 기초하고 있는 통합서기국의 그간의 행적과는 완전히 일치한다.

최고조에 올랐을 때는 수십만 명에 달했던 반(反)야누코비치 시위 참가자 중 절대다수가 파시스트가 아닌 것은 분명하다. 그러나 우크라이나 좌익 사회학자 볼로디미르 이셴코가 다음과 같이 묘사하듯이, 파시스트는 핵심적 역할을 했다.

> 사실, 집회에 참가한 아주 소수만 극우 출신들이다. 그러나 단지 몇 천 명의 사람들이 그곳에서 지속적으로 머물렀던, 독립광장의 천막농성장에서 그들은 그다지 소수가 아니었다. 더욱 중요하게, 그들은 조직된 소수였다. 그들은 명확한 사상을 가지고 있었고, 효율적으로 움직였으며, 정당방위대 안에서 '수백 명의' 성원들을 구축했다. 그들은 또한 '우크라이나에 영광을!' '영웅들에 영광을!' '적에게 죽음을!' '우크라이나가 최고다!' 등의 자신들의 구호가 주로 외쳐지게 하는 데 성공했다. 그 구호들은 민족주의 하위 문화권에서만 쓰이던 것이었으나 이제는 공공연한 것이 되었다.
>
> —《뉴레프트리뷰》, 2014년 5~6월

시위대 대부분은 1940년대 반데라의 OUN을 생각하며가 아니라, 당시 '마이단의 영웅'을 생각하며 '영웅들에 영광을!'을 외친 것이다. 마이단시위를 지지하던 "자유주의자와 진보주의자들은 러시아 선전가들의 과장일 뿐이라면서, 극우들의 역할을 경시하는 이런 구호들을 채택했다"고 이셴코는 말한다. 그러나 반데라주의자들은 함께 하기를 거부했다. 무정부주의 조직이 마이단 천막농성의 정당방위대에 참가하려고 했을 때, 파시스트들은 그들을 쫓아냈다. 시위에 참가하여 선전물을 나누어주고 연설하려고 하는 좌익들과 조합노동자들

은 '공산주의자'라는 호칭으로 일상적으로 비난당했고, 종종 공격당
했다.


## 미국 민주당원과 신보수의 합의 : '빌어먹을 EU!'


에너지공급자와 EU의 경제적 통합을 저지하는 것은 러시아 인접
지역에 대한 미국의 핵심적 개입 목표 가운데 하나였다. 워싱턴은 독
일과 러시아 사이가 좋아질 가능성을 특히 걱정한다. 러시아와의 관
계를 '재구성'하겠다고 말했음에도 불구하고, 오바마 민주당 정부는
조지 부시의 공화당정부가 만든 틀에서 벗어나지 않았다.

2014년 1월 미 대사 지오프리 피아트와의 대담에서 눌란드는, '빌
어먹을 유럽연합!'이라는 악명 높은 말을 하며, 위기를 중재하는 데
에 유럽연합보다 유엔을 선호한다고 말했다. 그들은 또한 야누코비
치가 물러난 뒤, 반대파 중 누구에게 키예프의 권력을 넘겨주어야 할
것인지를 논의했다. 독일은 전 헤비급 권투선수 출신인 비탈리 클리
쉬코를 밀었다. 하지만 미국은, IMF 긴축과 우크라이나의 나토와 유
럽연합 가입을 지지했던, '야츠(Yats)'로 불리는 관료 아르세니 야체
누크를 선호했다.

마이단 광장에서 저격수들이 발포한 2014년 2월 20일, 몇 명의 폭
동 진압 경찰을 포함한 십수 명이 죽었다. 제국주의 언론과 반대파들
이 즉각 이 죽음이 야누코비치의 소행이라고 비난했고, 분노는 폭발
했다. 이 압력에 눌려 야누코비치는, 선거일을 당기고 2004년 오렌지
혁명 헌법을 부활시키고 키예프 중심지에서 폭동진압경찰을 철수시
키는 등의 내용을 담은, (마이단 저항시위 지도자들의 자문을 얻어 작성

된) 폴란드 프랑스 독일 외무장관과의 협상안에 동의했다. 경찰이 철
수하자마자, 파시스트가 이끄는 전투부대는 의회와 정부건물들을 장
악했다. 야누코비치는 내뺐고, 야체누크를 임시수상으로 하는 비상
정부가 2014년 2월 27일에 구성되었다. 4명의 파시스트가 새 정부의
장관이 되었다. 스보보다의 창립자 가운데 한 명인 안드리 파루비는
국가안보국의 국장이 되고, 라이트섹터 지도자 드미트로프 야로쉬는
부국장이 되었다. 오바마 대통령은 그 즉시 백악관 초대장을 '야츠'
에게 보내면서, 쿠데타를 일으킨 자들이 '헌법 절차'를 준수했다고
칭찬했다.

빅토르 유셴코 대통령의 전직 고문이었던 바딤 카라쇼프는 정권교
체 이후 권력 쟁탈전을 다음과 같이 묘사했다.


최근 쫓겨난 빅토르 야누코비치 대통령 치하에서, 족벌들의 이해는 그
의 서로 연결된 회사 소유자 '가족'에 의해 위협되었다. 그들의 이해는 남
은 족벌들 속에서 서로 공유될 것으로 보인다. "오늘 그들은 자신들을, 나
라의 단결을 추구하는, 우크라이나의 애국자들이라고 부른다"고 카라쇼
프는 말한다. ……

우크라이나에서 가장 유명한 TV 정치평론가 카라쇼프는 "모든 족벌들
이 시위에 뒷돈을 댔다. 핀추크와 아크메토프를 위해 금속 할당을 늘려주
며 유럽은 그들의 환심을 샀다. 그 둘은 모두 상당한 자산을 이미 서방에
합법적으로 옮겨놓았다"고 말한다.

—《파이낸셜타임스》, 2014년 3월 27일


새 정권이 등장하자마자 실시했던 정책 가운데 하나는, 야누코비
치가 2012년에 통과시켰던, 특정지역에서 인구 10퍼센트 이상이 사

용하는 언어는 우크라이나어와 더불어 공식어로 인정하는 법을 무효화하는 것이었다. 야누코비치가 통과시킨 법안으로 동부에서 러시아어가 공식어가 되었었고, 서부의 몇몇 지역에서는 헝가리어 루마니아어 몰도비아어에 같은 지위를 얻었다. 새 정부의 조치는 허둥지둥 철회되었지만, 그로 인해 크림반도와 동부 우크라이나에 형성되었던 반감은 그 뒤에도 가시지 않았다.

미 국무부는 새 정부의 '정통성'을 즉각 인정했다. 그러나 동부와 남부 우크라이나인들은 생각이 달랐다. 그들이 (마이단 시위대들이 구사한 전술을 이용하여) 공공장소를 점거하고 시위를 시작하자, 제국주의 언론은 이제 러시아의 사주를 받은 사람들이며 푸틴이 그것을 "조종"하고 있다고 비난했다.

## 크림반도가 우크라이나에서 나와 러시아와 재병합을 선택하다

새 정부에 대한 반대는, 우크라이나가 차르의 제정러시아에 병합된 300주년을 기억하기 위해 1954년 니키타 흐루쇼프가 우크라이나에 할양한, 크림반도에서 특히 두드러졌다. 러시아 흑해함대의 기지가 있고 에너지수출 핵심 운송망이 있는 세바스토폴을 잃는 것은, 러시아 정부에 경제적 그리고 특히 군사적으로 결정적 타격이 될 것이었다. 푸틴은 단호하게 행동했다.

2014년 3월 16일 급하게 치러진 국민투표에서 크림 거주민들은 95퍼센트라는 압도적 지지로, 우크라이나 내에서 자율성을 누린다는 1992년 크림헌법의 조건 속에서 우크라이나에 남기보다는, 러시아와 다시 병합하는 것을 선택했다. 크림 주민의 24퍼센트 정도가 우크라이나어 사용자인 한편, 거의 60퍼센트 정도가 러시아어 사용자다. (국민투표를 대체로 거부했던) 크림의 타타르 소수민족은 12퍼센트를 차지한다. 제국주의 언론은 그 국민투표를 무시했고, 미국과 그 동맹국들이 이라크 아프가니스탄 리비아에서 '충격과 공포' 작전을 시행한 것처럼 러시아가 크림을 그런 방식으로 삼켰다는 듯이 다루었다. 국무차관 존 케리는 뻔뻔하게도 "자신의 이해를 관철시키려고 그럴듯한 구실을 만들어서 다른 나라를 침략해서는 안 된다. 이번 것은 그와 같은 구실로 완벽하게 조작된 침략이다"라며 식식거렸다. 그러나 미국의 우파 자유주의자인 론 폴이 지적하는 것처럼, 침략은 없었고 단지 민주적인 투표행위가 있었을 뿐이다.

국민투표가 치러진 직후 백악관은 "우크라이나 크림 지역에서 오늘 치러진 '국민투표'를 우리는 거부한다. 이 투표는 우크라이나 헌법에 반하는 것이다"라고 말했다. 2월 쿠데타 또한 우크라이나 헌법에 반하는 것이었으나 그것은 미국의 심기를 전혀 건드리지 않았다. ……

이번 봄 우크라이나 동부에서 그 지역이 어디로 나아갈 것인가를 묻는 유사한 국민투표가 실시되었을 때, 2014년 5월 12일 기자회견에서 백악관 대변인은 "우크라이나 법을 위반한 것이고 명백한 분열과 무질서를 낳는 행위"라고 비난했다. ……

문제 있는 사람들이 투표를 하면 그것은 "분열과 무질서"를 낳는 것으로 보인다.

제국주의 나팔수들이 이른바 '국제법' 위반이라며 떠들어대지만, 인민들의 정서를 분명하게 반영한 그 결과에 대해 마르크스주의자들은 비난할 거리가 없다. 사실 크림의 우크라이나 군부 인사들 역시 키예프가 아니라 모스크바를 선택했다.

그 당시 국방장관이었던 스보보다 회원 이호르 테뉴크에 따르면, 기지에 주둔하던 1만 8천 명의 3분의 1 가량이 되는 약 6,500명의 우크라이나 병사들과 그 가족들이 크림을 떠났다. 나머지 3분의 2와 그 가족들은, 지난 주 러시아연방이 합병한 크림에 머무는 것을 선택했다. "우크라이나 군대에서 복무하기를 희망하는 4,300명의 공무원과 2,200명의 가족은 떠날 것이다"라고 테뉴크는 말했다.

—《가디언》, 2014년 3월 25일

푸틴은 크림투표 이후, 국제법 해석에 대한 나토의 비일관성을 지적했다.

게다가 크림의 당국자들은 잘 알려진 코소보 사례를 든다. 세르비아로부터 코소보의 일방적 분리를 결정했을 때, 그에 동의한 서방 동맹자들이 매우 비슷한 조건 속에서 자신들의 손으로 만들었던 그 코소보 말이다. 그것은 정당했고 국가 중앙권력으로부터 어떤 허락을 받아야 하는 일이 아니었다. 크림이 지금 하고 있는 것은 바로 그 같은 일이다. UN 헌장 1장 2조에 따라, 유엔국제법원은 이 같은 접근법에 동의했다. 인용을 해보겠다. "독립선언과 관련하여 안전보장이사회의 실천으로부터 어떤 일반적인 제약도 끌어낼 수 없다." 그리고 "국제법 일반은 독립선언에 대한 금지를 담고 있지 않다." 이 구절들이 말하는 것은 명백하다. ……

나는 인용하는 것을 좋아하지 않지만, 이 경우에는 그럴 수밖에 없다. 자 여기 다른 공식문서에서 인용한 구절이 있다. 2009년 4월 17일 미합중국의 성명이 같은 코소보 청문회 관련한 UN 국제법원에 제출되었다. 인용하자면, "독립선언은 아마도 때로는 종종 국가법을 위반한다. 그러나 그렇다고 국제법 위반이 되는 것은 아니다." 그들은 이것을 작성하고 세상에 널리 알렸다. 그 당시에는 모두가 동의했다. 그런데 지금은 분개한다. 도대체 무엇 때문에?

—BBC, 2014년 3월 19일


푸틴은 크림과 코소보에 대해서 제대로 지적한다. 그러나 마르크스주의자는 민족자결권을 러시아연방을 떠날 것을 분명히 원하는 체첸 인민에게도 확대해야 한다. 이 경우에 러시아 정부는 분리주의자들을 야만적으로 억압하고 있다.

크림 사건으로 러시아가 국제적으로 '고립'되었다고 서방 언론이 자축하고 있지만, 사실 세계의 많은 부분이 푸틴 편에 섰다.


브라질 러시아 인도 중국 그리고 남아프리카 등 이른바 BRICS 소속 나라들은 크림에 대한 러시아의 입장을 강력히 지지한다. ……

대부분의 소속 나라들이 서방의 식민지이거나 유사 식민지였기 때문에, BRICS는 민족자결권은 이른바 인도주의와 비확산 원칙보다 나중이라는 서방의 주장을 믿지 않고 있다. the BRICS는 이른바 인도주의와 반(反)팽창이라는 보편 원칙이 주권에 앞선다는 서방의 주장을 무척 미심쩍어한다. 그들은 2011년에 리비아 정부를 전복한 카다피 반대파를 위해 비행단을 띄우겠다는 나토의 결정에 대단히 비판적이었다. 또한 나토가 시리아의 바사르 알 아사드 정부를 전복하려 한다고 생각하고 있다.

—《디플로매트》(일본판), 2014년 3월 31일

2014년 11월 《포린어페어스》에서 리처드 하스 편집장은, 나토가 내세우는 대외명분의 약발이 떨어지고 있다고 암시한다. "보호의무 라는 명분은 더 이상 광범한 지지를 얻지 못한다. 그리고 다른 나라 사안에 대한 개입을 정당화하는 공통의 동의도 없다." 제국주의 선전 의 뻔뻔스러움은 상당히 널리 인식되고 있다.

> 브라질 사람들은 '그 원칙적 수사에도 불구하고' 2002년 베네수엘라, 2009년 온두라스, 2013년 이집트에 등장한 정통성 없는 쿠데타정권을 서 방이 즉각 인정했을 뿐만 아니라, '예를 들면 바레인에서, 폭압적 정권이 저항운동을 진압할 때 적극적으로 그 정권들을 지지했다'는 사실을 떠올 린다. 사태를 지켜보는 브라질 사람들은 묻는다. '2003년 이라크 침공을 통해 미국이 국제법을 어겼을 때 왜 아무도 G8에서 미국을 배제해야 한다 고 주장하지 않았는가? 왜 이스라엘 핵무기는 조용히 수용되면서 이란은 국제적으로 따돌림 당해야 하는가? 왜 미국에 협조적인 나라에서 일어나 는 민주적 정당성 결여와 체계적인 인권 침해는 허용되면서 다른 나라의 것은 문제 삼는가?
> —German-Foreign-Policy.com, 2014년 12월 10일

## 동부의 반란

키예프에 들어선 새 정부에 대한 반감은 크림에서 가장 큰데, 비슷 한 정서가 남동부 전역에 퍼져 있다. 특히 쿠데타 반대자들이 그들 자 신의 저항을 조직하기 시작한 산업지대 (도네츠크와 루한스크 지방으로 구성된) 돈바스 지역이 그렇다. 2014년 4월 도네츠크와 루한스크에서

반대자들이 '인민공화국'을 선포한 후, '우크라이나의 통합' 의지를 표방한 중앙정부는 '반(反)테러' 작전을 개시했다.

동부 반란군과의 전투를 위해 파견된 우크라이나 정규군은 열성을 거의 보이지 않았다. 반란자들에 대한 공감을 종종 표출하기도 했다. 파견부대 전체가 그들의 진압 대상과 합쳐버린 경우도 있었다. 사태를 수습하기 위해 새 정권은 대부분 마이단 시위에 참가했던 극우깡패들로 충원된 국민방위대(National Guard)를 창건했다. 키예프 새 권력의 파시스트적 성격은 영국 보수 신문인 《텔레그래프》 2014년 8월 11일자에 설명되어 있다.

2014년 3월에 공표되어 러시아의 후원을 받는 도네츠크와 루한스크 '인민공화국'을 짓밟기 위한, 키예프의 자발적 준군사조직의 투입은 유럽의 등골을 오싹하게 했을 것이다. 최근 그들의 지휘 아래 수천 명의 병력으로 돈바스, 드니프로 그리고 아조프 같은 지역에서 구성된 부대는 공식적으로는 내무장관의 통제 아래 있지만, 재정적으로 그 부대들이 어떻게 운영되고 있는지는 불분명하다. 그 부대들의 훈련은 불충분하고 그 사상은 걱정스러울 정도이다. 아조프 부대의 병사는 네오 나치의 문장을 사용하고 백인우월주의 반(反)유대 인종주의자들이다.

이러한 성격으로 볼 때 동부 진압 작전이 추악한 국수주의로 점철되어 있는 것은 놀랄 만한 일이 아니다.

동부 우크라이나의 운동에 대한 반인도적 표현이 널리 퍼지고 있는 것은 우려할 만한 일 가운데 하나이다. 소련 사람들이 위대한 애국전쟁이라고 부르는 전쟁에서 나치에 대한 승리를 기념하기 위해 검은색과 주황색을 띤 '성 조지 리본(St George's ribbon)'을 자신의 상징으로 삼은 사람들이 있다. 극우들은 이들 동부 우크라이나인들을 '콜로라도딱정벌레〔동부 우크라이나인들의 리본과 비슷하게 검은색과 주황색 줄로 된 등껍질을 한 벌레〕'라고 부르기 시작했고 이제는 그것이 주된 흐름으로 강력히 자리 잡고 있다.

—이셴코

2014년 5월 2일, 반(反)키예프 저항세력이 오데사의 극우들을 피해 어떤 건물로 숨자, 극우들은 그 건물에 불을 질러버렸다. 40명 이상이 살해당했는데, 몇몇은 총에 맞고, 몇몇은 타 죽고 나머지는 탈출하다가 맞아죽었다. 이 잔혹한 학살은 키예프의 초토화 작전이 지닌 잔인한 사이코패스 성향으로 인한 것이고, 그 장면이 기록되어 인터넷에 올려져 있다.

그 반대급부로, "스로비안스크의 무장 점령을 조직한 잘 무장된 러시아 지원군의 도착과 더불어", 반란 진영엔 반동적 러시아 민족주의가 퍼져 있다.

이들 대다수는 매우 보수적인 관점을 지닌 극우 러시아 민족주의자이다. 그들의 목표는 돈바스 그 이상이다. 그들에게 키예프는 러시아 도시들의 어머니이고 그들은 동부만이 아니라 우크라이나의 더 넓은 지역을 병합해야 한다고 생각한다. 이들은 도네츠크 인민공화국의 이념적 양상을 결정하는 데 크게 영향을 주고 있다. 예를 들어 모스크바정교회는 도네츠크공화국의 국가교회로 승인되었고, 임신 때부터 인간의 권리의 방어가 시작되어야 한다는 논리로 도네츠크헌법은 낙태를 금지했다. 분리주의자들이 과거 소비에트 연방을 인정한 것은 초강대국 미국과 경쟁할 위대한 조국 건설이라는 제국적 이상에 기초한 것이었다. 그 유산의 사회주의적 요소는 대단히 약하다. 몇몇 좌익들은 도네츠크공화국이라는 지향을 표현하는데 그들이 국유화를 옹호하기 때문이다. 그러나 그들의 헌법은 국가 소유가 아니라 사적소유를 우선시한다.

—이셴코, 앞의 글

제국주의 언론은 처음부터 돈바스 저항군을 러시아의 하수인으로 다루었고 그에 대한 대중적 지지를 무시했다. 러시아가 무기와 지원병을 공급하기는 하지만, 동부의 분리주의자들이 '자기 방어'를 위한 전사들이라고 주장하는 것은 정당한 것이다. 스테판 코헨이 다음과 같이 지적하듯이.

그들이 전투를 시작하지 않았다. 그들의 정부보다 더 정통성을 가지고 있지도 않은 정부에 의해 그들의 땅이 침략당하고 유린되었다. 그들 두 지방은 압도적 다수가 참여하여 지역 총투표를 실시했다. 다른 테러리스트와 달리 그들 자신의 공동체 바깥에서는 전투 행위를 전개하지 않았다.

—《네이션》, 2014년 6월 30일

도네츠크와 루한스크 인민공화국의 지도자들은 푸틴의 권고를 무시하고 키예프 대통령 선거 2주 전인 2014년 5월 11일 총투표를 실시했다. 돈바스 투표자들은 키예프의 새 정권에 압도적으로 반대했다. 총투표 문구의 애매함으로 인하여, (모스크바가 원하는 대로) 연방 형태의 우크라이나에 소속될 것인가 아니면 (분리주의 지도부 대부분이 원하는 대로) 러시아와 전면적으로 통합할 것인가는 모호하게 남았다. 민족성에 대한 그 지역의 태도는 전통적으로 양가적이었다.

돈바스의 또 다른 특성은 역사적으로 지역과 직업 정체성에 비해 민족 정체성이 상당히 낮다는 점이다. 그들은 항상 민족적으로 혼합되어 있었고, 그것은 중요하게 여겨지지 않았다. 그들은 항상 우선적으로 자신들을 돈바스 사람 또는 광부들이라고 여겼다. 서부 우크라이나에서는 문제가 전혀 다르다. 민족 정체성은 훨씬 더 의미있게 다루어진다. 이것은 돈바스 인민들이 우크라이나 민족주의를 왜 거부하는지를 설명해준다. 그것은 그들에게 완전히 낯선 것이다. 반데라를 숭상하는 극우 조직들에 대한 마이단의 관용 또한 동부 인민들을 결집하게 한 요소였다.

—이셴코, 앞의 글

우크라이나의 가장 부유한 족벌이자 분리주의자들에 반대한 야누코비치의 오랜 후원자인 리나 아크메토프는, 30만 명에 달하는 그의 고용인들을 설득하여 키예프 새 정권에 순응시키려는 목적으로 현장 모임을 연이어 열었다. 노동자들은 그다지 설득되지 않았다.

질문을 받은 대부분은, 지금의 상황이 직장과 지역 안정에 영향을 줄 것이라고 걱정은 하면서도, 도네츠크인민공화국을 지지한다고 대답했다.
……
공장노조 위원장 블라디미르 사도보이는 "일부는 러시아와 통합을 바라고 일부는 우크라이나에 남기를 원한다. 그러나 모든 사람들은 현 키예프 정권에 반대한다"고 말했다.

—《가디언》, 2014년 5월 20일

동부 반란군에 대한 모스크바의 태도에 대해 보리스 카갈리츠키는 다음과 같이 설명한다.

크렘린은 두 가지 문제에 직면했다. 한편으로 그 운동이 사회주의혁명의 방향으로 나아가는 것을 저지해야 한다. 반란에 가담한 노동자들은 여러 기업들을 장악하고, 국유화를 요구하며 반족벌적이고 반자본주의적 구호를 외치고 있다. ……

루한스크와 도네츠크에서 공화국 지도자들은 '사회주의적 요소'를 도입할 필요가 있다고 지속적으로 천명한다. 실질적으로 모든 것은 아직 말에만 머무르고 있다. 그러나 도네츠크에서 제기된 요구들은 우크라이나-러시아 국경의 다른 편에서도 분명한 지지가 형성되고 있는 한편, 그 언사들은 아래로부터 점증하는 압력을 축적하고 있다. ……

다른 한편으로, 키예프 정부에 맞서 전쟁을 지속하여 현 우크라이나 정부를 타도하는 것을 승리라고 생각하는 급진주의자들을 제지할 필요가 있다. 지금 존재하는 모스크바와 키예프 사이의 마찰로 인해, 현 정권을 유지하는 것이 러시아의 가장 중요한 우선적 정책 목표이다.페트로 포로셴토의 족벌 정권은 다소간 이해 가능하고 예상 가능하다. 그 몰락은 자동적으로, 우크라이나와 러시아 모두 현질서의 생존에 의문을 던지며, 어디로 향할지 모르는 변화를 낳을 것이다.

—《링크스》, 2014년 11월 10일


카갈리츠키에 따르면, 2014년 8월 하순 크렘린은 당근과 채찍 전략을 통해 반란군에 대한 실질적 통제력을 손에 쥐었다고 한다.


식료품 무기 탄약 공급의 증감과 어떤 부대에 공급하고 아닐지를 조절하는 방법으로, 그리고 불만자들은 협박하고 잘 따르는 자들은 격려하면서, 러시아 정부는 차츰차츰 그들이 원하는 형태를 만들어가고 있다.

—앞의 글

돈바스 인민 다수는 (분리하든, 자율권을 누리든) 다른 부르주아 국가 권력 틀이 더 나을 것이라고 생각한다. 많은 사람들은 우크라이나의 일부로 남기를 원하지만, 그들을 향해 살인적 '대테러 작전'을 수행하는 자들이 요구하는 조건은 원하지 않는다.

민족적 (그리고 준민족적이거나 공동체적) 갈등 문제에 대한 마르크스주의자들의 접근은, 가장 민주적 방식으로 차이를 해소하는 것이다. 그것은 보통, 억압 국가로부터 분리를 원하는 종속 인민의 소망에 응하는 것을 의미한다. 우리가 민족자결권의 행사를 지지하는 것은 더 작은 민족 단위를 원해서라기보다는, 그것이 민족적 적대를 없애는 데에 더 빠른 길이기 때문이다. 몇몇 경우는 계급적 갈등을 더욱 진전시키기 위해 (그리하여 나중의 자발적 통합의 길을 잘 닦기 위해) 인민의 분리 독립이 필요하다.

레닌주의자는 키예프의 통제로부터 벗어나려는 돈바스 인민의 열망에 반대할 이유가 없다. 그들의 분리 독립은 다른 어떤 인민에게도 위협이 되지 않을 것이다. 동부 우크라이나의 유혈 갈등에서, 억압자인 민족주의 통합주의자들에 맞선 토착 러시아어 사용자들의 저항을 우리는 군사적으로 지지한다. 전자가 그들의 공격에 파시스트들을 앞장세우고 있다는 사실은 결정적 고려사항이 아니다. 왜냐하면 키예프 세력에 저항하는 많은 사람들이 비슷한 정도로 혐오스런 정치 노선을 가진 극우 러시아 민족주의자이기 때문이다.


## IMF의 우크라이나 약탈 계획

키예프의 새 정권에 대한 민심 이반은 문화적이고 역사적 차이와 더불어 물질적 이해에도 기초하고 있다. 인민에 막대한 고통을 안겨 주려 하는 IMF와 협약을 체결했다는 것은 널리 알려져 있다.

　　보나마나, 우크라이나의 보통 사람들이 패배자가 될 것이다. 해외의 세금 도피처에 수십 억 달러를 자유로이 보낼 수 있는 족벌들과 달리, 이른바 개혁조치를 위해 그들이 지출해야 하기 때문이다. 최고의 수혜자는 현금 투기꾼들이 될 것이다. 긴축조치를 통해 채권을 회수할 서방의 은행들과 2014년 5월에 서명된 유럽연합 가입 협정 아래 우크라이나 시장과 값싼 노동력에 접근하게 된 할 수 있는 유럽 회사들 또한 그 수혜자가 될 것이다.

—《네이션》, 2014년 4월

　　IMF의 '구조 조정' 계획은 붕괴된 우크라이나 경제를 재건하는 것으로 시작하겠다는 시늉조차 하지 않는다. 1991년 반혁명 이후 국가 자산을 뭉텅이로 차지한 족벌들은 나라의 살점을 떼내는 국제 금융 자본가들의 현지 하수인 역할을 하게 될 것이다.

　　우크라이나 지도자들은 대체로 도둑놈들이다. 그들의 목적은 나라를 구하는 것이 아니라, 자신들의 권력을 키우는 것이다. 조지 소로스는 그 목적을 이루는 최선의 길은 서방 파트너를 구하는 것이라고 쓴 바 있다. 이것은 그 도둑놈들 배후에 있는 미국과 유럽인들의 경제 장악력을 강하게 할 것이다. 서방의 지지는 IMF와 유럽 자본가들로 하여금 통화를 떠받치기 위해 더 대출하게 할 것이고 그러면 우크라이나의 족벌들은 영국 은행이나 미국 은행 등 서방으로 자신들의 돈을 안전하게 옮길 수 있을 것이다.

—마이클 허드슨을 인터뷰 한 글, 2014년 7월 7일

족벌들과 그들의 외국 파트너들은 잘나갈 것인 반면, 노동인민은 줄어든 임금과 연금, 더 높아진 세금과 난방비를 만나게 될 것이다. IMF 계획서의 중심엔 공공자산의 사유화가 있다.

경제는 이제 '도로요금소 경제'로 바뀌었다. 지금까지의 무료 공공도로는 유료도로로 바뀌었고, 다른 교통수단이나 수도와 하수도 시설 또한 사유화되었다. 이로 인해 생활비가 올랐고 노동비용도 상승했다. 한편 시장을 위축시키고 실업을 늘린 재정 긴축으로 인해 임금 수준은 짜부라들었다.

—앞의 글

우크라이나는 이른바 '자유 시장'의 고통을 이미 20년 동안 겪었다. "그 동안 탐욕스러운 지도자들은 소비에트 연방 붕괴 당시보다 우크라이나인들을 평균 20퍼센트 더 가난하게 만들었다."(《이코노미스트》, 2014년 11월 15일) 돈바스에 대한 군사작전으로 경제는 이미 험악하게 망가지고 있다.

우크라이나 공업중심지 도네츠크와 루한스크 지방의 전쟁은 이러한 실패들을 증가시켰다. 두 지방은 보통 우크라이나 GDP의 16퍼센트를 차지하고, 〔전력생산의 40퍼센트를 담당하는〕 석탄의 95퍼센트를 공급하고 상당한 양의 수출품을 생산한다. 2014년 9월 루한스크 공업생산은 전년대비 85퍼센트 가량 떨어졌고, 도네츠크는 60퍼센트 가까이 떨어졌다.

—앞의 글

이미 절망적인 우크라이나의 상황은 점점 더 악화될 것이다. (외화로 갚아야 하는) 140억 달러 부채의 만기는 2016년이다.

러시아에 대한 우크라이나의 경제적 가치는 주로 석유와 가스관의 유럽행 운송 경로라는 데에 있다. 러시아는 우크라이나에 더욱 중요하다. 브루킹스 연구소의 최근 연구는 그 사실을 직설적으로 지적한다. "지금 러시아는 무려 50억 달러 가량을 우크라이나에 매년 지원한다. 아마 100억 달러일지도 모른다." 미국의 '진지한' 경제 전문지를 읽는 독자들이나 많은 좌익 인사들은 우크라이나에 대한 러시아의 관계는 식민지에 대한 제국주의 세력의 그것과 비슷하다고 생각한다. 그러나 실제는 매우 다르다.

보조금에 대해 말할 때, 우리는 보통 우크라이나에 값싼 가스를 제공할 러시아의 능력을 생각한다. 그러나 단지 겉으로 드러나지 않았을 뿐, 러시아가 우크라이나를 지원하는 경로는 다양하다. 그 핵심적 방식은 러시아가 우크라이나의 중공업에 주문하는 것이다. 우크라이나 공업의 이 분야는 거의 전부를 러시아의 주문에 의존한다. 그것들은 다른 곳에는 팔리지 않을 것들이다. 우크라이나의 남부와 동부는 러시아에 있는 것과 비슷한 소비에트 시절의 낡은 기업들이 대부분이다. 그것들은 오직 (압도적으로 러시아의) 석유와 가스로 인해 유지되는 기업들이다. 러시아의 보조금으로 소비에트 이후에도 그 구조를 지탱해왔다. 이 보조금 대부분은 비공식인 까닭에 공식통계에 잡히지 않는다. (사실 언급하는 것이 그에게 유리할 수도 있을 테지만, 푸틴조차 그것에 대해 언급하지 않는다. 왜냐하면 가치 파괴적인 우크라이나 기업에 대한 러시아의 숨은 보조금의 존재가 드러나는 것은 더 커다란 규모로 진행되어온 러시아 쪽의 문제가 드러날 것이기 때문이다. 그들 또한 실제의 가치를 생산해내지 않는다.)

「완전한 경제 붕괴의 위기에 선 우크라이나」라는 글에서, 비즈니스 인사이더 웹사이트는 다음과 같이 보고한다.

러시아와의 깊은 경제관계는 최근 몇 달 동안 고통스런 조정 과정을 거쳐야 했다. 수출은 작년부터 달러가치로 19퍼센트 가량 하락했고 앞으로 더 떨어질 것이라고 예측된다. 우크라이나 수출이 처한 난관의 가장 대표적 사례는 소비에트 시기 대형수송기와 그 밖에 몇몇 기종의 비행기 제작사로 알려진 안토노프다. ……

러시아와의 군사적 협조가 끝난 이후, 안토노프는 위기를 맞았다. An-148기종을 러시아 공군에 납품하지 않았기 때문에 최근 15억 달러 가량의 손실을 입어야 했다. 러시아는 이 비행기의 대체물을 찾게 될 것이다. 그러나 대단히 경쟁적인 세계 비행기 시장에서 안토노프는 다른 고객을 찾기가 쉽지 않을 것이다.

—2014년 9월 21일

GDP는 하락하고, 공공부채는 치솟고, 공업생산은 붕괴되고, 통화 잔고는 바닥나고, 우크라이나 화폐인 흐리브냐의 가치는 곤두박질치면서, 그 글은 "국가의 공공부채 문제는 유지될 수 없고 디폴트(채무 불이행—옮긴이) 가능성은 점점 높아지고 있다"고 결론짓는다. 도탄에 빠진 인민들을 구제하거나 경제를 되살리는 데에 관심이 없는, 키예프의 나토 우방들은, 우크라이나가 빈곤한 신식민지의 하나로서, 이른바 '자유세계'로의 완전한 '편입'을 추구하고 있다. 다이아나 존스톤은 다음과 같이 묘사한다.

우크라이나는 유럽에서 가장 많은 양의 셰일가스 매장지다. 다른 유럽인들처럼 우크라이나인은 그들 땅에서 프래킹(환경오염 우려가 제기되는 셰일가스 추출 기술—옮긴이)으로 인한 환경재해에 반대하는 시위를 벌였지만, 다른 나라와 달리, 우크라이나는 제한 법률이 없다. 쉐브론은 이미 개입하고 있다. ……

미국 부통령의 아들인 헌터 바이든은, 지난 5월, 우크라이나의 가장 큰 개인 가스 생산자인 부리스마홀딩스 이사회에 참석했다. 헌터 바이든은 그 지주회사의 법률기관을 맡을 것이고 '국제적 확장'을 위해 일하게 될 것이다. ……

우크라이나는 비옥한 땅과 셰일가스를 가지고 있다. 미국의 거대농업기업인 카길은 특히 우크라이나에서, 노보로시스크에 있는 흑해항구와 곡물창고 동물사료와 대규모 달걀 생산을 하는 농업회사인 우크랜드파밍이란 회사에 투자하는 등 활발히 움직이고 있다. 아주 역동적인 미국—우크라이나 사업협의회엔 몬산토, 존디어, 농사장비 제조사 CNH인더스트리얼, 듀폰 파이오니아, 엘리릴리앤드컴퍼니가 소속되어 있다. 쉐브론이 후원한 미국—우크라이나 사업협의회 자리에서 빅토리아 눌란드는 우크라이나를 손에 넣기 위해 미국은 지난 20년 동안 50억 달러를 썼다고 언급했다.

—《카운터펀치》, 2014년 12월 9일


IMF 긴축정책의 완전한 실시는 2016년까지 연기되었다. 아마도 동부 우크라이나를 안정시킬 시간을 벌기 위함일 테지만, 공공자산 매각을 위한 기초 작업은 이미 착수되었다. 이 막중한 임무를 우크라이나나 그 인민에게 모종의 애정을 가지고 있는 사람에게 맡겨선 안 된다고 미 국무부는 생각한다. 그렇기 때문에 3개의 핵심 직책은 외국인에게 맡기는 것으로 결정되었다.

새 재무장관은, 미국 시민이며 국무부 전 직원이었고 오랜 동안 비공개기업투자펀드(투자자를 비공개 모집해 자산이 저평가된 기업에 투자, 가치를 높인 뒤 주식을 매각하는 고수익 투자회사-옮긴이)를 운영했던, 나탈리에 야레스코다. 야레스코는 키예프에 "새로 개설된 미 대사관의 경제부처를 이끌기 위해" 1992년에 우크라이나에 파견되었다.

1995년 그녀는 미국 정부가 출자한 비공개기업투자펀드인 서방NIS사업기금에서 일하기 위해 미 대사관을 떠났고 그녀는 그 회사의 최고경영자가 되었다. ……

2004년에 그녀는 호라이즌캐피탈이라는 자신의 펀드를 창설했다. ……

오렌지혁명 동안, 야레스코는 친서방 봉기에 대한 지지의사를 숨기지 않았다. 그녀는 당시 대통령인 빅토르 유셴코의 외국투자고문위원회에서 일했다.

——자유유럽라디오, 2014년 12월 3일

벌처 펀드(부실 자산을 헐값에 사서 가치를 올린 뒤 되팔아 차익을 내는 것을 목적으로 하는 투자 신탁기금-옮긴이)에서 일한 배경으로, 야레스코는 우크라이나 농장과 여타 유형 자산 매각을 관장할 적임자로 꼽혔다. 그녀를 지원하기 위해, 미국이 총애하는 또 다른 사람인, 리투아니아 은행가인 아이바라스 아브로마비시우스가 경제장관으로 임명되었다. 아브로마비시우스는, "2012년에 거의 1억 달러를 우크라이나에 투자한 경제 주역 중 하나"라고 자유유럽라디오(냉전 당시 반소련/동유럽 선전을 목적으로 설립된 라디오방송기관-옮긴이)가 묘사한,

"자산관리 기업인 이스트캐피탈에서 펀드매니저와 사업파트너"로 일했던 사람이었다.

세 번째로 임명된 외국인인 알렉산더 크비타쉬빌리는 미국에서 훈련받고, 2003년 이른바 '장미혁명'을 통해 그루지아 권력을 장악한 미국 하수인, 미하일 사카쉬빌리 대통령 내각에서 보건부 장관이 된 자이다. 우크라이나 말을 하지 못하고 그 나라에 살아본 적도 없는 크비타쉬빌리는, 자유유럽라디오에 따르면, "보건행정 내에 만연한 부패를 차단할 전면적 개혁" 조치를 도입하겠다고 약속하고 있다. 다른 말로 바꾸면, 보건 분야에서 더 많은 고혈을 짜낼 것이라는 것이다. 세계보건기구에 따르면 우크라이나 보건은 이미 처참하다.

니트잔 박사(세계보건기구 우크라이나 대표-옮긴이)는 "보편적 의료서비스는 오직 종이 위에만 있다"고 말한다. "인민은 의료서비스의 많은 부분을 지불해야 하고, 약을 알아서 구해야 하며 정해진 가격이 없다"고 그녀는 덧붙인다. 전쟁과 재정 위기는 가난한 사람들을 더 가난하게 만들었다. 그들은 의료서비스, 약 또는 백신주사에 거의 접근할 수 없다.

—WHO, 2014년 12월 10일

## 러시아 경제를 망가뜨리기 위한 제국주의 제재

동부 우크라이나 문제를 평화적으로 해결하겠다는 공약을 내걸며, 2014년 대통령으로 뽑힌 초콜릿 족벌 페트로 포로셴코는 당선되자 즉각 그 공약을 어기고 반란군을 진압하기 위한 노력을 배가하였다. 동부를 장악하기 위한 명목으로 IMF가 170억 달러를 제공한 바 있으므로, 이는 전혀 놀랄 만한 일이 아니다. 민간인 거주 지역 포격과 극우 기습부대 투입은 키예프 정권이 돈바스 지역 '민심'을 달랠 생각이 없음을 보여주는 것이다. 그러나 반란군의 패배를 원치 않는 러시아 정부는 현 상태를 유지하기에 충분할 정도의 지원을 은밀히 제공하고 있다.

"스스로를 광의의 러시아 공동체 소속이라고 생각하는" 인민의 학살을 막을 명목으로만 "접경 지대"에 러시아 병력을 투입할 것이라고 푸틴은 공언하고 있다. 우크라이나에서 그의 목표는 돈바스 지역 자치를 보장할 약속을 얻어내는 것이다. 군사 갈등이 더 길어지면 러시아와 그 제국주의 유럽 '파트너'는 잃을 것이 많지만, 유럽-러시아 간 무역의 10분의 1 정도밖에 되지 않는 미국은 별로 잃을 것이 없고, 유럽과 러시아 사이를 더 벌리는 일에 힘을 쏟고 있다.

2014년 7월, 말레이시아 MH17기가 격추되면서 298명의 사상자를 냈을 때, 제재 수준을 높이는 것을 달가워하지 않던 유럽연합은, 최소한 당분간은, 제재에 어쩔 수 없이 가담해야 했다. 미국 정부는 돈바스 반란군과 러시아를 즉각 비난했지만, 그 사건은 제국주의 조언자와 공모한 키예프 정권이 저지른 '조작 사건'일지도 모른다. 어찌되었건, MH17기의 추락으로 미국은 EU로 하여금 더 가혹한 제재에 참여하게 만들 수 있었다.

러시아 경제에 타격을 가하고 러시아 정부가 우크라이나 분리주의자 지지를 포기하도록 할 목적의 경제제재 전면화를 EU가 선언하자, 미국은 새로운 페널티를 러시아에 가했다. ……

오바마 행정부의 강력한 압력에도 불구하고, 몇 주 전까지, 미국과 유럽연합은 러시아를 상대한 정책들에 대하여 서로 큰 입장 차이가 있었다.

그러나 미국이 친러시아 분리주의자의 소행이라고 비난한, 2주 전의 말레이시아 항공기 격추 사건 이후, 그 차이는 빠르게 좁혀졌다.

—《파이낸셜타임스》, 2014년 7월 29일

2014년 7월 29일자 《뉴욕타임스》는 그 조치들은 "러시아 정부의 부와 힘의 원천을 겨냥하여, 새 석유 자원을 개발할 러시아의 장기적 능력을 가로막는" 것이 목적이라고 솔직하게 분석했다.

러시아에 상당히 많이 투자하고 2013년에 총 360억 유로 상당의 상품을 수출한 독일 자본가들은 그 경제제재를 강력히 반대해왔다. 2014년 8월 8일 논설에서, 독일 유력 경제신문인 《한델스블랏》 발행인 가보르 슈타인가르트는 독일과 미국의 정치적 이해의 차이를 날카롭게 대조하였다.

협박을 가장한 행동은 단지 (미국의) 선거를 위한 준비에 불과하다. 힐러리 클린턴이 푸틴을 히틀러에 비교하는 것은 세상 물정을 잘 모르는 공화당 지지자의 표를 얻기 위한 것이다. 그들에게 히틀러는 그들이 아는 유일한 외국인이고, 그것이 푸틴 혐오 캠페인으로 만든 '아돌프 푸틴'이란 말이 환영받는 이유다. 이런 관점에서 클린턴과 오바마는, 국민들에게 호소하고 선거에서 이겨 민주당 대통령을 다시 창출하자는, 실제 목표를 가지고 있다. ……

앙겔라 메르켈에겐 이와 같은 정상참작 요인이 거의 없다. 지리적 상황은 모든 독일 수상들로 하여금 보다 신중해지게 만든다. 유럽 공동운명체의 일원이고 러시아의 이웃 나라이며 이 나라 저 나라로부터 에너지를 공급받는 처지에 있는 우리 독일인들은 안정과 대화에 더 간절한 이해관계를 가지고 있다. 우리는 미국 티파티(Tea Party, 미국 공화당 내의 강경보수 의

견그룹-옮긴이)의 시선으로 러시아 문제를 볼 수 없다.

—《한델스블랏》, 2014년 8월 8일

독일 부르주아지는 우크라이나를 나토의 완충지대로 유지하기 위해 러시아를 지지해왔다. 2008년 미국이 나토 회원국 후보 명부에 올리자고 제안했을 때, 메르켈은 반대했다. 그녀는 포로셴코가 그 주제로 국민투표를 열겠다고 한 2014년 11월에도 역시 반대했다.

독일 산업은 포로셴코의 계획을 우려한다. 나토를 향한 그의 지향은 "러시아-우크라이나의 관계를 더 악화시킬 것"이라고, 러시아와의 사업을 촉진하는 독일 동구무역위원회(Ost-Ausschuss) 수장인 라이너 린드너는 함부르크에서 말했다. 그것은 "우리가 보고 싶어하지 않은 것"이라고 그는 말한다.

—《블룸버그》, 2014년 11월 26일

2014년 12월 1일 푸틴은 우크라이나를 경유하지 않고 러시아 가스를 남유럽으로 공급할 사우스 스트림 가스관을 취소한다는 깜짝 발표를 했다. 이미 협상된 약정에 새로운 조건의 소급 부과를 EU가 시도한다는 이유에서였다.

하지만, 관측자들은 우크라이나를 둘러싼 권력 다툼과 가스관 건설을 지연시키려고 불가리아에 대해 갑작스레 상승시킨 유럽연합과 미국의 압력 사이의 상관관계를 발견한다. 불가리아는 사우스 스트림으로 상당한 이득을 얻을 것으로 예상된다.

—German-Foreign-Policy.com, 2014년 12월 3일

사우스 스트림은 흑해를 지나 불가리아, 세르비아와 헝가리를 거쳐 오스트리아 집결지에 이르도록 계획된 것이었다. 거기에서 가지를 뻗은 가스관들은 슬로바니아 이탈리아 그리고 크로아티아에 이르도록 계획되었다. 미국의 오랜 공작으로 폐기된 그 계획은 EU를 엿먹였다.

> 사우스 스트림은 이탈리아 ENI(Ente Nazionale Idrocarburi, 이탈리아석유공사–옮긴이)가 20퍼센트의 지분을 갖는 등(가스프롬은 50퍼센트–옮긴이) 이탈리아가 관심을 갖던 사업이었다. 하지만 프랑스EDF(Electricite de France, 프랑스전력공사–옮긴이)와 독일 윈터쉘(Wintershall, 독일석유회사–옮긴이)도 각각 15퍼센트씩의 지분을 가지고 있다. 독일인 게르하르트 슈뢰더는 노스 스트림 이사회장이고 다른 독일인 헤닝 보쉐라우는 사우스 스트림의 이사회장이다. 이 계획이 실행된다면 유럽 가스공급에 대한 독일의 영향력이 확장될 것이었다.
>
> —앞의 글

러시아는, 이제 대부분의 가스를 러시아에 대서 쓰는 터키로 사우스 스트림이 방향을 틀도록 계획된,가스관 초기 구간 건설에 이미 45억 달러를 쏟아 부었다. 새로운 계획이 실시되면 터키로 가는 양은 지금보다 4배가 될 것이고 그러면 터키가 유럽연합의 핵심 분배기지가 될 것이다. 그러면 터키의 영향력은 크게 증가할 것이고 터키와 러시아 사이의 관계는 더 밀착될 것이다. 터키가 나토 회원국이고 러시아의 동맹국 시리아의 '정권교체' 작전의 협력자이긴 하지만, 2013년 이집트 군사쿠데타를 둘러싸고 미국과 날카로운 차이를 노정하기도 했었다. 만약 가스관 계약이 성사되면, 러시아에 대한 미국

/EU 제재에 참가하지 않는 조건으로 터키는 상당한 배당금을 챙기려 할 것이다.

EU는 사우스 스트림의 폐기가 되돌려질 수 있는 것이라고 생각한다. 그리고 독일은 아직도 모스크바와 협약을 맺기를 원한다.

독일 경제장관 지그마르 가브리엘(사민당)이 "유럽 전체는 그 계획이 소멸되지 않았기를 바란다"고 말했다고 한다. 그는 "러시아, 우크라이나 그리고 유럽연합의 상황이 다시 안정되고 대화가 재개되기를 바랄 수밖에 없다"고 덧붙였다.

—German-Foreign-Policy.com, 2014년 12월 3일


## 세계 석유가격의 지정학

2015년에 5퍼센트의 성장이 기대되었던 러시아 경제는 석유가격의 급격한 하락으로 경제제재보다 더 큰 타격을 받았다. 세계 최저의 비용으로 생산하는 사우디아라비아는 예전처럼 석유 생산을 억제하여 가격을 떠받치지 않았다고 비난받고 있다.

사우디 왕국은 최근의 석유 전쟁에서 두 목표를 가지고 있다. 전통적 생산과 경쟁하려면 더 높은 가격을 유지해야 하는, 미국의 셰일 석유를 압박하여 시장에서 쫓아내려는 것이다. 더 넓게는, 시리아 내전에서 바사르 알 아사드 정권을 지지하는 러시아와 이란이라는 두 경쟁자를 혼내주려는 것이다.

—《로이터》, 2014년 12월 15일

강력한 미국 석유압력단체의 반대에도 불구하고, 미국은 사우디의
행동을 승인하는 것으로 보인다.

동맹국 사우디의 도움으로, 이미 약해진 시장에 원유를 쏟아 붓는 방식
으로 석유가격을 끌어내리려 한다. 러시아와 이란인들은 석유 수출에 크
게 의존한다. 그들을 다루기 더 쉬워질 것이다. ……

미 국무장관 존 케리가, 사우디가 일반적 시장가격보다 싸게 원유를 파
는 조건으로, 압둘라 왕과 2014년 9월에 계약을 할 것으로 알려져 있다.
이슬람국가로 인해 시리아와 이라크가 혼란스러운 가운데, 보통이라면 가
격이 상승해야 하는 때에, 가격이 왜 떨어지는지를 이해하는 데 도움이 될
것이다.

—《가디언》, 2014년 10월 9일

논평가 마이크 휘트니가 지적하듯이, 이 정책은 커다란 위험 없이
미국 경제를 높이 떠받치기 위한 것이다.

석유가격의 폭락은 에너지회사들로 하여금 부채상환을 연장하거나 현
재의 사업을 유지하기 위한 자금을 얻기 어렵게 만든다. 얼마나 보유하고
있는지에 따라 회사들은 융자를 얻는다. 그러나 지난 6개월간 그랬던 것처
럼 50퍼센트 가까이 떨어졌을 때 보유량의 가치는 급격히 떨어지고 시장
접근 기회가 축소될 것이다. 최고경영자는 자산을 폭탄세일 가격으로 팔
아야 할지 아니면 파산해야 할지를 우울하게 선택해야 할 것이다. 일정한
틀 내에서 문제가 한정된다면, 걱정할 필요가 없다. 그러나 에너지회사의
실패가 금융체제에 파급되고 그것이 은행들을 강타할 것을 월가는 걱정하
는 것이다.

## 러시아의 아시아 중심축 : '새 비단길'을 따라가다

미국이 단지 여러 열강 가운데 하나일 뿐인 '다극' 정치체제라는 러시아의 목표를 중국 관료는 공유한다. 2013년에 시진핑 주석은 카자흐스탄을 방문하여, 중국에서 시작하여 중앙아시아를 지나 유럽에 다다르는 '새 비단길 경제벨트' 건설 계획을 발표했다. 한 달 뒤 그는, 중국 남동아시아 그리고 벵골만(灣) 지역의 주요 항구들과 특별 경제구역을 아우르는, 미래의 '바다 비단길'을 구상했다. 이 계획은 도로 고속열차 에너지파이프라인 그리고 해양시설의 새로운 네트워크를 건설하여 유라시아의 경제적 통합을 크게 증진시킬 것이다.

중국은 이미 500억 달러에 달하는 에너지와 사회기초시설 계약을 카자흐스탄, 우즈베키스탄, 투르크메니스탄, 키르기스스탄 그리고 타지키스탄 등과 체결했다. 스리랑카는 14억 달러를 해상운송을 개발하기 위해 할당했다. 동유럽 또한 예비작업을 시작했다.

유고슬라비아의 베오그라드에서 루마니아 부쿠레슈티로 이어지는 고속열차에 투자하기로 한 중국의 협약은, 특히 에너지와 사회기초시설부문에서 이번 주 중국과 중부/동부 유럽 정상회담 동안 체결된, 100억 달러 상당의 투자 중 하나다.

—《bne인텔리뉴스》, 2014년 12월 18일

대만의 《원트차이나타임스》는 2014년 9월 16일, 계획된 총투자 금액은 깜짝 놀랄 만큼 어마어마한 21조 달러에 달한다고 보도했다.

실적을 낸다면, 비단길은 실질적으로 유라시아 대륙 전체를 상대로 한 중국교역을 부흥시킬 것이다. 한편, 중국이 필요 사회기초시설 개발을 위해 자금을 배당한 가운데, 광대한 무역망은 중국을 위험한 나라로 보기보다는 이익을 안겨주는 후원국으로 바라보는 정부들의 수를 늘릴 것이다. ......

중국 경제력은 크게 상승하고 있다. 그리고 여전히 늘고 있다. 중국은 자연히 외교의 영향력을 증진하기 위해 유리한 금융 상황을 이용하려 할 것이다. 중국의 비단길 경제벨트와 해양 비단길을, 2차 대전 이후 미국이 실시한 마셜플랜에 비교하는 것은 우연이 아니다. 두 경우 모두, 떠오르는 열강은 자신의 경제력을 (자신의 국내경제를 유지하는 기본적인 목표와 더불어) 외교 목표를 달성하는 데에 이용하려 한 것이다.

—《디플로매트》, 2014년 11월 6일

2014년 10월의 아시아—태평양경제협력기구의 참석자들은 중국의 아시아—태평양 자유무역지대를 승인했다. 이에 맞선 미국의 12개 나라가 참여하는 환태평양경제동반자협정 제안은 그다지 환영받지 못했다. 21개국은 중국이 초기 투자기금인 500억 달러의 절반을 대는 아시아사회기초시설투자은행(Asian Infrastructure Investment Bank, AIIB)의 설립에 동의했다. 최근 설립된 BRICS개발은행처럼, AIIB는 중국에 본부를 차릴 것이다. 둘 모두는, IMF와 세계은행 그리고 미국이 지배하는 국제 금융기관들로부터 독립되어, 사회기초시설 계획에 자금을 댈 목적으로 만들어진 것이다.

중국은 아시아의 기존 열강인 미국과 일본을 대신하여 자신의 영향력을 늘리는 데에 이 새 은행을 이용할 것이다. 기존의 것을 이용하기 보다는 새로운 다자간 은행 설립에 자금을 대겠다는 중국의 결정은 너무나 굼뜬 세계 경제지배 구조 개편에 대한 짜증을 반영하는 것이다. 같은 동기가 브라질 러시아 인도 중국 남아공 등 BRICS의 새개발은행(New Development Bank) 설립의 배경이기도 하다.

—《이코노미스트》, 2014년 11월 11일

경제제재를 통해 러시아를 굴복시키려는 미국의 시도는, 수십 년 동안 중국에 가스를 공급하겠다는, 러시아의 총 7천억 달러에 달하는 두 거대 계약으로 반격당했다.

두 번째 대규모 계약으로 한층 깊어진 중국과 러시아의 에너지 관계는 러시아의 유럽에 대한 의존을 경감할 것이고 2020년경 중국이 필요로 하는 5분의 1 가량의 가스를 확보하게 할 것이다. ……

블라디미르 푸틴 러시아 대통령과 시진핑은 가스공급 예비계약을 베이징에서 체결했다. 버락 오바마 미국 대통령이 베이징에서 열린 아시아—태평양경제협력 정상회담에 참석하고 있을 때였다. 그 계약은 러시아가 크림을 합병한 직후에 체결된 4천억 달러 협약보다 약간 적은 규모였다. ……

공급이 시작되면, 우크라이나 위기를 둘러싸고 미국, 유럽과의 관계가 악화되고 있는 시점에서도, 중국은 러시아 최대 시장인 독일을 대신하게 될 것이다.

—《블룸버그》, 2014년 11월 10일

러시아가 가격에 양보한 한편, 그 계약은 러시아와 중국 관료집단 사이의 전략적 동맹 구축을 표현하는 것이다. 이것은 2014년 12월, 루블화를 하락시키고 러시아 투자자들을 패닉에 빠뜨리려는 미국의 시도에 맞서, 러시아 정부에 경제신용을 확대하겠다고 중국이 제안했을 때, 표현되었던 것이다.

공산당 소속 베이징 일간지 《글로벌타임스》의 오늘의 논평은, "러시아는 국제 무대의 대체할 수 없는 협력자다. 중국은 러시아가 지금의 위기에서 벗어날 수 있도록 적극적으로 돕는 태도를 반드시 취해야 한다"고 말했다.

—《블룸버그》, 2014년 12월 22일

페페 에스코바가 분석하는 것처럼, 만약 비단길 계획이 진전되면 (그것은 진짜 '만약'의 상황인데), 그로 인한 인력은 유럽연합 공동체의 대주주인 독일 제국주의의 우선순위를 재편성하게 될 것이다.

독일의 지리적 이해는 미국의 이해와 조금씩 어긋나고 있는 것으로 보인다. 독일 자본가들은 특히 러시아 그리고 중국과의 무역관계를 제한 없이 늘리길 열망한다. 그 이해는 유럽 지역에 한정되지 않는 열강의 길로 독일을 이끌 것이다. 장기적으로 이것은, 공손하게 다루어지긴 하지만, 독일이 미국의 실질적인 위성국으로 지내는 상황이 끝났다는 신호가 될 것이다. ……

그것은 길고 구불구불한 길이다. 독일 의회는 (미국과 서유럽과의 긴밀한 협력을 주장하는) 대서양주의에 강하게 중독되어 있고, 미국에 알아서 순종한다.

2014년 10월 3일 미국 부통령 조 바이든은, 미국의 유럽 동맹국은 "EU가 경제적 타격을 받을 것이라는" 우려 때문에 러시아에 "대가를 치르게" 하려는 계획을 꺼리고 있다고, 솔직하게 인정했다.

우리는 줄곧, '우크라이나의 주권을 존중할래 아니면 점점 커질 대가를 치를래?' 라고 하는 단순한 선택지를 푸틴에게 제시했다. 그것은 진짜 대가를 러시아에 부과할 세계 주요 선진국들을 결집하게 했다. ……

그들이 원하지 않는 것은 사실이다. 그러나 다시 그것은 때때로, 유럽을 어쩔 수 없게 만들어서 일으켜세우고, 대가를 부과하기 위한 경제적 타격을 참아내도록, 미국 대통령이 고집하는 것이었고 미국의 지도력이었다. 그리고 그것은 러시아로부터의 막대한 자금 유출과 외국 직접투자의 실제적 동결, 달러에 대비해 항상 낮은 가격을 유지하는 루블화 그리고 불경기의 벼랑에서 위태위태한 러시아 경제를 낳았다.

—《화이트하우스프레스오피스》

독일 지배계급 다수는 미국의 '지도력'을 당분간 받아들이는 것을 선택했다. 그러나 '미국의 세기'를 비추던 해는 지고 있다.

독일 군사잡지 최신호에 따르면, 서방 국가들 사이의 최근의 긴장은, EU의 성장과정은 '필연적으로 나토에 대한 경쟁자가 되는' 과정이라는 사실에서, 주로 발생한 것이다. 그리고 그것은 나토가 갈등으로 해체될 가능성이나 심각한 '대서양 관계〔유럽-미국 관계〕의 파열'을 배제할 수 없다. 그러나 EU가 강력한 군사력을 갖지 않는 한, '기분 나쁜 것을 참아내며 미국의 능력으로부터 이득을 얻기 위한 유연한 시도를 계속해야' 할 것이다. 또한 서방의 헤게모니는 항상 보장되는 것이 아니라는 조건 속에서 상황을 바라보아야 한다. 러시아는 지중해에서 중국과 합동작전을 수행하겠다는 의사를 표시하고 있고 그것은 서방 헤게모니 특권을 훼손하는 것이다.

—German-Foreign-Policy.com, 2014년 12월 1일


## 러시아가 제국주의라는 견해에 대하여

우크라이나 사태를 바라보는 많은 좌익들은, 갈등의 근원이 지금 고개를 든 '러시아 제국주의'와 이미 성숙한 EU/미국 제국주의 열강들 사이에 있다는, 잘못된 전제로부터 출발한다. 고질적 인상주의자인 제5인터내셔널동맹(L5I)은 군사력을 근거로 러시아가 '제국주의'라는 시각을 가진 전형이다.

러시아의 전략은 분명하다. 러시아 제국주의가 결여하고 있는, 붕괴 조짐이 있는, 경제적 힘은 군사력으로 만들어질 것이다.

—fifthinternational.org, 2014년 4월 9일


제5인터내셔널동맹은 아직도 자신들이 러시아의 크림 재병합을 왜 지지하는지 또는 러시아의 후원을 받아 키예프 정권에 맞서는 돈바스 반란군을 왜 지지하는지를 설명하지 않는다.

러시아 지배자들은 제국이 되고픈 야망을 가지고 있을 것이다. 그러나 러시아는, 레닌이 『제국주의론』에서 핵심 특징으로 지적한, "나

머지 다른 모든 국가 위에 우뚝 선 금융적으로 '강력한' 몇몇 국가" 중의 하나로 규정되기 어렵다. 러시아 금융은 영국이나 미국 또는 독일이 아니라, 브라질과 비슷하다.

「금융 중심지로 거듭나려는 러시아의 시도」라는 2013년 4월 3일 《뉴욕타임스》 논설은 지역 금융 중심지로서 서방과 경쟁할 때 러시아가 겪는 어려움을 다음과 같이 묘사한다.

> 우크라이나 또는 이전 소련권의 다른 국가들의 중간 크기 회사들은 서유럽으로 가고 있다. 그들은 러시아가 깔아놓은 환영 카펫을 그다지 주의 깊게 쳐다보지 않는다.

논설은 이어진다.

> 메드베데프는 서방 은행 운영자들을 러시아 금융부문 개혁 위원회의 고문으로 임명했었다. JP모건체이스의 최고운영자인 제이미 디몬, 시티그룹의 전 대표 비크람 판디트, 골드만삭스 대표 로이드 블랭크페인 등이 그들이다. ……
>
> 그러나 자문회사인 Z/Yen이 3월 발표한 세계금융센터지수(Global Financial Center Index)는 모스크바를 연구 대상 79개국 가운데 65위로 꼽았다. 런던이 1위고 뉴욕이 2위, 홍콩이 3위였다. 모스크바의 위치는 바레인과 뭄바이 사이에 있다.

러시아는 2차 세계대전 이후 설립되어 ('워싱턴 컨센서스' 같은) 제국주의 정책을 신식민지에 적용하는 국제기구들에서 거의 구실을 못한다. 러시아 은행과 회사들은 IMF '구조조정' 정책으로 실시되는 공짜나 다름없는 사유화의 이득을 거의 취하지 못해왔다. 또한 러시아 부르주아지는 약소국들을 지배하고 억압할, 분리되거나 병행적인 국가기구를 가동하지도 못한다. 실제로 최근 몇 년 동안 러시아는 구소비에트 권역의 이웃나라에서 거의 독점적 에너지 공급자임에도 불구하고, 초과이윤을 얻기보다는 보조금을 제공해왔다.

2008년 금융위기를 예견한 몇 안 되는 분석가 중 하나인 누리엘 루비니는 러시아에 영향을 준 그 여파를 다음과 같이 묘사한다.

최근 몇 년 사이 치솟은 석유와 가스 가격으로 인한 횡재로 가려진 러시아 경제와 상당히 많은 차입금을 지닌 은행과 회사들의 취약성이 세계 경제가 폭락하자 제모습을 드러냈다. 게다가 낡아빠진 사회기초시설들을 떠안으면서, 러시아는 역기능적이고 실질적인 회복을 추구하는 정책과 인구학적으로 거의 회복 불능인 상태로 추락하고 있다.

—2009년 10월 15일

소련에서 물려받은 가공할 군사력으로 러시아는 국제정치 무대에서 주연 노릇을 한다. 러시아는 또한 상당한 가치의 천연자원을 보유하고 있다. 그러나 몇몇 예외를 제외하고는 러시아의 생산물은 세계 시장에서 경쟁력이 없다. 그리고 부패한 졸부인 러시아 부르주아지에게선 선진 자본주의 경쟁자들과의 간극을 좁힐 수 있는 능력이 보이지 않는다. 《이코노미스트》는 러시아라는 나라에 대해 다음과 같이 평가했다.

INDEM에 따르면, 2005년 무렵 뇌물 시장은 3천억 달러에 달한다. GDP의 20퍼센트에 달하는 수치다. 코도르코프스키 씨는 "대부분의 뇌물은 교통경찰이나 의사에게 지불되는 것이 아니라 관료들이 그들이 속한 회사에 제공하는 계약을 위한 것이다"라고 말한다. ……

1990년대 말 핵심 사업에 투자하기 시작한 개인사업자들과 달리, 관료들이나 사업가들은 그렇게 해서 얻을 게 별로 없다. 그들의 부는, 새로이 등장한 소유권에서가 아니라, 그들의 정치권력에서 나온다. 이윤은 외국 은행 계좌에 몰래 넣어두거나 유럽 수도의 사치품 또는 영국 사립학교 자녀 교육비로 빨리 써버린다. 서방에 반대한다는 수사나 러시아의 부활이라는 주장을 펼치며 이런 짓들을 벌이는 것이다. ……

젊은이들이 사기업보다는 정부나 국영기업에 취직하기를 바란다는 통계는 놀랄 만한 것이 아니다. 지난 10년 동안 관료의 숫자는 52만 7천 명에서 87만 8천 명으로 66퍼센트나 증가했다. 그리고 그와 같은 국가기구를 유지하기 위한 비용은 GDP 15퍼센트에서 GDP 20퍼센트가 되었다. 같은 기간에 러시아의 부패 정도와 소유권과 기업자유는 악화되었다.

—《이코노미스트》, 2010년 12월 9일


러시아 경제는 세계 시장으로 통합되었고 주로 천연자원에 의존하고 있다. 생산을 다양화하자는 러시아 정부의 반복적 훈시에도 불구하고, 화석연료 수출이 러시아 경제의 중심이다. 대부분의 장비가 소비에트 시절 것인 사실에서 보이듯, 기술의 상대적 낙후로 말미암아 심지어 이 영역에서도 러시아 회사들은 미국, 프랑스, 이탈리아, 영국 또는 네덜란드 회사와 합작하여 새 매장지를 개발하고 있다. 러시아의 대기업인 루코일은 이라크 매장지 일부의 개발권을 따냈다. 그러나 더 선진적 기술을 지닌 미국 회사들에 하청을 주어야 했고, 그 하청업체들이 대부분의 이익을 챙긴다.

## 우크라이나와 혁명 지도부의 위기

우크라이나의 요즘 정세는 매우 불안정하다. 자신들이 인민의 지지를 받지 못한다는 것 그리고 긴축정책들이 심각한 저항을 불러올 것이라는 것을 지배도당들은 잘 알고 있다. 역사적으로 노동계급 정당인 우크라이나공산당은 자본주의 공격에 맞선 수동적 태도와 비겁한 계급협조주의 역사로 인해 신용을 잃었다. 나머지 우크라이나 좌익들은 상대적으로 소규모고 사회적 영향력이 작다. 그러나 새 정권이 앞으로 안길 심대한 재앙은 IMF와 키예프 하수인들에 대한 저항 능력이 있어 보이는 조직으로 하여금 대중적 지지를 얻게 할 것이다. 이른바 '개혁' 조치들이 고통을 가하기 시작하면, 전통적인 보수적 계층마저도 저항에 참여할 가능성이 높다. 그리하여 언어와 문화적 장벽을 가로질러 계급투쟁으로 결합할 가능성이 열릴 것이다.

우크라이나공산당의 왼쪽에 있는 가장 중요한 조직은, 대부분 우크라이나공산당에서 떨어져나온 몇 개의 작은 조직들이 2012년 결성한, 유니온 보로트바(Union Borotba, '투쟁연대')다. 쿠데타 주도자들에 의해 지하로 숨어들기 전, 보로트바는 극우 성장에 맞선 저항 조직, 부당 수취한 족벌자산의 재국유화 등을 주장하며 노동계급 내에 친사회주의 정서를 되살리려 했다.

2014년 말, 워커스월드(Workers World, 미국의 노동자세계당이 운영하는 인터넷 사이트—옮긴이)는 보로트바 지도자 빅토르 샤피노프와의 긴 인터뷰를 5회에 걸쳐 게재했다. 그는 "공산주의자나 좌익은 언론, 거리, 모든 곳에서 자유롭게 말할 수 없다. 비합법 정세다"라는 말로 쿠데타 이후의 우크라이나 좌익의 상황을 설명했다. 샤피노프는 프랑코 치하의 스페인 또는 1970~80년대 극우독재 치하의 남미 상황에 비유했다. 그는 우크라이나와 그리스 사이에 유사점이 있다고 지적한다.

이미 몇몇 유럽 나라들은 이 상황에 거의 근접해 있다. 예를 들어 그리스에는 라이트섹터와 비슷한 황금새벽당이 있다. 그들은 군사적으로 무장하고 있다고 나는 확신한다. 정치투쟁이 더욱 심화되면, 무력투쟁 성격을 띠게 될 것이다. 우리는 이 상황에서 배워야 하고 어떤 정치세력이 성장하는지를 살펴야 한다.

샤피노프는 우크라이나공산당의 절망적 무기력증이 보로트바 등장의 핵심 요인이었다고 설명한다.

우크라이나공산당에 대해 설명하는 것이 중요하다. 그 당시 지도부는 가장 강한 자본가 정당이면 무엇이든지 의회의 동맹으로 삼으려고 했다. 서방엔 이 사실을 아는 사람이 별로 없다. 그러나 쫓겨난 대통령 야누코비치의 우크라이나지역당(Party of Regions)과 동맹을 맺기 전에는, (2004년 '오렌지혁명'과 관계되고 지금은 키예프 군사정권의 일원인) 율리아 티모셴코당의 협력자였다. ……

그것은 우크라이나공산당 지도부의 무원칙적 입장이었고, 우리로서는 단지 공산당 내 좌파로만 머물 수 없었던 이유다. 게다가 공산당 내 좌파였던 동지들은 계속 쫓겨나야 했다. 훌륭한 공산주의자들은 해마다 축출되었다.

샤피노프는 유럽 좌익들의 우경화를 적절히 묘사한다.

나는 유럽에 여러 번 다녀왔다. 세계체제가 파괴되어 가라앉고 있을 때에도 유럽 좌익 상당수는 전진하지 않고 오히려 1970년대와 1980년대 누렸던 사회복지만 확보하려는 것을 관찰했다. ······

사람들은 좌익을 보수 세력으로 바라보기 시작했다. 그들의 기반이 점점 축소될 것이기 때문에 그것은 문제다.

그는 파시스트조직의 성장을 현상유지에 머무는 개량주의 좌익과 연관시켰다.

이 체제가 사멸하는 것을 알아차리고, 좌익들을 친체제적으로 묘사하면서, 자신들은 이 체제를 파괴할 전문가라고 내세우는 극우와 우익 포퓰리스트 조직들을 우리는 목도하고 있다. 예를 들어 프랑스에서, 그 동안 공산주의자에 투표하던 노동계급 일부가 이제는 국민전선에 투표한다.

보로트바는 최소한 착취자들의 비위를 맞추기보다 투쟁해야 한다는 사실을 인식하고 있다. 그러나 투쟁의지는 필요조건이기는 하지만, 그것만으로 충분하지는 않다. 국제 노동운동 역사—특히 볼셰비키 혁명—의 핵심 교훈을 습득해야만, 족벌과 그 제국주의 후원자들을 물리칠 투쟁에 혁명적 지도력을 제공할 조직이 벼려질 수 있다.

보로트바의 공산당과의 분리는 제한적이며 경험적이다. 당장의 실천적 과제에 동의하고 스스로 혁명적이라고 주장하는 모든 세력들을 끌어안으려는 방식으로 역사의 핵심 강령 문제를 우회할 수 있다고 순진하게 생각한다.

우리는 과거에 공산주의 운동의 일부였다가 떨어져나온 것이 지금 그렇게 중요하다고 보지 않는다. 또는 우리는 상당히 다른 관점으로 바라본다. 우리는 재건할 사람들(이 용어는 미국의 내전처럼 역사적 군사 투쟁을 재연할 사람을 지칭한다)이 있다는 것을 안다. ……

우리는 이렇게 되고자 하지 않는다. 우리는 노동계급과 피억압인민을 위한 진짜 정치를 수립할 것이고 스탈린이나 트로츠키 또는 마오쩌둥 등등처럼 되지 않을 것이다.

레닌과 트로츠키의 정치는 카우츠키, 스탈린 그리고 마오의 정치에 맞서 있다. 처음이자 유일하게 정치적으로 각성한 노동계급이 권력을 잡고 성공적으로 유지했던 10월 혁명의 유산을 끌어안기 위해서는, 의회개량주의 정치(카우츠키), '진보적'이라고 칭하는 자본가 분파와의 인민전선(스탈린) 그리고 농민에 기초한 게릴라 전략(마오)을 거부해야 한다.

1924년 레닌의 죽음 이후, 오직 트로츠키주의자들만이 '일국사회주의'에 맞서 초기 코민테른의 국제주의 전통을 고수했다. '일국사회주의'는, 멕시코에서 트로츠키를 암살하기까지 1930년대 내내 기괴한 숙청으로 레닌의 중앙위원회 회원 대부분을 제거한 스탈린을 수장으로 하는 기생적 관료집단이 주창한 협소한 러시아 민족주의 이론이다.

레닌주의 당은 무엇보다도 기회주의와의 '노선 분립'으로 규정된다. 이와 대조적으로 샤피노프와 그의 동지들은 다른 좌익들과의 명확한 정치적 구별을 회피함으로써 대중에게 더 쉽게 호소할 수 있다고 상상한다.

우리가 보로트바를 조직하기 시작할 때, 조직적 측면에서, 경쟁하는 좌익 조직들의 눈을 통해서가 아니라, 인민의 눈을 통해서 보이는 우리를 보려고 했다. ……

보통 사람들은 우리를 어떻게 보나? 다른 좌익들을 비판하는 데에 모든 시간을 소모하는 몇몇 선전물의 의견이 아니라, 그것이 우리 작업의 실천적 기준이다. 만약 당신이 그런 일에 많은 시간을 소모하지 않는다면 당신은 사람들이 당신을 어떻게 바라보고 어떻게 그들에게 다가갈 수 있을지를 관찰하는 데에 더 많은 시간을 쓸 수 있다.

이전 세대 투사들이 직면했었던 역사적 핵심 문제들을 외면하는 것은 곧 실패를 의미하는 것이다. 레닌의 당은 노동계급 안에 잘못된 사상을 실어 나르는 자들—특히 혁명적 지도력을 제공한다고 주장하던—에 맞선 끊임없는 정치투쟁과 실천적 대중사업의 결합을 통해서만 형성되었다. 레닌의 가장 중요한 정치적 기여는 광범위하고 모든 것을 포용하는 사회민주주의 형태의 당을 거부하고 오로지 가장 선진적인 노동자들로 구성된 규율 있는 전위당 노선을 제기했다는 점에 있다. 효율적인 전투 정당으로서 볼셰비키에 일관된 민주집중적 규율은 높은 수준의 정치의식과 명확한 강령적 동의에 기초한 것이었다. 이 관계는 전도될 수 없다. 즉 진정한 마르크스주의 조직을 건설할 때, 조직규율이 정치의식에 선행할 수 없다.

만약 소비에트 노동자들이 정치혁명으로 떨쳐나서서 관료집단을 타도하지 않는다면 소련은 결국 자본주의로 되돌아가고 말 것이라는 트로츠키의 예견은, 불행하게도, 옳음이 입증되었다. 스탈린주의 경찰국가의 억압과 관료적 무능력의 결합은 소비에트 권역의 많은 노동인민으로 하여금 사회주의 계획 자체는 파산했다는 잘못된 결론에 이르게 하였다. 그러나 사회주의 이외에 그 어떤 것도 인종주의, 성차별, 기아, 환경파괴, 전쟁 등 인류가 안고 있는 근본 문제에 대한 해결책이 될 수 없다. 운송, 생산, 통신 등 생산수단의 사회화와 이윤이 아니라 인류의 필요에 의해 작동하는 이성적인 계획경제의 도입은 자본주의 야만을 끝내는 유일한 대안이다.

　노동계급의 승리는 예정되어 있지 않다. 자본주의 착취와 그로 인한 병리증상 종식이라는 역사적 과업을 수행하기 위해, 노동계급의 선진분자는 일관된 혁명 강령을 손에 쥐어야 한다. 혁명 전투에 임하기 위해 계급적으로 각성한 새 세대 전사들이 거머쥐어야 할 정치적 필수 무기는 1917년 10월 혁명의 그것이다. 노동계급의 정치적 재무장을 위해 헌신하는, 우리 국제볼셰비키그룹은 미래의 프롤레타리아 혁명을 이끌 국제정당 건설이라는 목표를 가진 모든 이들과 함께 그 투쟁에 참여하려 한다.

**PART 3**

# 제국주의와 사회주의자

# 중일전쟁에 대하여

레온 트로츠키★1937년

친애하는 디에고 리베라 동지.

지난 며칠 동안 나는 중일전쟁과 스페인 내전에 대한 올러(Hugo Oehler, 미국 공산주의자. 1934년 제임스 캐넌, 맥스 색트먼 등과 미국사회주의노동자당을 창립했으나 사회당 입당전술에 종파주의적으로 반대하다가 출당됨–옮긴이)주의자들과 아이펠(Paul Eiffel, 독일 망명 정치인. 올러와 함께 출당했다가 다시 분립함–옮긴이)주의자들의 노작을 읽었습니다. 레닌은 이런 분들의 사상을 '소아병'이라고 불렀지요. 병든 어린아이는 동정을 표할 겁니다. 그러나 그후로 20년이 흘렀습니다. 그 어린아이는 수염이 났고 머리도 벗겨질 지경이 되었습니다. 그러나 그들은 그 소아병적 옹알이를 그치지 않는군요. 그와 반대로 그들은 더 많은 잘못을 하고 바보 같은 짓을 10배로 늘렸으며 치욕적인 모습을 더 했습니다. 그들은 아장아장 우리를 뒤쫓습니다. 우리의 분석내용 일부를 빌립니다. 그들은 그 일부를 한정 없이 비틀고 그것을 나머지 내용들에 맞세웁니다. 그들은 우리를 교정하려 듭니다. 우리가 사람

중일전쟁에 대하여 315

을 그리면 그들은 그것을 비틀어 기형으로 만듭니다. 여자를 그리면 그 여자의 얼굴에 짙은 수염을 그려 넣습니다. 수탉을 그리면 그들은 그 아래에 달걀을 그려 넣습니다. 그러고선 우스꽝스러운 그것을 마르크스주의이고 레닌주의라고 부릅니다.

이 편지에서 나는 중일전쟁만을 다루고자 합니다. 부르주아 언론에 실린 선언에서, 나는 중국의 모든 노동조직들의 임무는 일본에 맞선 지금의 전쟁에 적극적으로 임하는 것이라고 말했습니다. 하지만 단 한 순간도 그들의 강령과 독립적 활동을 포기하는 일은 없어야 합니다. 그러나 아이펠주의자들은 그것은 "사회애국주의다!"라고 외칩니다. "그것은 장제스에 대한 굴복이다. 볼셰비키주의는 제국주의 전쟁에서 혁명적 패배주의를 주창했다"고 외칩니다. 지금 벌어지는 스페인 전쟁과 중일전쟁은 모두 제국주의 전쟁입니다. "중국의 전쟁에서 우리 입장은 같다. 중국 노동자 농민을 구원할 유일한 길은 독립적으로 두 군대와 맞서 싸우는 것이다. 중국군에 맞서 싸우는 것과 같은 방식으로 일본군에 맞서 싸워야 한다." 1937년 9월 10일 아이펠주의자의 글에서 따온 이 문장들만 보더라도 '그들은 진정한 배신자이거나 아니면 완전한 멍청이들이다'라고 말하기에 충분합니다. 그런데 멍청한 정도가 심하면 그것은 배신이나 다를 바가 없습니다.

우리는 모든 전쟁들을 똑같이 다루지 않고 그런 적도 없습니다. 마르크스와 엥겔스는 대영제국에 맞선 아일랜드의 혁명 투쟁과 차르 러시아에 맞선 폴란드의 투쟁을, 두 민족주의 전쟁의 지도자들 대부분 부르주아지들이고 심지어 어느 경우엔 봉건 귀족이거나 가톨릭 반동들인 것에 개의치 않고, 지지했습니다. 압델 크림(Abdel-Krim, 프랑스와 스페인 제국주의 침략자들에 맞서 북모로크 지역에서 게릴라 투쟁을 펼쳤던 정치군사 지도자—옮긴이)이 프랑스에 맞섰을 때, 민주당과 사회민주당은 '민주주의'에 대항하는 '야만적 폭군'의 투쟁에 대한 혐오를 드러냈습니다. 레옹 블룸의 당은 이러한 관점을 지지합니다. 그러나 마르크스주의자이자 볼셰비키인 우리는 프랑스 제국주의 지배에 맞선 리프족(Riffian, 북아프리카 나일 유역 서쪽에 거주하는 원주민-옮긴이)의 투쟁을 진보적 전쟁이라고 규정합니다. 제국주의 나라와 인류 절대다수를 이루는 식민지/반(半)식민지 국가들을 구별하는 것이 필요하다는 것을 설명하기 위해 레닌은 수백 페이지를 썼습니다. 착취자와 피착취 국가들을 구별하지 않고 '혁명적 패배주의'를 일반화하는 것은 볼셰비키주의를 심각하게 희화화하는 것이고 그러한 희화화를 통해 제국주의의 시중을 드는 것입니다.

극동에서 우리는 전형적 사례를 봅니다. 중국은, 바로 우리들이 뻔히 지켜보는 가운데, 일본이 자신의 식민지로 만들려고 하는 반식민지 나라입니다. 일본의 전쟁은 제국주의적이고 반동적입니다. 중국의 전쟁은 해방을 위한 것이고 진보적입니다.

그러나 장제스는? 마르크스와 엥겔스가 아일랜드와 폴란드 지배계급에 어떠한 환상도 가지지 않았던 것과 마찬가지로, 우리는 장제스와 그의 당 또는 중국 지배계급 전체에 대해 어떠한 환상도 가져서는 안 됩니다. 그러나 오늘 그는, 스스로의 의지와 무관하게, 남은 중국의 독립을 지키기 위해 일본과의 싸움에 내몰리고 있습니다. 아마도 내일 배신할지 모릅니다. 가능성이 있으며 아마 그럴 겁니다. 심지어 필연적입니다. 그러나 그는 오늘 싸우고 있습니다. 오직 겁쟁이나 무뢰한 또는 완전한 멍청이들만이 이 싸움에 참여하기를 거부할 수 있습니다.

그 문제를 분명히 하기 위해 파업을 예로 들어봅시다. 우리는 파업이라고 해서 모든 파업을 지지하지는 않습니다. 만약 흑인, 중국인 또는 일본인 노동자를 공장에서 배제하자고 주장하는 파업이라면, 우리는 그 파업에 반대합니다. 그러나 만약 그 파업이 노동조건의 개선을 위한 것이라면 우리는 그 지도부가 누구냐에 상관없이 제일 먼저 그 파업에 참가할 것입니다. 대부분의 파업에서 그 지도자들은 개량주의자이거나 직업적 배신자이거나 자본의 하수인입니다. 그들은 모든 파업을 반대합니다. 그러나 가끔은 대중의 압력으로 인해 또는 객관적 상황에 떠밀려 투쟁의 길에 나서기도 합니다.

노동자가 자기 스스로 "나는 지도부가 자본의 하수인이므로 파업에 참가하지 않을 거야"라고 말했다고 상상해봅시다. '파업 파괴자', 이것이 이 극좌적 멍청이의 정책에 붙여줄 진짜 이름입니다. 중일전쟁의 경우도 완전히 마찬가지입니다. 일본이 제국주의 국가이고 중국이 제국주의 희생자인 상황에서 우리는 중국을 지지합니다. 일본의 애국주의는 세계를 상대로 한 강도행각을 감추는 가면에 지나지 않습니다. 중국 애국주의는 정당하고 진보적입니다. 그 둘을 같다고 생각하는 것은 그리고 '사회애국주의'라고 부르는 것은 레닌을 단한 줄도 읽지 않은 자들이나 할 소리입니다. 제국주의 전쟁에서 볼셰비키들이 어떤 태도를 취했는지 하나도 이해하지 못하는 자들 그리고 마르크스주의의 가르침을 값싸게 팔아치우거나 타협하려는 자들이나 할 소리입니다. 사회애국주의자들이 국제주의자들을 적의 하수인이라고 규정한다고 들어온 아이펠주의자들은 우리에게 "당신들은 같은 짓을 하고 있어"라고 말합니다. 두 제국주의 나라 사이의 전쟁에서 민주주의냐 또는 국가의 독립이냐는 문제가 아닙니다. 그것은 후진적인 비제국주의 인민들을 억압할 권리를 둘러싼 전쟁입니다. 그와 같은 전쟁에서 두 나라는 같은 역사적 이해를 가지고 있습니다. 일본의 승리는 중국의 노예화와 중국 경제와 사회 발전의 종료를 의

미합니다. 그와 반대로 중국의 승리는 일본의 사회혁명을 낳을 것입니다. 또한 중국 계급투쟁이 외부 압력에서 벗어나 자유롭게 발전되는 것을 의미합니다.

그러나 장제스가 승리를 보장할 수 있을까요? 그렇게 생각하지 않습니다. 하지만 싸움을 시작하고 그것을 지금 이끄는 자는 그입니다. 그를 끌어내리기 위해 프롤레타리아와 군대 내에서 결정적 영향력을 끌어내는 것이 필요합니다. 그러기 위해서는 허공에 떠도는 부유물이 되는 것이 아니라 투쟁의 한가운데로 뛰어들어야 합니다. 우리는 외세 침략에 맞선 군사투쟁 속에서 명망과 영향력을 얻어내어야 합니다. 약점과 부족한 점 그리고 내부 배신에 맞선 정치투쟁에서 승리해야 합니다. 미리 정할 수 없는 어떤 지점에서는, 이 정치반대파는 무장투쟁에 뛰어들어야 하고 그럴 수밖에 없을 때가 있습니다. 내전은 전쟁 일반과 마찬가지로 정치투쟁의 연장일 뿐이기 때문입니다. 그러나 정치적 반대를 언제 어떻게 무장 봉기로 전환할지를 아는 것이 필요합니다.

1925~27년 중국 혁명 동안 우리는 코민테른의 정책을 비판했습니다. 왜였나요? 그 이유를 잘 알아야 합니다. 불쌍한 어떤 친구들은 1925~27년 동안의 우리의 노선을 아무것도 이해하지 못하기 때문입니다. 제국주의 외세의 하수인인 북부 군벌들에 맞선 남부 부르주아지와 소부르주아의 전쟁에 공산당이 참여할 의무를 우리는 전혀 거부하지 않았습니다. 우리는 공산당과 국민당의 군사동맹 필요성을 전혀 거부하지 않았습니다. 그와 반대로 우리는 제일 먼저 그것을 제안했습니다. 그러나 우리는 공산당의 정치적이고 조직적인 독립 유지를 요구했습니다. 즉 제국주의 외세에 맞선 민족전쟁에서처럼, 제국주의 국내 하수인에 맞선 내전 동안 노동계급은, 한편으로 군사투

쟁 전선에 참여하면서, 동시에 부르주아지의 타도를 정치적으로 준비하는 것입니다. 우리는 지금 같은 정책을 고수합니다. 우리 노선은 조금도 달라지지 않았습니다. 한편 올러주의자와 아이펠주의자는 1925~27년 시기나 오늘이나 우리 노선을 단 한 치도 이해하지 못합니다.

도쿄와 난징(장제스가 수립한 중국 정부. 1949년 내전에서 공산당에 패배하기까지 지속—옮긴이) 사이의 최근 갈등이 시작될 때 부르주아 언론매체에 실린 선언에서, 나는 무엇보다도 혁명적 노동자들이 제국주의 압제자들에 맞선 투쟁에 적극적으로 참여할 필요하고 있다고 강조했습니다. 왜 그랬을까요? 무엇보다도 그것은 마르크스주의 관점에서 옳기 때문이고, 두 번째로 중국에 있는 우리 동지들 안전의 관점에서도 필요하기 때문입니다. 스페인에서는 네그린(스페인 내전 시기 인민전선 정부의 수상—옮긴이)과 손잡고 있고 중국에선 국민당과 손잡고 있는 게페우는 내일이면 우리의 중국 동지들이 일본의 하수인 그리고 '패배주의자'들이라고 말할 것입니다. 천두슈(중국 공산당의 창건 주도. 1927년 상해 봉기 시기에 모스크바의 무장해제 지시에 반대하였으나 결국 굴복하였다. 그 결과 상해의 노동자들과 공산당 투사들은 국민당 군대에 의해 학살당하였으며, 이 재앙적 결과에 대한 책임은 진독수를 비롯한 중국 공산당 지도부에게 전가되었으며, 결국 진독수는 당에서 축출되었다. 이후 좌익반대파와 접촉하면서 1927년 중국 혁명의 실패 원인을 올바르게 규명한 트로츠키주의로 획득되었다. 중국 트로츠키주의 운동의 지도적인 인물로 활동하였으나, 이후 소련을 노동자국가로 규정하기를 거부하고 소련 방어도 거부하면서 트로츠키주의 운동에서 이탈하였다—옮긴이)를 위시한 그들 중 최상분자는 위태해지고 살해당할 것입니다. 제4인터내셔널이 일본에 맞서 중국 편에 선다는 것을 적극적으로 강조할 필요가 있습니다. 그리고 동시에 그 강령과 독립을 포기하지 않는다는 것도 추가해야 합니다.

아이펠주의 멍청이들은 이러한 정책을 조롱하려 듭니다. "트로츠키주의자는 말로는 프롤레타리아에 복무한다고 하면서 행동으로는 장제스에 충성한다"고 그들은 말합니다. 적극적이고 의식적으로 전쟁에 참여하는 것은 "장제스에 충성"하는 것이 아닙니다. 장제스에도 불구하고, 식민지의 독립에 복무하는 것입니다. 그리고 국민당에 반대하는 선전은 장제스 타도를 교육하는 방편입니다. 불행하게도 그가 독립 전쟁의 지휘권을 가지고 있기 때문에 장제스의 지휘 아래 참가하는 군사투쟁 속에서 장제스의 타도를 정치적으로 준비하는 것입니다. 그것이 유일한 혁명 노선입니다. 아이펠주의자들은 '계급투쟁' 노선에 '민족주의적, 사회애국주의적' 노선을 맞세웁니다. 레닌은 이 추상적이고 아무 쓸모없는 반대에 맞서 한평생을 싸웠습니다. 그에게 세계 노동계급의 이해는 제국주의에 맞선 민족적·애국적 전쟁에 나선 피억압인민을 원조하는 것으로 표현되었습니다. 세계대전 이후 4반세기가 흐르고 10월 혁명이 일어난 지 20년이 지났음에도 아직 그것을 이해하지 못하는 자들은 혁명 전위에 의해 최악의 적으로 가차 없이 내쳐져야 합니다. 이것이 바로 아이펠과 그 부류에 정확히 해당되는 것입니다!

# 사회주의 혁명가와 제국주의 전쟁

국제볼셰비키그룹★2000년

1976년에 출판된 자신의 레닌 전기에서 IS의 지도자 토니 클리프는 1차 세계대전을 내전으로 전화시키라는 볼셰비키 당의 촉구를 열렬히 지지했다. 이 저작에서 클리프는 이렇게 주장했다. "내전을 통해 자국 지배계급을 타도하기 위해서는 제국주의 전쟁에서 '자국의 패배'를 환영해야 한다. 레닌은 카우츠키가 제시한 평화주의 강령을 크게 혐오하며 거부했다." 그러나 제2인터내셔널의 마르크스주의의 주창자로 널리 알려졌던 카우츠키는 자국 지배계급에 굴복한 유일한 자칭 혁명가는 아니었다.

1차 세계대전은 모든 전통, 조직, 지도자 등을 시험했다. 전쟁은 평화시에 자신의 모순을 감출 수 있었던 세력들의 허구를 적나라하게 드러냈다. 이 어려운 시기 내내 레닌과 볼셰비키들은 단련되었으며 혁명을 지도할 준비가 되어 있었다.

—토니 클리프, 『레닌 평전』 2권

그러나 불행하게도 클리프의 영국 사회주의노동자당(SWP)은 볼셰비키 당이 아니다. 레닌과 볼셰비키들과는 달리 영국 사회주의노동자당은 유고에 대한 제국주의자들의 공격에 대해 '혁명적 패배주의' 노선이 아니라 카우츠키와 유사한 '반전' 노선을 주장했다. 유고에 대한 나토 군의 공습이 시작되었을 때 영국 사회주의노동자당의 이론가 캘리니코스는 '나토의 완전한 파산과 냉소주의'를 날카롭게 공격했다.

이른바 '탈제국주의' 시대에도 제국주의는 건재하다. 군사적·경제적 강대국들은 여전히 다른 나라들을 못살게 굴면서 자신의 요구를 관철시키고 있다. 이 야만적 전쟁 그리고 이것을 낳는 자본주의에 대항하는 모든 역량을 결집하는 것이 우리의 유일한 이성적 반응이다.

—《사회주의 평론》, 1999년 5월

그런데 나토의 폭력을 반대하면서 캘리니코스는 의도적으로 제국주의 침략자들의 패배나 유고의 군사적 승리를 주창하지 않는다.

《사회주의 평론》의 편집자 저먼은 나토의 '인도주의적' 허세를 비웃으면서 이 제국주의 군사기구의 진짜 목표는 '발칸 반도에 제국주의의 영향력을 유지-확대시키는 것'임을 설명했다.

나토의 목적은 이 지역에 영향력을 확대하여 카스피 해 석유 채굴이 서유럽 자본주의에게 이익이 되게 하는 것이다. 또한 유럽연합과 미국의 영향력이 이 지역 동쪽까지 미치게 하는 것이다. 세르비아 전쟁은 코소보 난민이나 주민의 복지를 위한 것이 아니다. 이 구실을 이용하여 밀로셰비치를 타도하고 발칸 반도 전체를 장악하는 것이 이 전쟁의 진짜 목적이다.

—앞의 글

저먼은 나토를 지지하는 블레어의 노동당과 좌익 그룹들을 비판했다.

인도주의는 선전 공세에 불과하며 전면전을 벌이는데 혈안이 되어 있는 나토를 좌익이 편을 들고 있다. 이 전쟁의 의미는 무엇인가? 나토의 공습은 기존의 재앙을 더 격화시켰을 뿐이다.

—앞의 글

사회주의자들은 발칸반도의 인종 갈등이나 세르비아에 대한 나토의 공격 어느 쪽도 '편을 들면' 안 된다고 결론내리면서 저먼은 이렇게 주장한다.

어느 쪽의 편을 드는 것은 이 지역의 불안정을 부채질하는 것이며 이결과 서방의 폭력은 더 많이 휘둘러질 것이다. …… 코소보와 발칸 지역의사태를 계급 분석을 통해 접근해야 상황이 올바로 이해되고 해결책이 나올 수 있다. 이것은 세르비아 정권이나 코소보 해방군 어느 쪽도 지지하지않으면서 미 제국주의를 거부하는 것을 의미한다.

—앞의 글

제국주의의 패배를 주창하지 않는다면 '거부하는 것'은 별 의미가없다. 저먼이 제안할 수 있는 것은 '시위와 주장을 통해 이 전쟁에 반대하고 공습을 중지시키려는 노력을 하는 것만이 모든 사회주의자들의 임무'라는 것뿐이다.

영국 사회주의노동자당의 또 다른 지도자 크리스 하먼 역시 이와 유사한 주장을 펴고 있다.

나토의 계속되는 전쟁을 통해 제국주의자들이 목표로 하는 바는 명확하다. …… 전쟁은 인도주의와는 전혀 관계가 없다. 미국의 의지를 거부하는 어떤 국가도 벌을 받을 것이라는 폭력적 주장만이 이 전쟁의 목적이다. 이 전쟁은 세계 다른 곳의 미국의 정책과 완전히 일치한다.

—앞의 글

이 폭력적 세계 지배 정책에 대항하기 위하여 하먼은 제때에 이렇게 제안한다. "제국주의 국가의 사회주의자는 최선을 다해 전쟁을 끝내야 한다." 어떤 평화주의자도 이에 동의할 수 있을 것이다. 그 평화주의자들 가운데에는 블레어와 클린턴도 포함되어 있다. 이들은 전쟁 시작부터 가능하면 빨리 '전쟁을 끝내기'를 열망했다. 문제는 이 전쟁이 얼마나 오래 끄는가가 아니라 어느 쪽이 승리하느냐다. 그러나 영국 사회주의노동자당은 끈질기게 '편을 드는 것'을 거부했다.

## 혁명적 패배주의는 보편적 노선이다

클리프가 말하듯이 제국주의 국가의 혁명가들은 자국 지배자들이 패배하기를 언제든지 원한다. "'혁명적 패배주의'는 보편적인 노선으로 모든 제국주의 국가들에 전부 적용될 수 있다."(앞의 글) 제국주의 국가들 사이의 전쟁에서 레닌주의자들은 양측 모두의 패배를 주창한다. 그러나 또한 제국주의 국가의 침략에 대항해서 유고나 이라크 같은 반식민지 국가들을 언제나 군사적으로 방어한다.

유고에 대한 나토의 공격에 대해 영국 사회주의노동자당과 독일, 그리스, 미국의 국제사회주의자들은 '주요한 적은 국내에 있다'는 제목의 공동선언문을 발표했다. 이를 통해 제국주의 침략을 비난했으나 결론은 사회평화주의였다.

우리가 전쟁의 종식을 요구하는 이유 가운데 하나는 이것이다: 평화의 회복을 통해 구 유고의 여러 지역으로 쪼개진 노동 대중은 자기의 진짜 적인 자기 지배자에 대항하기 위해 서로 단결할 수 있다. 이 계급적 단결을 통해 군사적 개입으로 발칸 지역에 또 다른 재앙을 가져온 제국주의 국가들에 저항할 수 있다.

—《사회주의 평론》, 1999년 5월

그러나 모든 것은 전쟁이 끝나는 방식에 달려 있었다. 나토의 패배로 유럽과 다른 지역에 계급투쟁이 고조되었다면 제국주의자들은 발칸 지역에서 완전히 쫓겨날 수 있었다. 이 경우 나토의 귀중한 '명성'은 손상을 당할 것이다. 그리고 블레어 일당은 대규모의 '인도주의적' 살인을 초래할 군사적 모험을 벌이기가 더욱 힘들 것이다.

IS의 공동선언문은 전투적 국제주의의 어조로 결론을 맺으려고 애쓴다.

현재 혁명적 사회주의자들의 긴급한 임무는 나토 회원국 전체에 반전 운동을 시작하고 주도하는 것이다. 1차 세계대전 중에 리프크네히트가 말했듯이 '주요한 적은 국내에 있다.' 월남전 당시 반전 운동은 제국주의 국가 내부의 저항이 제국주의 전쟁광들에게 가하는 압력의 정도를 보여주었다. 국내의 대중적 저항으로 나토의 지도자들은 학살을 중지하도록 강제될 수 있다. 공습을 멈추어라! 나토는 발칸 반도에서 물러나라!

위의 두 요구는 필요하다고 인정할 수 있다. 그러나 코소보에 대한 '대중적 반전 운동'을 선전하기 위해 1차 세계대전과 월남전을 계속 들먹이는 논리는 잘못되었다. 리프크네히트의 구호는 당시의 정세에 비추어 이해되어야 한다. 1차 세계대전의 교전 당사자들 모두의 패배를 주창하면서 동시에 교전국의 사회주의자들은 '자국' 지배자를 '주요한 적'으로 간주해야 할 의무가 있었다. 그러나 반식민지 국가가 제국주의 공격을 당할 때에는 제국주의 침략자들이 유일한 적이다.

최근 유고에 대한 공습과 마찬가지로 월남전에서도 혁명가들은 편을 들어야 할 쪽이 있었다. 그러나 당시에는 월남의 주권 방어 외에 또 다른 문제가 걸려 있었다. 미국 국내의 반전 운동에서 스탈린주의자들과 자칭 '트로츠키주의자들'이 포함된 개량주의 세력은 '전쟁을 끝내라'는 부르주아 평화주의 요구를 강조했다. 그러나 좀더 전투적 분자들은 월남전의 핵심 문제를 서서히 인식하게 되었다: 미 제국주의는 월남의 사회혁명을 압살하려 했다. 전쟁이 질질 끌면서 이 점은 더욱더 명료해졌다. 결국 수만 명의 미국 청년들은 단순한 전쟁 반대에서 월맹과 베트공의 승리를 적극적으로 지지하게 되었다. 대학교, 빈민지역, 징집군 내부에 상승한 공공연한 혁명적 정서는 미 지배자들을 위협했으며 결국 미군 철수의 중요한 요인이 되었다.

## 비틀거리며 재앙을 향해 걸어가다

《사회주의 평론》1999년 6월호의 글에는 반제국주의 수사가 상당히 완화되어 있다. 자신들의 '평화운동'에 끌어들일 노동당 좌파 의원 토니 벤이나 기타 저명인사들을 기분 나쁘게 하지 않으려는 계산이 영국 사회주의노동자당 지도부에 있는 것 같았다. 나토 지상군이 '장기전에 돌입해 상당한 사상자를 낼 수 있다'는 나토 지도자들의 우려에 대해 이 잡지의 사설은 논평을 가했다. 그런데 이 글에는 나토 지도자들이 우려하는 이 사태를 환영한다는 말은 싹 빠져 있다. 이 잡지의 편집자는 이렇게 표현했다. "이 세 가지의 별로 바람직하지 않은 선택이 주어진 상황에서 나토는 비틀거리며 재앙을 향해 걸어가고 있다. 지난 달 열린 영국 전역에서 벌어진 시위에서 1만 5천의 시위 참가자들은 어느 누구도 승리할 수 없는 전쟁에 대해 항의했다." 유고 전쟁에서 어느 누구도 승리할 수 없다는 생각은 제국주의의 패배를 주창하지 않은 것에 마음이 걸리는 영국 사회주의노동자당 당원들에게는 편안한 느낌을 줄지 모른다. 그러나 이 생각은 대단히 황당하다. 모든 전쟁에는 승자와 패자가 있기 마련이다. 사설은 이렇게 결론을 내리고 끝을 맺는다.

따라서 평화운동을 건설하고 이것을 심화─확대하는 것이 사회주의자들의 진정한 임무다. 이 임무가 충실히 이행될 경우 더욱더 큰 역량이 결집되어 결국 영국 정부와 나토 회원국들이 평화운동의 요구들을 경청하게 될 것이다.

이 개량주의 헛소리는 1차 세계대전 와중에 카우츠키가 제안한 헛

소리를 연상시킨다. 그는 제국주의자들이 (평화운동의) 압력을 받아 무장을 해제하도록 강제하자고 제안했다. 이에 대해 레닌은 아주 잔인하게 응답했다.

제국주의 강대국 정부에 대한 카우츠키의 '무장 해제' 제안은 가장 조야한 기회주의다. 이것은 부르주아 평화주의다. 그리고 감성적인 카우츠키의 '좋은 의도'에도 불구하고 노동자들의 관심을 혁명투쟁에서 멀어지게 만드는 해악을 낳는다.

—「'무장 해제' 구호에 대해」, 1916년 10월

한편 볼셰비키 당은 평화주의에 기초한 반전 운동을 단도직입적으로 거부했다.

이 전쟁이 반동적 기독교 사회주의자, 칭얼대는 소부르주아들에게 공포를 가져다주고 모든 무기의 사용, 유혈사태, 죽음 등에 대한 혐오감만을 가져다준다면 우리는 '자본주의체제는 언제나 끝이 없는 공포 자체다'라고 말해야 한다. 객관적으로 말하면 무장 해제에 대한 망상은 절망의 표현에 불과하다. 그런데 모든 사람의 눈에 부르주아 계급은 유일하게 정당한 혁명 전쟁을 예비하고 있다. 제국주의 부르주아 계급에 대항하는 내전이 바로 이것이다.

—앞의 글

역사와 이론을 연구할 때는 영국 사회주의노동자당 지도자들은 물론 레닌의 노선에 동의한다. 자신들을 레닌주의자라고 자부하기 때문이다. 다만 이들은 실천에서는 레닌과 노선을 달리한다. 이들이 반

(反)제국주의 수사를 애용하면서도 제국주의에 정치적으로 굴종하는 데에는 나름의 논리가 있다. 《사회주의 평론》 6월호는 1999년 5월 10일자 《뉴스테이츠먼》에 실린 편지를 그대로 실었다. 유명한 좌파 자유주의자들 그리고 제4인터내셔널 통합서기국 지지자들과 영국 사회주의노동자당의 캘리니코스 등 사이비 사회주의자들이 공동으로 서명한 이 편지는 이렇게 주장했다.

나토는 코소보에 대한 합의안을 이끌어낼 수 있는 유일한 최상의 받침대는 아니다. 과도적 합의안을 강제할 수 있는 다국적 경찰력의 구성은 유럽안보협력기구(OSCE)의 틀 내에서 가능하다. 이 다국적 경찰력에는 세르비아인과 알바니아인이 포괄될 수 있다.

유럽안보협력기구도 나토와 마찬가지로 제국주의 연합기구다. 이점은 자유주의자들에게는 전혀 문제가 되지 않는다. 그러나 혁명적 마르크스주의를 자처하는 영국 사회주의노동자당이 캘리니코스를 대표로 참여시켜 제국주의 '평화'가 가장 잘 운영될 수 있는 방법에 대해 조언을 하다니! 영국 사회주의노동자당은 이렇게 처참한 수준으로 자신을 깔아뭉개고 제국주의 질서에 굴복하고 있다. 이 사실은 영국 사회주의노동자당의 정치가 완전히 파산했다는 증거다. 밀로셰비치가 제국주의 공습에 항복한 후 출판된 《사회주의 평론》 7월호는 이렇게 말했다. "유고에 대한 서방 제국주의의 승리는 평화를 가져오는 대신 더 많은 전쟁을 가져올 것이다." 맞는 말이다. 그러나 이 말은 나토의 패배를 주창하지 않은 영국 사회주의노동자당 지도부가 얼마나 비겁하게 제국주의에 굴종하고 있는지를 뚜렷하게 보여줄 뿐이다. 저먼은 뻔뻔스럽게 이렇게 말했다.

"나토가 승리한 것은 사실이다. 반전 운동에 참여한 어느 누구도 이와 다른 결과를 예상하지는 않았을 것이다."

아마 저먼은 기억력이 좋지 않은 모양이다. 아니면 그녀는《사회주의 평론》독자들이 기억력이 좋지 않기를 은근히 바라고 있는지도 모른다. 이 잡지 바로 지난 호에 저먼의 사설은 유고에 대한 나토의 공격을 "어느 누구도 이길 수 없는 전쟁"이라고 말했다. 인상주의자들의 말은 하나도 믿을 게 못 된다.


## 마르크스주의와 제국주의 전쟁

《사회주의 평론》7월호에서 하먼은 영국 사회주의노동자당 지도부의 절충주의적 수정주의에 정치적 일관성을 포장하려고 애썼다. 그는 세르비아에 대한 제국주의 공격을 '제국주의 전쟁의 새로운 단계'라고 주장했다.

20세기 제국주의 전쟁은 두 가지 형태를 띠어왔다. 이 중 하나는 제국주의가 식민지 및 구식민지 국가를 직접 점령하여 인민을 아주 잔인하게 억압하는 형태다.

하먼은 1950년대와 1960년대 케냐, 키프로스, 알제리의 반제국주의 봉기를 예로 들고 있다. 그리고 알제리에 대해서는 "프랑스 좌익의 최상 분자들은 알제리의 자결권을 지지했을 뿐 아니라 알제리민족해방전선과 자신을 동일시했다. 이와 비슷하게 월남전 반대 운동에 참여한 분자들은 월남의 농민과 노동자들이 미국보다 더 나은 전망을 제시한다는 점을 인식했다"고 말한다.

호지명 북베트남의 집단적 소유체제가 월남의 미국 신식민지체제보다 '더 나은 전망'을 제시했다는 주장은 의미심장하다. 영국 사회주의노동자당이 선전하는 '국가자본주의' 이론의 중심 전제를 최소한 암묵적으로나마 부정하고 있기 때문이다. 이와 같은 맥락에서 1950년대 초에 터졌던 한국전쟁을 하먼이 예로 들지 않는 것 역시 의미심장하다. 사실 영국군은 한국전쟁에 크게 개입했고 이 전쟁은 케냐나 키프로스의 전쟁보다 역사적으로 훨씬 중요했다. 더욱이 한국전쟁에서 충돌한 교전국들의 이해관계와 사회 세력은 월남의 경우와 동일했다. 국제사회주의자들은 1960년대에 월남 스탈린주의자들을 지지하는 수십만 신좌익들에 합류했다. 반면 1950년대에는 지배적인 반공 분위기에 굴복하여 미국 주도의 제국주의 연합군에 대항해 북한 스탈린주의자들을 방어하기를 거부했다. 이들은 대중운동의 바람이 부는 곳으로 따라가는 대중 추수 바람개비들이기 때문이다.

하먼은 계속해서 제국주의 전쟁의 두 번째 '형태'를 논한다.

다른 종류의 제국주의 전쟁이 있다. 제국주의 국가들 간의 전쟁이다. 이 경우 자국의 지배계급이나 그 적이나 악독하기는 마찬가지다. …… 리프크네히트의 '주요한 적은 국내에 있다'는 구호나 다른 맥락에서 레닌의 '이 전쟁에서 사회주의자들은 자국 지배계급의 패배를 주창해야 한다'는 구호는 심리적으로 중요했다. 이 전쟁에서는 교전 상대국을 지지한다고 말하는 것이 문제가 아니었다. 교전 양자를 똑같이 대하면 전쟁에 대항할 수 없다고 말하는 것이 문제였다. …… 식민지 억압에 대한 직접 투쟁의 대부분은 1980년대쯤이면 승리하거나 반 정도 승리했다. …… 우리가 목격한 새로운 단계의 제국주의 전쟁을 사람들은 대제국주의와 아(亞)제국

332

주의 사이의 전쟁이라고 규정한다. 이 점 때문에 좌익의 일부는 완전히 혼란에 빠졌다. 힘센 못된 놈과 끔찍한 반혁명 정권 사이에 충돌이 일어난 것이다. 1990년과 1991년의 걸프전에서 전통적으로 좌익에 속했던 온갖 종류의 사람들이 미국을 지지해야 한다고 말했다. 사담 후세인이 너무 지독한 독재자이기 때문이다.

영국 사회주의노동자당 지도부는 미국이 주도한 '사막 폭풍' 작전을 노골적으로 지지하지는 않았다. 그러나 후세인의 이라크를 유고의 밀로셰비치처럼 너무 '끔찍해서'(즉 너무 인기가 없어서) 제국주의 맹공에 대해서 방어할 수 없다고 생각했다. 하먼은 파나마, 리비아, 소말리아, 아프가니스탄 등에 대한 미국의 공격도 말하고 있다. 그런데 이 나라들을 제국주의 공격에 대항해 방어하자고 말하는 대신 그는 이렇게 제안한다.

월남전 반대투쟁보다 1914년의 전통을 좌익들은 참고해야 한다. 우리의 주요한 적이 누구인지를 기억해야 한다. …… 우리는 세르비아 정부를 지지하지 않는다. …… 동시에 세르비아 정부를 압살하려는 강대국 미국은 더 큰 악이라는 점을 인식해야 한다.

볼셰비키 당의 '1914년 전통'은 1914년과 같은 상황 즉 라이벌 제국주의 세력들 사이의 전쟁에서나 적용될 수 있다. 그러나 이 전통은 하나 이상의 제국주의 강대국이 종속국, 식민지, 반식민지를 공격할 때는 적용될 수 없다. 레닌은 이 점을 누차 지적한 바 있다. 예를 들어 1915년에 그는 이렇게 말했다.

만약 내일 모로코가 프랑스에 또는 페르시아나 중국이 러시아에 전쟁을 선포한다면 이 전쟁은 누가 먼저 공격을 하든 관계없이 '정의로운' 그리고 '방어적인' 전쟁이 된다. 그리고 사회주의자는 억압하고 노예를 보유하고 있으며 약탈적인 '거대' 강대국에 대항해 억압받고 종속 당하고 있으며 힘이 열등한 나라들이 승리하기를 원한다.

—「사회주의와 전쟁」, 1915년 7월


1916년에 그는 다시 같은 점을 지적했다.


억압당하는 나라들이 제국주의 강대국에 대항해 전쟁을 벌일 때 전자의 '조국 방어' 구호를 거부하는 것은 순전한 바보짓이다.

—「노동계급 혁명의 군사 강령」, 1916년 9월


이보다 한 달 전 콜론타이에게 보낸 편지에서 레닌은 세르비아에 대한 제국주의 공격의 문제를 언급하기조차 했다.


전쟁의 유형을 구별하지 못하는 것은 이론적으로 오류일 뿐 아니라 실천적으로 해악이 된다. 민족해방 전쟁을 반대할 수는 없다. 당신은 세르비아의 예를 인용하고 있다. 그러나 만약 세르비아가 연합국 제국주의자들과 결탁하지 않은 채 혼자 오스트리아에 대항한다면 세르비아를 지지하지 않을 것인가?

—「콜론타이에게 보내는 편지」, 1916년 8월


1999년 세르비아가 혼자서 미국, 독일, 영국, 프랑스 그리고 6개 제국주의 국가들까지  가세한 연합국에 맞섰을 때 영국 사회주의노동자당 지도부는 어느 쪽도 편들지 않았다. 밀로셰비치가 너무 '끔찍하기' 때문이었다. 물론 이것은 사회주의 혁명가들이 제국주의 침략에 대응하는 방식이 아니다. 1935년 이탈리아가 이디오피아를 침공할 준비를 하고 있을 때, 트로츠키의 입장은 명확했다.

> 물론 우리는 이탈리아의 패배와 이디오피아의 승리를 주창해야 한다. …… 전쟁과 관련해서 이디오피아의 황제 네구스 또는 무솔리니 가운데 누가 '더 좋은가'는 문제가 아니다. 문제는 계급 역관계다. 이것은 저발전 국가가 제국주의 국가에 대항해 독립하는 문제다.
> —「이탈리아─이디오피아 분쟁」, 1935년 7월 17일

네구스는 반동 전제군주로 1960년대 민족해방투쟁 지도자들과는 비교할 수 없다. 그러나 트로츠키는 이 전쟁을 두 독재자 사이의 분쟁으로 규정하고 편을 들기를 거부한 영국독립노동당의 브록웨이와 기타 자칭 혁명가들을 비난했다.

> 네구스의 승리는 이탈리아 제국주의뿐 아니라 제국주의 일반에 대한 강력한 타격이 된다. 그리고 피억압 민족들의 저항운동에 강력한 원동력을 제공할 것이다. 이 점을 보지 못한다면 진짜 장님이 아닐 수 없다.
> —「독재자와 오슬로의 정상에 대해서」, 1936년 4월 22일

코소보에서 나토의 패배도 이와 비슷한 결과를 가져올 것이라는 점을 보지 못한다면 진짜 장님일 것이다. 미군의 사상자가 증가하면서 미국의 월남전에 대한 반대는 성장했다.

월남전에서 미 제국주의가 부끄러운 패배를 당한 지 25년이 지난 지금도 월남 증후군은 피비린내 나는 정의롭지 못한 전쟁에 대한 악몽이다. 이 것만이 아니다. 미국 국민이 그것의 재판 가능성을 인정하려고 하지 않는 심성이기도 하다. '시체 운반용 자루'를 말하기만 해도 130만 월남 민간 인을 도살하는 임무를 띤 5만 8천 미군의 모습과 기억이 떠오른다. 월남 전은 미 제국주의의 야만성을 폭로했으며 동시에 미국이 전쟁에서 패배할 수 있음을 보여주었다. …… 미국의 지배계급은 해외의 인기 없는 전쟁뿐 아니라 이것이 가져올 국내의 전쟁 역시 두려워한다.

—쉬런 스미스, 「월남의 망령」, 《사회주의 평론》, 1999년 6월

미국의 '월남 증후군'은 미국의 군사적 패배의 산물이다. 1983년 레바논과 1993년 소말리아에서 사상자가 발생하자 미국은 곧바로 자기 군대를 이 두 나라에서 철수시켰다. 1999년 코소보에서 나토가 패배했을 경우 제국주의 군대를 발칸 반도에서 철수시키라는 압력은 증대되었을 것이다.

## 아무리 쓰디써도 진실을 말해야 한다

클리프는 아주 정확히 이렇게 말했다.

1차 세계대전에 대한 레닌의 입장은 월등했다. 이것은 극단적으로 '막대 기를 구부려' 자국의 패배가 차선책이라고 말하는 것을 통해 진정한 사회 주의 혁명가와 사회애국주의자들을 확연히 구분하려는 계산에서 나왔다.

—『레닌 평전』 2권

유고에 대한 나토의 최근 전쟁에서 이 구분은 똑같이 명확했다. 그러나 클리프는 레닌이 아니라 카우츠키를 따라갔으며 사회애국주의자들과 한패가 되었다. 카우츠키처럼 영국 사회주의노동자당 지도부는 추상적이고 역사적인 문제에 대해서는 아주 '마르크스주의적'인 것처럼 보일 수 있다. 그러나 실천활동에서는 빨리 조직을 늘리려는 욕심이 마르크스주의 원칙에 앞서고 있다.

진정한 혁명가들은 시류에 거스를 줄 알아야 한다. 즉 단기간의 인기보다 노동계급의 장기적 이해를 우선할 줄 알아야 한다. 나토의 공격에 대해 유고를 방어하기를 거부한 영국 사회주의노동자당 지도부는 다시 한번 혁명을 수행할 능력이 전혀 없음을 증명했다.

영국 사회주의노동자당 지도부가 입으로는 번지르르하게 말하는 혁명 전통에 대해서 진정 헌신할 용의가 있는 영국 사회주의노동자당 내의 투사들은 클리프 일당의 수정주의와 결별하고 진정한 트로츠키주의의 혁명 강령을 적극 수용해야 한다.

# 제국주의 전쟁과 최소 저항선을
## 좇는 가짜 사회주의자들

전쟁에 맞선, 그리고 전쟁의 사회적 근원인 자본주의에 맞선 투쟁은 제
국주의에 대항하는 투쟁과 전쟁에서 식민지의 피억압 인민들에 대한 직접
적이고 능동적이고 명확한 지지를 전제로 한다. 중립은 제국주의를 지지
하는 것과 다름없다.

　　　—레온 트로츠키, 「런던 사무국의 반전회의에 관한 결의안」, 1936년 7월


현재, 미국이 이라크의 석유를 직접 장악하고 통제하려 들면서, 몇
년 동안 법치주의니, 〔이해관계〕 차이의 평화로운 해결이니, 세계 공
동체의 분쟁을 중재하는 UN의 역할이니 따위의 위선적인 소리를 늘
어놓은 것은 다 쓸모없는 일이 되었다. 미국이라는 리바이어던은 자
국의 협소한 이익을 추구하겠다는 의도를 분명히 한 셈이다. 국제법
이나 외교적인 고상함에 구애받지 않고, 심지어 독일이나 일본 같은
〔제국주의 경쟁의〕 주요 참가자들의 신경을 건드리는 것조차 마다치
않고 말이다.

미국의 이러한 일방주의(unilateralism)는 제국주의 우방들의 반감

338

을 사고 있는데, 이 노선으로 인해 국제 급진주의/자유주의 진영에서 일종의 모조 반제국주의 운동이 인기를 얻게 되었다. 피렌체에서 유럽 사회포럼(ESF)에 참석하러 온 반세계화 운동가들의 집회에서, 수전 조지는 이렇게 말했다. "이라크 전쟁 이후 미국은 세계 곳곳에 군대를 주둔시키려 하고 있습니다. 경제적 지배를 기반으로 세계 제국을 세우려고 하는 것입니다."(《사회주의 노동자》, 2002년 11월 23일)

미국은 이미 제국이다. 하지만 미국이 이라크를 정복하면 중동 석유에 대한 통제력이 증대하여 이 세계 유일의 '초강대국'이 계속해서 폭력적으로 공격할 수 있는 발판이 마련된다는 조지의 견해는 옳다.


## 볼셰비키주의와 신식민지 전쟁

제국주의자들이 이라크를 공격함으로써 모든 가짜 사회주의자는 시험을 받게 되었다. 문제는 간단하고, 마르크스주의의 입장은 명확하다.

"가령 내일 모로코가 프랑스에, 인도가 영국에, 페르시아나 중국이 러시아에 전쟁을 선포한다면 이것은 선제공격을 누가 하든 '정당하고' '방어적인' 전쟁이다. 사회주의자라면 누구나 억압받고 종속된, 불평등한(약한) 나라들이 억압자이자 노예주이며 약탈자인 열강들에게 승리하기를 바랄 것이다."(레닌, 「사회주의와 전쟁」)

1차 세계대전에서 사민주의 정당들이 사회애국주의로 넘어가는 배신을 저지른 뒤 레닌을 위시한 볼셰비키들은 제3인터내셔널(코민테른)을 발족했는데, 제3인터내셔널은 가입 조건으로 '21개 조건'을 내걸었다. 이에 따르면 제국주의 국가의 혁명가들은 "자국의 제국주의자들이 식민지에서 쫓겨나야 한다고 요구하고, 자국 노동자들의 가슴 속에 식민지 노동계급과 피억압 국가에 대한 진실한 형제애를 심어주며, 자국 병사들에게 식민지 인민들에 대한 억압에 반대하는 체계적인 선전선동을 수행할 의무가 있다."

이러한 입장은, 코민테른이 스탈린주의로 타락한 후 트로츠키와 좌익반대파에 의해 계승되었다. 무솔리니가 1935년에 에티오피아를 공격하자, 트로츠키는 즉각 이렇게 대응했다.

> 물론 우리는 이탈리아의 패배와 에티오피아의 승리를 주창한다. 그러므로 가능한 모든 수단을 동원하여, 다른 제국주의 국가들이 이탈리아 제국주의를 지원하는 것을 막고 에티오피아에 대한 군수품 공급을 촉진하기 위해 할 수 있는 모든 일을 다 해야 한다.
>
> —「이탈리아—에티오피아 전쟁」, 1935년 7월 17일

트로츠키는 가내 노예 제도를 존속시킨 하일레 셀라시에 대해 전혀 호의를 가지지 않았다. 오늘날의 혁명가들이 오랫동안 제국주의자 도구 역할을 했던 잔악한 독재자 사담 후세인에게 그렇듯이 말이다. 하지만 마르크스주의자들은 어떤 것이 되었든 '저개발 국가'들에 대한 제국주의 국가의 공격은 모두, 무조건 반대한다. 트로츠키는 에티오피아 전쟁을 다루면서 그 이유를 개략적으로 설명했다.

> 무솔리니가 승리한다면 파시즘이 강화되고, 제국주의의 힘이 증대되고, 아프리카와 다른 식민지 인민들의 사기가 저하된다. 그러나 네구스가 승리한다면, 이는 이탈리아 제국주의뿐만 아니라 제국주의 전체에 심대한 타격이 될 것이며 〔체제에〕 저항하는 피억압 인민들의 힘을 크게 자극할

것이다. 완전히 눈이 멀지 않고서야 이것을 못 볼 수는 없다.

—「독재자들과 오슬로 고원」, 1936년 4월 22일

트로츠키는 몇 년 뒤 이 문제를 약간 다른 각도에서 다루게 된다.

지금 브라질은 혁명가라면 누구나 증오할 수밖에 없는 유사파시즘체제
가 지배하고 있다. 하지만 가령 내일 당장 영국이 브라질을 군사적으로 공
격한다고 한다면, 이 전쟁에서 노동자 계급은 어느 편에 설 것인가? 나의
견해를 말하자면, 이 경우에는 '민주주의 국가'인 영국에 맞서 '파시즘
국가'인 브라질의 편에 설 것이다. 어째서인가? 이들의 대립은 민주주의
냐 파시즘이냐의 문제가 아니기 때문이다. 영국이 승리한다면 리우 데 자
네이로(브라질의 수도-옮긴이)에 다른 파시스트를 들여앉힘으로써 브라질
에 이중의 족쇄를 채울 것이다. 반대로 브라질이 승리한다면, 브라질의 민
족주의/민주주의 의식을 엄청나게 자극함으로써 바르가스(당시 브라질의
대통령-옮긴이) 독재정치가 전복되는 결과를 초래할 것이다. 동시에, 영국
의 패배는 영 제국주의에 타격을 입히고 영국 프롤레타리아트의 혁명적
운동을 자극할 것이다.

—「반제국주의 투쟁이 해방의 열쇠다」, 1938년 9월 23일

위의 시나리오에서 브라질을 이라크로, 영국을 미국으로 바꾸면
현재에도 그대로 적용할 수 있다. 그럼에도 불구하고 지금 세계에서
'레닌주의'나 '트로츠키주의'를 표방하는 대부분의 조직들은 레닌
이나 트로츠키가 주창한 입장을 말도 안 되는 종파주의로 취급한다.
이들의 태도는 볼셰비키주의에 대한 '사회민주주의' 반대파의 원조
인 칼 카우츠키의 입장과 같다. 카우츠키는 제국주의가 단순히 충분

한 대중적 압력이 있으면 교정될 수 있는 잘못된 정책에 지나지 않는다고 보았다.

## 힐리파(Healyite) 치어리더들과 이라크의 부역자들

이라크에 대한 위협에 대부분의 좌파 그룹들이 '사회평화주의'로 대응했던 반면, 예외적인 경우도 있기는 있었다. 게리 힐리의 정치적 사기 행각의 일부로, 그와 같은 이름을 가진 분파인 영국 노동자혁명당(Workers Revolutionary Party, WRP)은 최근에 조야하게 조작된 국민투표에서 후세인이 100퍼센트의 지지를 얻은 것을 "누구도 예상하지 못했던, 이라크 인민의 지지"(《뉴스라인》, 2002년 10월 19일)라고 예찬했다. 영국 노동자혁명당에 따르면, 제국주의자들이 괴롭혀봐야 사담 후세인이 지도하는 "이라크의 민족 혁명을 재점화시키는 결과를 불렀"을 뿐이라는 것이다. "이 성취로 인해 제국주의자들은 대가를 톡톡히 치르게 될 것"이란다.

불행하게도 진실은, 후세인 통치가 너무 잔혹해서 많은 이라크인들이 미국 괴뢰정부의 수립을, 또는 심지어 노골적인 미국 점령까지도 환영하게 되고 말았다는 것이다. 그리고 이라크 공산당은 이 정서를 이용하는 데 열중해 있는 듯하다.

2002년 9월 28일에 낸 「평화와 민주주의를 위해 이라크 민중과의 연대」라는 성명서에서, 이 부역자들은 '인권'의 이름으로 "사담 후세인 독재 정권을 정치적·외교적으로 고립시키는 조치를 강화"할 것을 주장한다.

전에 스탈린주의자들이었던 이라크노동자공산당(Workers

Communist Party of Iraq)의 인본주의자들은 최소한 미국의 공격에 반대하기는 한다. 하지만 이들은 사담 후세인을 조지 부시 2세와 등치하고 누구도 편들지 않겠다는 입장을 고수하고 있다. '계급전쟁 외의 모든 전쟁을 반대한다!' 는 깃발 밑에서 행진하고 있는 다양한 종류의 '좌익 공산주의자' 와 아나키스트들이 이 견해를 공유하고 있다. 마치 좌익적인 것처럼 들리는 이 슬로건은, 실상 억압 국가와 피억압 국가의 대립에서 중립을 지키겠다는 선언에 지나지 않는다. 젊은 전투적 분자들의 많은 수는 이라크에 관해서는 이 공식을 주창하지만 시오니즘 인종청소부들에 대항하는 팔레스타인인들의 투쟁이나 영국의 지배에 대항하는 아일랜드 독립운동에 대해서는 이를 적용하지 않는다.

## '대중적' 인 인민전선 반전 운동

이른바 '혁명적' 이라는 조직들에 널리 퍼져 있는 견해 중 하나는, '폭넓은(즉 자유주의적이거나 개량주의적인)' 반전 투쟁이 제국주의 침략에 대항하는 가장 좋은 방법이라는 것이다. 미국에서 스탈린을 맹종하는 세계노동자당(Workers World Party, WWP)의 주도로 전국 차원의 대규모 반전시위가 있었다. 영국에서는 토니 클리프가 이끄는 사회주의노동자당이, 프랑스에서는 공산주의혁명동맹(통합서기국 가운데 가장 중요한 분파다)이 같은 역할을 했다. 이 모든 경우에, 자칭 '혁명가' 들이 집회 허가를 받고, 음향장비를 설치하고, 매스컴을 유치하고, 현수막을 인쇄하고, 노동자들을 조직한다. 그러나 정치적 분석은 유명인사들(자유주의자, 사민주의자, 성직자, 노조 관료)에게 맡긴다. 자리를 빛내주고 행사에 격조와 정통성을 제공해주십사 초청해서 말이다. 이 사업을 추진 중인 이른바 '혁명적' 조직의 구성원들이 발언하는 경우, 그들은 온건한 외피 조직의 대표로서 무대에 오르며 마르크스주의나 사회주의 또는 '혁명'에 대해서는 거의 언급하지 않는다. 내빈들의 발언을 비판하는 실례 또한 절대로 저지르지 않는다.

미국에서 이른바 '폭넓은' 반전 운동 운운은 제시 잭슨(목사이며 시민운동가-옮긴이)이나 테디 케네디(미국 민주당 상원의원-옮긴이) 같은 이른바 '진보적' 부르주아 정치인들의 지지를 구한다는 뜻으로 쓰이고 있다. WWP의 외피 조직들이 조직한 행사에서는 자유주의적인 민주당 인사들에 대해 안 좋은 소리가 나오는 일이 없다. 한편 미국 바깥의 경우, 개량주의자들 계급협조 취향은 그들 '자신의' 제국주의 지배자들에게 사악한 미국인들로부터 이라크를 구해달라고 청원하는 방식으로 표현된다. 미국과 미국의 보다 약한 제국주의 경쟁자들 사이의 분열은 사회적으로 전혀 진보적이지 않다. 이 분열은 그저 서로 국적이 다른 자본가들의 이해관계와 비중이 다르다는 사실의 반영에 지나지 않는다. 미국이 '일방적으로' 이라크를 못살게 굴고 있다는 식의 격분은, UN 안보이사회가 결국 워싱턴의 군사 공격을 승인한 일에 정당성을 부여해준 꼴밖에 되지 않았다.

프랑스의 LCR은 2002년에 '모든 평화주의자'(그들은 아마 자기 자신들을 여기에 포함시킬 것이다)들에게 유럽 제국주의자들로 하여금 미국의 공격을 막도록 '강제'하는 운동에 나서자고 호소함으로써 반전 운동을 시작했다.

"거리에서, 일터에서, 지역에서, 모든 평화주의자들의 힘을 한데 모읍시다. 공동대책위원회와 시위를 조직합시다. 우리의 정부가, 시라크(프랑스 대통령—옮긴이)와 슈뢰더(독일 수상—옮긴이)가, 부시와 단절하고 이 더러운 전쟁을 막아내도록 만듭시다."

LCR은 2002년 10월 12일 전국시위를 제안했다. 이 제안은 20개 단체가 연서한 공동 성명서에 기반한 것이었는데, 해당 성명서는 이렇게 밝히고 있다.

> 우리는 미국이 주장하는 '예방 전쟁' 개념을 받아들이지 않는다. 이 개념은 UN 헌장을 완전히 거스른다. …… 프랑스는 이 전쟁을 반대해야만 한다. 프랑스는 UN 안보리에서 거부권을 행사할 수 있으며, 또 그래야 한다. 또한, 프랑스는 정치적 해결을 중재하기 위해 유럽의 협력자들과 함께 행동해야 한다.
>
> —《루즈》, 2002년 10월 3일

공동 성명은 또한, 이라크의 무장에 대한 제국주의자들의 선전에 굴복하여 "세계적·지역적 차원에서, 특히 중동에서, 군축 프로세스를 재개할 것"을 요구하였다. LCR은 여기에 대해서는 약간 당황한 것 같긴 하지만 어쨌든 동조했다. "비록 이 요구가 몇 개의 표현에서 타협을 드러내고 있다고는 해도, 〔이 성명서에 대한〕 폭넓은 연대는 곧 시위 첫날의 성공을 예고하고 있다"는 것이다.

## 영국 사회주의노동자당, 최고의 사회평화주의자들

2002년 9월 28일 런던에서 영국 사회주의노동자당의 영국 전쟁저지연합(Stop the War Coalition, StWC)은 대규모 시위를 열어 30만 명을 거리로 모아들였다. 영국 사회주의노동자당 지도자이자 StWC의 의장인 린지 저먼은 피렌체에서 열린 유럽사회포럼에서 2천 명의 급진주의자들에게 연설하면서 여기에 좌익적인 색을 입혔다.

린지는 영국에서의 반전 운동이 이렇게 강력한 것은 제국주의 문제에 대해 분명한 입장을 취했기 때문이라고 주장했다. 우리는 이 전쟁이 석유를 얻고 미국의 권력을 강화하기 위한 것임을 이해하고 있다. 우리는 탈레반이나 사담 후세인이 영미 제국주의와 동등한 적수라는 견해를 거부한다.

—《사회주의노동자》, 2002년 11월 16일

그러나 《사회주의 평론》 2002년 11월호에 실린 기사에서 저먼은 다음의 입장이 StWC의 성공을 가능하게 한 '중요한 결정' 가운데 하나라고 논평했다.

반제국주의를 특정한 강령을 거부하고, 전쟁이나 인종주의 범죄, 시민권 침해에 반대하는 모든 사람을 환영해야 한다고 주장했다. 연합의 구성원을 제국주의 문제를 이해하고 있는 사람들로 제한하는 것은 정말로 폭넓은 지지를 차단하는 셈이 될 것이다.

제국주의자들의 특정한 모험에 대해 공히 반대하는 노동당원, 평화주의자, 성직자들과 함께 공동전선에 참여하는 것은 레닌주의의 원칙에 전혀 어긋나지 않는다. 그러나 혁명가들에게 이러한 연합은 마르크스주의 강령이 잡탕 개량주의보다 우월하다는 것을 보여줄 기회다. 영국 사회주의노동자당이 한 짓은 모든 종류의 마르크스주의 정치를 실질적으로 배제하는 '운동'을 조직한 것이다. StWC에 대한 영국 사회주의노동자당의 개입은, 영국 사회주의노동자당이 운동이 '성공'하는 데 그렇게나 중요하다고 여기는 노동당원, 성직자, 노동조합 관료 등의 동의를 얻기 위해 이들의 개량주의적인 공통분모에 맞는 수준으로 신중하게 조절되었다. 연합의 행사에서 '불경한 공산주의' 색채가 조금도 나지 않은 덕에 영국 사회주의노동자당은 이슬람 반계몽주의자들과 연합하기도 쉬워졌다. 1979년 아야톨라 호메이니의 반노동자적인 '이슬람교 혁명'을 열렬하게 긍정한 뒤로, 클리프주의자들은 늘 이슬람 근본주의에 뭔가 '진보적인' 측면이 있다고 믿는 경향이 있었다.

9월 28일 시위의 연사 중에는 상원의원 어딘 남작(Baroness Uddin, 영국의 첫 이슬람교도 상원의원—옮긴이)뿐만 아니라 베스와 웰즈(Bath&Wells) 교구의 피터 프라이스 주교도 끼어 있었는데, 그는 이 기회를 십분 활용하여 사담 후세인을 맹비난하고 UN 무기사찰단의 '정당한 역할'을 칭송했다.

오해하지 마십시오. 우리는 사담 후세인과 그의 정권이 그 나라 국민들과 이웃 나라들, 그리고 세계에 정말로 위협이 되고 있다고 생각합니다. 사담 후세인은 국민들을 억압하는 것을 멈추고, 대량살상무기 개발을 포기하고, 그가 실제로 그렇게 했음을 UN이 확인할 수 있도록 그 정당한 역할을 존중해야 합니다.

자기를 드러내지 않는 영국 사회주의노동자당의 겸손한 '혁명가'들은 자기 이름을 걸고 연단에 올라가지 않았다. 저먼은 StWC 의장 자격으로 연설하면서 군중에게 이렇게 말했다. "이 전쟁은 석유를 얻기 위한 것이고, 미국의 전략적 이득을 얻기 위한 것입니다. 이 전쟁은 가난한 사람들에 대한 부자들의 전쟁입니다."그러나 "가난한 사람들"의 편에 서서 "부자들"과 싸우자는(즉 악의 축 블레어와 부시에 대항하여 이라크를 방어하자는) 당연한 결론을 끌어내는 대신, 저먼은 비굴한 평화주의적 호소를 늘어놓았다. "이 시위가 주장하는 것은 UN에 의한 전쟁이 아닙니다. 전쟁에 대한 무조건적 반대입니다." 그러나 혁명가들이 '주장하는 것'은 이라크 방어가 근로 인민과 피억압자들의 이해에 사활적이라는 것이어야 한다.

《사회주의 평론》의 기사에서 저먼은 "전쟁을 막을 때까지 연합은 멈출 수 없다"고 가볍게 이야기하면서 이렇게 주장한다.

우리는 전쟁을 막을 잠재력이 있다. 부시와 블레어는 향방을 정했고, 시위 한 번으로 그들을 저지하도록 내버려두지는 않을 것이다. 하지만 우리는 그들을 흔들었고, 그들이 철수할 수밖에 없을 때까지 계속 흔들 만한 힘을 가지고 있다. 베트남에서 그랬듯이 말이다.

영국 사회주의노동자당 지도부는 진짜로 이렇게 믿을 정도로 멍청한 건가, 아니면 그냥 사기를 돋우려고 하는 말인 건가? 미국이 베트남에서 철수한 이유는 사회혁명을 분쇄를 위해 인도차이나에 파견했던 5만 명의 병사들이 시체로 돌아왔기 때문이었다. 시간이 흐르면서 대부분 노동계급에 소수집단 출신이었던 징집병들은 점점 반항하게 되었고, 지배계급과 반혁명 전쟁에 대한 불만이 자라나기 시작했다. 개량주의를 지지하는 자칭 '트로츠키주의'자들이 조직하고 부르주아 민주당 정치인들이 분위기를 주도한 사회평화주의적 '평화' 시위는 전쟁을 종식하는 데는 미미한 역할을 했을 뿐이지만, 민중의 분노를 부르주아 정치의 틀 안으로 포섭하는 데는 도움이 되었다. 시위의 규모를 통해 전쟁에 대한 반대가 얼마나 광범위했는지를 추정할 수 있기는 하지만, 미국 노동계급, 특히 베트남 참전용사들과 젊은 흑인들 사이에서 자라나고 있는 명백한 반제국주의 정서는 이 '공식적 평화 운동'에서 전혀 표현되지 못했다.

역사상 가장 성공적인 '반전' 운동은 1차 세계대전 동안 러시아 볼셰비키의 투쟁이었다. 이 운동은 영국 사회주의노동자당이 지지하고 있는 사회평화주의 노선에 기반하지 않았다. 실상, 제국주의 전쟁에 맞선 투쟁을 자본주의 사회체제를 엎기 위한 투쟁으로 연결시키기를 거부한 사이비 사회주의자들에 대한 1915년 레닌의 일갈은 정확히 영국 사회주의노동자당에 대한 비판처럼 들린다.

> 추상적인 평화를 설교하는 평화주의는 노동자 계급을 기만하는 하나의 수단이다. 자본주의에서, 특히 제국주의 단계에서, 전쟁은 필연적으로 일어난다. ……
>
> 현재 혁명적 대중행동을 촉구하지 않으면서 평화를 선전하는 것은 그저 환상을 조장하고 프롤레타리아트의 사기를 떨어뜨릴 뿐이다. 프롤레타리아트로 하여금 부르주아지가 인간적이라고 믿게 하여, 프롤레타리아트를 전쟁 국가들의 비밀외교에 놀아나는 장난감으로 전락시키기 때문이다. 특히, 연속된 혁명들이 잇따르지 않고서 이른바 민주적 평화라는 것이 가능하리라는 발상은 철저히 오도된 것이다.
>
> ─러시아 공산당 망명자 회의, 1915년 2월 19일

국제사회주의조직(The International Socialist Organization, ISO)은 예전에 국제사회주의경향(International Socialist Tendency)의 미국 분

파였는데 서열 다툼 과정에서 영국 사회주의노동자당에 의해 추방당했다. 이 조직은 미국에서 대학생 반전 운동에 관여하고 있다. ISO의 기관지 《사회주의노동자》는 2002년 10월 25일자 신문에서 '미국 제국을 확장하려는 충동'에 대해 논하면서, '이제는 우익 논평가조차 '제국주의'를 거론한다고 말했다. 이 글은 '반전 운동의 유명인사 일부'가 '미 제국주의가 어떤 경우에는 '정당한' 전쟁을 할 수도 있지만 다른 경우에는 그렇지 않다'는 환상에 빠져 있다고 비판한다. 그러나 미국의 침략에 맞서 싸우는 이라크는 '정당한 전쟁'을 하고 있는 셈이라고 지적하는 대신, ISO는 표준적인 사회평화주의 주장을 펼친다. '사회주의자들은 언제나 전쟁에 맞선 투쟁에서 주도적인 역할을 해왔다. 오늘날이라고 다를 까닭이 없다.' 실상, 사회주의자들은 '언제나 전쟁에 맞선 투쟁'을 해오지 않았다. 볼셰비키들은 '전쟁에 맞서 투쟁'하려고 한 것이 아니라 '제국주의 전쟁을 내전으로 전화'하려고, 즉 사회주의 혁명을 위해 투쟁하려고 했다. 「사회주의와 전쟁」에서 레닌은 다음과 같이 썼다. "우리는 내전, 즉 억압 계급과 피억압 계급의 전쟁, 노예와 노예주의 전쟁, 농노와 지주의 전쟁, 임금노동자와 부르주아지의 전쟁은 완전히 정당하고 진보적이며 필수불가결한 것으로 여긴다." 트로츠키는 적군을 조직하여 백군을, 그리고 미국과 영국을 포함한 그 '민주주의적인' 제국주의 후원자들을 물리쳤다. 진짜 사회주의자들은 제국주의자들이 식민지나 신식민지 국가들을 공격할 때 한쪽의 편을 들지, '전쟁에 맞선 투쟁' 따위의 추상적인 소리를 늘어놓지 않는다.

## LRCI의 일구이언

영국의 노동자권력은 ISO와 마찬가지로 국제사회주의경향에서 발원한 조직이다. 이 조직은 영국 사회주의노동자당의 기회주의에 대항하는 진지하고 정통적인 트로츠키주의 조직을 표방하고 있다. WP 및 그들과 사상을 같이하는 혁명적공산주의국제동맹(League for a Revolutionary Communist International, LRCI)의 동료들은 2002년 9월 23일에 이런 성명을 발표했다.

우리는 체제를 근본적으로 뒤흔들고 전쟁광들을 몰아낼 대중운동을 통해 이 전쟁을 중단시키고자 한다. 이 일은 무엇보다 제국주의 본국들에서 이루어져야 한다. 전쟁이 시작되면, 우리는 제국주의 침략자들의 완전한 패배와 이들에 맞선 이라크 저항세력의 승리를 명확하고 확실하게 주장해야 한다. ……

이것 하나만으로도 전쟁에 대한 혁명적 반대파와 단순한 '평화' 또는 UN의 개입과 중재를 원하는 사람들을 구별할 수 있다. 개량주의 좌파는 이것이 사담 후세인을 지지하는 격이라는 이유에서 우리의 입장에 반대할 것이다.

꽤 좋은 이야기다. 그런데 불과 그 몇 주 전, WP는 9월 8일 유럽 사회포럼 사전행사에서 발표된 다음과 같은 내용의 성명서에 연서를 했다.

이라크 민중에 연대를 표하는 이들은 백악관에서 발언권이 전혀 없다. 그러나 유럽 정부에 영향을 미칠 기회는 있다. 이들 다수가 전쟁을 반대해왔다. 우리는 UN이 지지하든 아니든 전쟁에 공개적으로 반대하고, 조지 부시에게 전쟁 계획을 취소할 것을 요구하도록 모든 유럽 국가의 정상들에게 촉구한다.

보통의 지성을 가진 사람이라면 이쯤에서 진지한 사회주의자들이 어째서 제국주의 전쟁광 무리를 '몰아내자'면서 동시에 그들에게 '전쟁에 반대하라'고 호소하는지 궁금해질 법하다. LRCI는 '전술'이라는 말을 '한 입으로 두말하는 것'으로 이해하고 있다. 이 중도주의자들에게는 고립을 피하는 것이 그 무엇보다 중요하다. 그렇기 때문에 LCR, SWP, 그리고 수많은 스탈린주의자와 사민주의자와 녹색당원과 다른 소부르주아 조직들이 이 성명에 연서했을 때 WP는 혼자 빠지려 들지 않았던 것이다. 정치적으로 이중 장부를 꾸리는 것과 같은 이런 짓을, 트로츠키는 익히 알고 있었다.

말과 행동의 일치는 진지한 혁명조직만의 특성이다. 진지한 혁명조직에게, 회의에서 채택된 결의들은 그냥 형식이 아니라 실천으로 축적해온 경험들의 총화이며 미래의 실천을 이끄는 길잡이다. 중도주의자들에게 의례적인 행사에서 채택된 '혁명적' 테제는 이전에도 그랬듯이 앞으로도 기만적인 장식물이며, 자기 대오 내의 화해할 수 없는 차이들을 은폐하는 덮개이며, 비혁명적인 실천을 감추는 외피에 불과하다.

—「런던사무국 반전 회의의 결의안」, 1936년 7월

SWP는 WP가 전쟁저지연합에 합류한 것을 환영했으며 심지어 운영위원회에 의석까지 내주었다. WP는 여기서 고분고분한 좌익 역할을 하고 있으며, 운영위원회는 이들이 어떤 '혁명적' 활동이든 신중

하고 공격적이지 않게 수행할 것이라고 확실하게 신뢰할 수 있다. 2002년 9월 28일 '훌륭한' 런던 시위를 찬양하면서, WP는 시위가 정치적으로 평화주의적이었으며 WP가 주창한다는 "제국주의 침략자들의 완전한 패배와 이들에 맞선 이라크 저항세력의 승리"에 근접한 것조차 찾아볼 수 없었다는 사실은 말하지 않았다.

LCRI 웹사이트에 최근에 올라온 「세계혁명 선언」이라는 글을 보면, 이 중도주의자들이 부르주아 평화주의 블록에서 조용히 부하 역할을 하고 있는 그들의 실천태와 혁명적 패배주의를 충실히 따르고 있다는 그들의 주장 사이의 불일치를 어떻게 화해시키고 있는지를 알 수 있다.

> 방법은 노동계급의 대규모 조직화를 기반으로 거대한 반전 운동을 건설함으로써, 그리고 그 주위로 청년, 여성, 진보적 중간계급, 이주민들을 결집하는 것이다. ……
>
> 이 운동 안에는 종교적 동기나 평화주의(적 신념) 때문에 참여한 사람들도 많이 있을 것이다. 우리는 자본가들의 전쟁에 맞서 그들과 함께 행진하지만, 평화주의자는 아니다. 우리는 자본주의하에서 전쟁이 없어질 수 있다는 환상을 퍼뜨리지 않는다.

이것이 진부한 단계론임은 즉각 알 수 있다. 첫 번째 단계에서 LRCI는 평화주의와 개량주의를 기반으로 '거대한' 운동을 건설하는 데 열심히 참여한다. LRCI가 주창한다고 하는 반제국주의적 입장은 언제인지 모를 미래 어느 시점에 두 번째 단계가 도래하면 그때야 실제로 대중조직화의 기반이 되는 것이다. 이것은 분명히 영국 사회주의노동자당이 그들의 혁명적 수사를 진지하게 받아들이는 젊은 지지자들에게 해주는 설명과 유사하다.

## 스파르타쿠스 동맹이 또다시 표변하다

미국 스파르타쿠스동맹(Spartacist League/U.S., SL) 및 그들과 연계된 국제공산주의동맹(International Communist League, ICL)은 이라크에 대한 모든 제국주의 침략에 맞서 혁명적 패배주의를 내세우고 있다. 미국의 아프간 침공 당시 제국주의 침략자들의 패배를 주장하는 것은 "공상적이며 최고로 허풍스러운 '혁명적' 미사여구"(《노동자전위》, 2001년 11월 9일)라고 단언했던 2001년의 입장에 대면 극적인 변화다. 2001년의 이 입장은 다음과 같은 레닌의 의견에 대한 정면도전이었다.

반동적인 전쟁이 벌어졌을 때 혁명적 계급은 자국 정부의 패배를 열망하지 않을 수 없다. ……

이는 자명한 일이다. 사회배외주의의 주변부 인자들이나 의식적인 사회배외주의자들만 여기에 이의를 제기할 것이다.

—「제국주의 전쟁에서 자국 정부의 패배」, 1915년 7월 26일

이 시기에 SL이 혁명적 패배주의를 폐기한 근거는 "탈레반의 군사적으로 가망이 없다"(《노동자전위》, 2001년 11월 9일)는 것이었다. 그러나 오늘날 그들은 "신식민지 이라크가 미 제국주의의 전쟁 기계에 맞서 이기는 것은 불가능하다"(《노동자전위》, 2002년 10월 18일)고 인정한다. 그러면 입장의 차이는 왜 생긴 것인가? SL 지도부는 이제 세계무역센터파괴로 인한 히스테리가 충분히 가라앉았기 때문에 신식민지 전쟁에 대한 레닌의 입장과 동일시되어도 안전하게 되었다고 판단한 것 같다. SL이 결정적인 순간에 꽁무니를 뺀 것은 이번이 처음이 아

니며, 아마 마지막도 아닐 것이다. SL은 종종 "겁쟁이라고 놀림당한다"(《노동자전위》, 2002년 1월 15일)고 징징대는데, 맞는 말이면 인정해야지 다른 도리가 있는가?

## 중도는 없다

이라크 침공은 근본적으로는 제국주의 열강들의 세계재분할을 위한 약탈 투쟁에서 하나의 고리에 해당한다. 전쟁은 자본주의의 고질병이며, 사회주의 혁명이 자본주의 세상을 엎어버리거나 아니면 인류 문명이 멸망하기 전까지 전쟁은 끊임없이 계속 일어날 것이다. 폭력적인 신식민지 정복전쟁을 반대하면서 그 짓을 저지르는 사회체제의 성격을 논하지 않을 수는 없다. 제국주의는 물리칠 수 있다. 그러나 사회혁명을 통해서만 그렇게 할 수 있다. 레닌의 다음 말처럼.

> 공허한 미사여구나 늘어놓는 위선자들이 민주적 평화에 대한 가능성에 대한 수사와 약속들로 사람들을 기만하도록 내맡기는 대신, 사회주의자들은 대중에게 연속적 혁명과 각국 정부에 대항한 모든 나라에서의 혁명적 투쟁이 없이는 민주적 평화 비슷한 것도 있을 수 없음을 설명해야만 한다. ……
>
> 중도는 없다. 위선적인 (또는 멍청한) 중도주의 정책을 입안하는 자들이야말로 프롤레타리아트에게 가장 큰 해악을 끼친다.
>
> ─「평화 문제에 관하여」, 1915년 7~8월

# 반제국주의와 노동자연대운동(WSM)

국제볼세비키그룹★2011년

2010년 11월 더블린 무정부주의 도서전시회에서, 노동자연대운동 (Workers Solidarity Movement—WSM, 아일랜드의 중심적 무정부주의 조직)이 북아일랜드의 영국군 철수를 요구하지 않았다고 노동자권력 지지자가 주장하자, 노동자연대운동의 지지자가 즉각 그 동지에게 「아일랜드의 분리」(2005년 10월)라는 입장서를 읽어보라고 응수했다. 그 입장서는 영국군의 축출 요구와 더불어 "무정부주의자로서 우리는 제국주의에 반대한다. 그리고 그것은 진보적 역할을 하지 못한다고 믿는다"는 일반적 입장을 표명했다.

노동자연대운동의 성명서 「자본주의 세계화와 제국주의」(2004년 7월)는 제국주의를 다음과 같이 정의한다.

"세계적 그리고 지역적으로 다른 나라와의 무역을 주도하는 국가의 능력. 이것은 유엔안전보장이사회 상임이사국들과 G8에 속해 있는 특별한 몇몇 나라에만 해당되는 것이다."

인상주의적이고 한쪽에 치우친 인식이긴 하지만, 노동자연대운동은 대부분의 무정부주의 조직들과 달리 최소한 제국주의 국가들과 그 국가들의 신식민지를 구별하려 하고 있다. 노동자연대운동은 다음과 같이 덧붙인다.

우리는 제국주의 세력에 반대하는 한편, 식민지 국가들이 제국주의에 저항하는 것은 자국의 인민을 위해서가 아니라 지배계급의 이익을 지키기 위해서라는 것을 인식한다. 그래서 비판적이건 아니건 그 지역 지배계급을 지지하지 않고, 제국주의와 지배계급에 맞서 투쟁하는 그 나라 노동계급(농민을 포함하여)을 지지한다. 우리는 독립적인 노동계급과 자유로운 조직들에 물질적 지원을 포함한 연대를 제공할 것이다.

신식민지 통치자들이 제국주의에 대항하는 것은 대체로 그들의 이익을 보호하고 증진시키기 위함이라는 것은 맞다. 그러나 혁명가들은 '선진 자본주의' 국가들의 침략에 대한 종속국가들의 저항권을 지지해야 한다. 바로 그 이유 때문에 레닌과 볼셰비키가 1916년 부활절 봉기(1916년 부활절 주에 영국에 맞서 아일랜드공화국 건설을 요구하며 일어난 봉기—옮긴이)를 지지한 것이다. 반제국주의는 한쪽을 편드는 것을 의미하고, 그것은 "독립적 노동계급 조직"이 개입한 경우에만 국한되는 것이 아니다. 이집트 대통령 압델 나세르가 1956년 수에즈운하를 국유화했을 때, 혁명가들은 식민지 통치를 복구하려는 영국/프랑스/이스라엘의 공동 작전에 맞선 이집트의 군사저항을 지지했다. 보다 최근 미국과 영국이 아프가니스탄과 이라크를 침략했을 때, 진정한 혁명가라면 중립 입장을 취할 수 없었다. 탈레반과 바트 당 정권의 반동적 성격에도 불구하고 우리는 침략자 축출을 주장했다.

노동자연대운동은 이 문제를 국제적 맥락 속에서 제기하면서 제국주의 침략에 맞선 군사적 저항을 지지한다.

반제국주의/반식민지 투쟁을 발전시키기 위해서 그 투쟁들은 국제적 무정부주의 혁명으로 전화되어야 한다. 제국주의의 패배는 미래의 침략 능력을 축소시킬 뿐만 아니라 유사한 투쟁에 참가하고 있는 세계 인민에 용기를 줄 것이라는 점을 우리는 알고 있다.

노동자연대운동은 이 같은 전망을 「반제국주의」라는 글을 통해 더 설명했다.

무정부주의자는 인민이 자신의 삶을 스스로 선택하고 자신들의 자원을 어떻게 사용할지 결정할 권리가 있다고 믿는다. 그러므로 다른 집단처럼, 무정부주의자는 제국주의에 반대한다. 거의 대부분의 인민은 힘센 국가가 자신들이 사는 곳을 침략하고 자원을 약탈하고 시키는 대로 하라고 명령 하는 것을 좋아하지 않는다. 그래서 궁극적으로 그들은 제국주의에 대한 저항에 나선다. 제국주의자가 침략한 나라를 통제하기 위해 무력을 사용 하므로, 인민은 보통 제국주의에 물리적으로 맞서게 된다. ……

그리하여 무정부주의자는 제국주의 침략에 저항할 인민의 권리를 지지 한다. 만약 누군가 당신을 폭력적으로 통제하려고 한다면 당신은 그 폭력 을 극복하거나 아니면 노예로 남거나 해야 할 것이다. 이것이 바로 무정부 주의가 스스로를 반제국주의자로 칭하는 이유다. ……

그러나 불행하게도 무정부주의자는 현재 소수다. 민족주의는 현대에서 가장 강력한 정치 이념이다. 인민이 제국주의 통치에 저항할 때, 대체로 그들은 민족주의적 대안을 위해 싸우게 된다. ……

무정부주의자는 민족주의에 반대한다. 우리는 문화, 역사 그리고 유산을 공유하는 지역을 기준으로 인민이 구분된다고 생각하지 않는다. 세계는 그보 다 더 복잡하고 문화나 정체성 같은 것은 유동적이고 혼합적이다. 더 중요한 것은 민족주의 운동은 보통 외국의 제국주의 통치를, 제국주의 통치자들과 비슷한 정도로 악하거나 때로 그보다 더 악한 그 지역 지배계급의 통치로 바꾸려 시도한다. 그러므로 우리는 반제국주의 투쟁을 한편으로 지지하면서, 항상 내부의 민족주의 정치에 맞선 투쟁에 힘쓴다. 제국주의 패배 이후, 제국주의를 새로운 지배자로 갈아치우는 데에 그치지 않기 위해서, 우리는 가장 진보적이고 자유롭고 사회주의적인 정치경향을 진전시키기 위해 모색한다.

—《노동자연대》93호, 2005년 9~10월

그 같은 갈등에서, 레닌–트로츠키주의는 토착 부르주아지로부터 노동계급의 정치적 독립을 지지하면서, 동시에 한편으로 제국주의 침략자에 맞선 토착 소부르주아나 부르주아 세력과 군사적으로 연대한다. 1930년 무솔리니가 에티오피아(당시엔 아비시니아)로 군대를 보냈을 때, 트로츠키주의자는 군사적으로 그 정권의 극단적 반동성에도 불구하고 하일레 셀라시에(당시 에티오피아 지도자—옮긴이) 편에 섰다. 만약 노동자연대운동이 진실로 제국주의가 세계 자본주의 질서의 핵심이라고 생각한다면, 신식민지 통치계급이 노동계급의 관점에서 볼 때 "제국주의 통치자들과 비슷한 정도로 악하거나 때로 그보다 더 악하다"라고 말하지 못할 것이다. 제국주의는 후진적인 지역을 경제적으로 그리고 사회적으로 진보시키는 힘이 아니다. 제국주의는 그들의 후진성을 지속시키는 첫째 원인이다.

노동자연대운동의 반제국주의는 이론적으로는 혼란스럽고 실천적으로는 일관성이 없다. 예를 들어 2010년 1월 아이티 지진이 났을 때 노동자연대운동의 「아이티연대」는 다음과 같이 올바르게 지적한 바 있다.

우리는 제국주의 군대가 아이티로부터 즉각 철수할 것을 요구한다. 그리고 난민 구제와 재건 작업은 아이티인 스스로에 의해 그들의 조합과 공동체 조직을 통해 통제되어야 한다.

—「미군은 아이티에서 떠나라」, 2010년 2월 24일

그러나 미국/영국 등이 이라크를 침략했을 때, 노동자연대운동은 후세인의 폭압정치를 페르시아 만의 석유자원을 손에 쥐려는 정복자와 동급으로 취급하면서, 그들의 "반제국주의"는 무용지물이 되고 말았다.

우리는 미국이 이끄는 제국주의자들과 사담 후세인이 이끄는 작은 제국주의(mini-imperialist) 중, 어느 편에도 서지 않는다. 사담은 반제국주의자가 아니며 이라크 노동계급이 그와 더불어 '반제국주의' 편에 서도록 하는 것은 범죄 행위가 될 것이다. 그 같은 정권은 자기 계급에 이익이 된다고 생각하는 순간 그 투쟁을 배신할 것이다.

—앞의 글

그 갈등에서 이전 제국주의 후원자와 신식민지 사이에서 노동자연대운동이 중립 입장을 취하는 것은 이전에 올바르게 지적했던 것과 명백히 모순된다. "제국주의의 어떠한 군사적 패배도 그 패배는 미래의 침략 능력을 축소시킬 뿐만 아니라 유사한 투쟁에 참가하고 있는 세계 인민에 용기를 줄 것"이라는 지적 말이다.

이라크 통치자를 "작은 제국주의"라고 규정하여 도드라진 자가당착을 감춰보려는 노동자연대운동의 시도는 정치적 비겁일 뿐이다. 물론 이라크 정권은 다른 모든 신식민지 부르주아지처럼 그보다 약

한 이웃 나라들을 괴롭혔었다. 그러나 그것이 미국/유럽의 제국주의와 이라크처럼 종속적이고 후진적인 나라 사이에 있는 질적 차이를 변화시키지는 않는다. 노동자연대운동의 입장서는 신식민지 국가와 제국주의와의 관계를 추상적이나마 옳게 묘사한다.

> 특정 지역에서 어떤 나라는 다른 나라보다 힘이 세다. 그들은 그 지배력을 통해 유리한 무역과 토지의 양보를 얻어낸다. 그들은 그러나 제국주의 국가들에 지배되며, 대체로 하나 또는 그 이상의 제국주의 국가들에 예속된 상태가 된다. 그러므로 그러한 나라들을 제국주의라고 부르는 것은 적절하지 않다.
>
> —앞의 글

사담 후세인 치하의 이라크(또는 아흐마디네자드의 이란)를 "작은 제국주의"라고 묘사하는 것 역시 "적절"하지 않다. 특히 제국주의 침략에 대한 방어 거부를 합리화하려고 그리할 때는 더욱 적절치 않다.

노동자연대운동의 반제국주의에 일관성이 없는 것은 급진 좌익 진영의 인기 있는 의견과 관련되어 있다. 6개 주를 점령하고 있는 영국군에 대한 반대는 모든 아일랜드 좌익의 공통 의견이고, 이 문제에 대해 노동자연대운동은 제국주의 군대의 철수를 명확히 요구한다. 제국주의 군대가 아이티에서 반동적이라는 것은 거의 대부분의 국제 좌익들 눈에 분명한데, 이 문제에 대해서도 노동자연대운동은 태도가 명확하다. 하지만 잔악한 일을 많이 저지른 사담 후세인 우익독재가 지배하는, 매우 인기 없는 이라크 문제에 대해서는 다르다. 노동자연대운동은 미국과 영국이 '충격과 공포' 작전을 수행했을 때, 이라크 방어를 거부했다.

이처럼 중요한 문제에 대한 노동자연대운동의 "물살을 거스를"(다수의 인기 있는 견해에 맞서 소수의 진실을 외칠) 능력 없음은, 노동자연대운동이 스스로 소망하는 혁명적 "사상지도"를 제공할 능력이 없음을 인증하는 사례 가운데 하나다. 진정한 혁명조직이 오직 계급투쟁의 냉혹한 논리에 기초하여 정치적 입장을 결정하는 반면, 기회주의자는 어떤 입장이 가장 인기를 끄는지에 항상 이목을 집중한다.

# 《뿌리》의 기회주의적 인식

## 「제국주의 범죄에 맞서는 유일한 힘—노동자국제주의」 비판

볼셰비키그룹★2014년

### 제국주의에 대한 마르크스주의의 정의

마르크스주의에서 제국주의를 설명할 때의 핵심은 '폭력과 반동'이라는 현상보다 그러한 현상을 낳는 동기에 대한 설명에 있다. 마르크스주의에서 제국주의의 동기를 설명하는 핵심은 '금융자본, 생산성, 초과이윤' 등이다. 이것은 알렉산더나 몽골 제국 또는 스페인 포르투갈의 약탈 등 이전 시대의 '제국주의' 그리고 나폴레옹의 프랑스 또는 10월 혁명 이후 소련 등 '비제국주의적 팽창'과 '자본주의 최고 단계로서의 제국주의'를 구별하는 본질이기도 하다.

다음은 레닌의 『제국주의, 자본주의의 최고 단계』(이하 『제국주의론』)의 차례다.

서문 1. 생산의 집적과 독점 2. 은행과 그 새로운 역할 3. 금융자본과 금융과두제 4. 자본 수출 5. 자본가단체들 간의 세계 분할 6. 열강 간의 세계 분할 7. 자본주의의 특수한 단계로서의 제국주의 8. 자본주의의 기생성과 부후화 9. 제국주의 비판 10. 제국주의의 역사적 위치이 차례를 통해서 레닌이 설명하고자 하는 '제국주의의 등장과 본성'을 요약하자면 다음과 같을 것이다.

자본주의를 통해 통합된 시장, 즉 근대국가에서 여러 기업들 간의 경쟁은 집적과 집중을 통해 독점으로 전화된다. 이 과정에서 산업자본과 은행자본이 결합되고, 그것은 금융자본으로 발전한다. 선진 자본주의 국가의 국내시장에서 패권을 장악한 금융자본은 초과이윤, 즉 자본가들의 '자국' 노동자들로부터 착취하고 있는 이윤 이상의 이윤의 실현을 위해, 아직 자본주의화되지 않았거나, 그 초기 단계에 있거나, 후진적인 지역으로 진출한다. 그 진출 과정은 경쟁 관계에 있는 다른 국가 금융자본과 토착민의 저항 등을 무력으로 견제하고 제압하는 과정이기도 하다. 따라서 그 진출은 금융자본에 장악된 국가, 즉 독점자본화된 국가의 군사력 지원을 통해서만 가능하다. 그리하여 세계는 '자본과 힘의 크기에 비례하여' 분할된다.

즉 레닌은 '현대' 제국주의의 탄생을 금융자본의 등장 그리고 그 금융자본의 이해를 실현하기 위한 정치군사력을 동원한 국제적 침략과 분할로 설명하는 것이다.

이렇듯 현대 제국주의의 본질은 '금융자본'에 있다. 그것은 레닌의 저서 『제국주의론』의 다음과 같은 문구들에서도 확인할 수 있다.

"20세기 벽두는 낡은 자본주의에서 새로운 자본주의로, 자본 일반의 지배에서 금융자본 지배로의 전환점을 이룬다."

"생산의 집적, 이로부터 생겨나는 독점체, 은행과 산업의 합병 또는 유착, 이러한 과정이 바로 금융자본의 발생사이며 금융자본이라는 개념의 내용이다."

"자본의 소유가 자본의 생산적 투자와 분리되는 것, 화폐자본이 산업자본 또는 생산적 자본과 분리되는 것, 화폐자본으로부터 나오는 수입에 전적으로 의존하여 생활하는 금리생활자가 기업가 및 기타 자본경영에 직접적으로 관계하는 사람들과 분리되는 것, 이것들은 자본주의의 일반적 특성이다. 제국주의 또는 금융자본의 지배란 곧 그러한 분리가 상당한 정도에 이른 자본주의의 최고 단계다. 다른 모든 형태의 자본에 대한 금융자본의 우위는 곧 금리생활자와 금융과 두제의 지배를 의미하며, 금융적으로 '강력한' 몇몇 국가가 나머지 다른 모든 국가 위에 우뚝 선다는 것을 의미한다."

"식민지 정책과 제국주의는 자본주의의 최근 단계 이전에도, 아니 자본주의 이전에도 이미 존재했다. 노예제를 기초로 했던 로마도 식민지 정책을 추구했으며 제국주의를 실시했다. 그러나 경제적 사회 구성체들 간의 근본적인 차이점을 무시하거나 뒷전으로 밀어놓는 제국주의에 관한 '일반' 논문들은 결국 '대로마국과 대영제국'을 비교하는 따위의 극히 진부하고 공허한 잡소리가 될 수밖에 없다. 자본주의 이전 단계들의 자본주의적 식민지 정책이라 할지라도 금융자본의 식민지 정책과는 본질적으로 다른 것이다."

"제국주의는 병합을 추구한다. 카우츠키가 내린 정의의 정치적 부분은 바로 이것이다. 이것은 옳기는 하지만 대단히 불완전하다. 왜냐하면 일반적으로 제국주의의 정치적 측면은 폭력과 반동으로의 지향이기 때문이다. 그러나 여기서 우리가 관심을 두고 있는 것은 카우츠키 자신이 그의 정의 속에 수용하고 있는 문제의 경제적 측면이다. 카우츠키가 내린 정의 속에 포함된 오류는 매우 명백하다. 제국주의의 특징은 산업자본이 아니라 바로 금융자본이다."

트로츠키 역시 '금융자본'이 제국주의 규정의 핵심이라고 지적한다.

현재 소련이 자신의 영향권을 확장하는 현상을 보고 소련을 제국주의 세력이라고 규정할 수 있을까? 우선 제국주의라는 용어의 사회적 내용을 확실히 검토하는 것이 필요하다. 노예노동에 기초한 로마의 '제국주의', 봉건적 토지 소유관계에 기초한 제국주의, 상업자본과 산업자본의 제국주의, 차르 왕정의 제국주의 등이 역사적으로 존재했었다. 권력, 권위, 재력을 확대하려는 경향은 의심의 여지 없이 소련 관료집단의 원동력이다. 이것은 '제국주의'라는 용어를 가장 넓게 규정짓는 요소다. 과거에 존재했던 모든 왕정, 과두정, 지배계층, 중세 신분계급 등은 모두 이 속성을 지니고 있었다. 그러나 현대에 와서 특히 마르크스주의 서적에서는 제국주의가 금융자본의 팽창 정책을 의미하는 것으로 이해되고 있다. 따라서 제국주의라는 용어는 이제 매우 정확히 규정된 경제적 내용을 지니고 있다. 소련 관료집단이 추구하는 대외정책의 의미를 정확하게 설명하지 않은 채 그저 '제국주의적'이라고 규정해서는 안 된다. 만약 이럴 경우 보나파르트 관료집단의 정책을 독점자본의 정책과 동일시하는 우를 범하게 된다. 이 두 현상은 팽창 정책을 실현시키기 위해 모두 군사력을 이용하고 있다. 이것이 공통점이라면 유일한 공통점이다. 이렇게 두 현상을 동일하다고 인정할 경우 남는 것은 혼란뿐이다. 그리고 이 혼란은 마르크스주의자보다는 프티부르주아 민주주의자에게나 어울린다.

—『마르크스주의를 옹호하며』


## 제국주의에 대한 《뿌리》의 왜곡

이렇듯, 현대 제국주의가 여타의 팽창 정책과 구별되는 본질은 그것이 추동되는 본성인 '금융자본'에 있다. 그러나 《뿌리》는 단 한 번도 그것을 지적하지 않는다. 현대 제국주의의 본질인 '금융자본'이라는 표현은 19쪽에 딱 한 번 나온다. 하지만 그것은 《뿌리》의 말이 아니라, "경제적·정치적·군사적 경쟁과 갈등"이 제국주의의 본질이라고 주장하기 위해 레닌을 인용하다가 우연히 포함된 것이다. 《뿌리》의 제국주의 인식은 카우츠키와 닮았다. 즉 그 경제적 동기와 차이를 무시하고 그저 군사력을 이용한 팽창 정책 또는 국가 간 힘겨루기라는 현상에만 매몰되는 것이다.

《뿌리》는 제국주의를 다음과 같이 정의한다.

"제국주의 질서에서 가장 중요한 본질은 자본주의 세계 경제에서의 '세력권'을 재분할하기 위한 경제적·정치적·군사적 경쟁과 갈등 및 극한의 충돌이다."

보다시피 《뿌리》는 현상일 뿐인 "경쟁과 갈등 및 극한의 충돌"을 "제국주의 질서의 가장 중요한 본질"(!)이라고 주장한다. 도대체 그 "경쟁과 갈등 및 극한의 충돌"이 왜 발생하는지, 즉 진짜 '본질'이 무엇인지는 결코 설명하지 않는다.

두통이면 그만이지, 그 두통이 고혈압 탓인지, 어깨 근육이 뭉쳐서인지, 신경과민 탓인지, 당뇨로 인한 것인지 등의 원인의 차이는 중요하지 않다는 식이다. 그저 무엇으로 인한 두통이든 두통에는 타이레놀이라는 식이고, 무엇으로 인한 '깡패짓'이든 '계급투쟁'이면 그만이라는 식이다.

이러한 정의는 《뿌리》의 정치적 '뿌리'로 추정되는 국제사회주의자(IS)의 정의, 즉 "경제적 경쟁과 지정학적 경쟁이 곧 제국주의"라는 것과 크게 다르지 않다. 즉 현상으로 그 본질을 규정하는 방식이다. 그리고 현상만을 추구하는 이들의 논리를 궁극으로 추구하면 다음처럼, '자본주의 시대 모든 국가는 제국주의'라는 기괴한 논리에 이를 것이다.

　　중요한 것은 미국과 같은 강대국 또는 이란과 같은 약소국의 문제가 아
니라, 자본주의 쇠퇴기 모든 국가는 제국주의적이다. …… 미국에서부터
사담 후세인과 같은 소규모 깡패까지 부르주아지의 모든 부분은 제국주의
적이고 흉포하다. …… 북부 이라크에 …… 만약 이 쿠르드 국가가 생긴다
면, '쿠르드족' 국가는 제국주의 국가가 될 것이다.

—ICC, 「민족주의는 계급투쟁의 치명적인 독이다」,

국제코뮤니스트전망 번역

　　이런 청맹과니 같은 정의에 기초하여 《뿌리》는 경솔하고도 위험한
결론으로 나아간다. 즉 이제 '식민지체제는 해체' 되었다는 것이다.

　　(1) 제국주의 : 식민지체제의 해체와 국제 서열구조의 재편성

　　제국주의의 본질이 다소 협소하게 받아들여진 측면도 있다. 즉 제국주
의와 식민지체제를 혼동하는 것이다. 대체로 20세기 전반기까지는 제국
주의가 식민지 정책을 전면적으로 구사했던 게 사실이다. 하지만 거꾸로
식민지 정책이 곧 제국주의의 본질을 뜻하는 건 아니다.

　　《뿌리》는 스스로 내리는 결론이 상당히 무리하다는 것을 안다. 그
래서 횡설수설하며, 뭐라는지 알 수 없는 말로 독자를 몽롱하게 만
든다.

　　이런 변화는 제국주의의 본질적 변화라기보다는 현상적 변화일 뿐이지
만, 그럼에도 상당히 중요한 의미를 갖는다. 과거의 '제국주의 본국과 식

민지' 관계가 국제적 대자본가집단과 국제적 중소자본가집단 간의 수직적 서열구조로 재편됨에 따라, 지난 시대 운동의 과제 중 민족해방 혹은 자결권을 쟁취하기 위해 형성됐던 혁명적 대중운동이 일반적 차원에서 소멸했음을 뜻하기 때문이다. '일반적'이라고 유보적인 표현을 사용한 것은 오늘날에도 팔레스타인이나 티베트처럼 최후의 식민지라고 일컬을 수 있는 지역이 남아 있으며 여전히 제국주의적·정치적 억압에 맞선 저항이 지속되고 있기 때문이다.

"현상적 변화일 뿐"이라면서, "상당히 중요한 의미를 갖는" 이유는 무엇이고, 왜 "현상적 변화일 뿐"인데 "민족해방 혹은 자결권을 쟁취하기 위해 형성됐던 혁명적 대중운동이 일반적 차원에서 소멸"하는지에 대한 설명이 없다. 그리고 '예외가 허용되는' "일반"이라는 것이 과연 가능한지에 대한 설명도.


**식민지체제는 해체되었고, 반제국주의 투쟁의 실천적 의미는 사라졌는가?**


제국주의와 식민지는 밤과 낮, 부모와 자식, 착취와 피착취, 자본가계급과 노동계급처럼 서로가 의존하며 대립하는 상대적 관계다. 따라서 제국주의 질서는 소멸되지 않았지만 식민지체제는 해체되었다는 인식은 자본가계급은 존재하나 노동계급은 해체되었다나 착취는 존재하나 피착취는 사라졌다는 것처럼 우스꽝스런 인식이다.

식민지체제의 해체 여부는 다음과 같은 물음에 대해 검토하면서 판단할 수 있을 것이다.

—국가독점에 기초한 금융자본의 초과착취는 사라졌나? 즉 상시적으로 또는 대부분, 생산된 총이윤보다 더 많은 이윤을 수취하거나, 더 적은 이윤만 남는 국가들과 그 관계가 존재하지 않는가?

　—그 초과착취를 안정적으로 유지하기 위한 국제적 차원의 군사적·정치적 억압은 사라졌나?

　—초과착취 지역을 넓히기 위한 침략 행위가 사라졌는가?

　물론 2차 대전 이후 고전적 식민지배, 즉 외국인 지배자가 주로 외국인으로 구성된 군대를 통해 토착인민을 억압하는 방식의 식민지배는 '대부분' 사라졌다. 그 원인은 첫째, 세계대전으로 인해 기존 식민지배 열강이었던 영국, 프랑스, 일본, 이탈리아 등의 국력이 심각하게 약화되어 세계 곳곳에 흩어진 식민지의 저항을 제압하기 어려웠기 때문이다. 둘째, 그 동안의 식민지배는 자본주의 산업화를 동반하는 것이었고, 그 과정에서 상당한 수의 노동계급이 성장하여 식민지 직접 지배에 대한 토착인민의 저항력이 크게 성장했기 때문이다. 셋째, 바로 그러한 조건 속에서, 과거와 같은 식민지배 방식은 비효율적이라는 것이 입증되었기 때문이다. 과거와 같은 방식은 언어, 피부색 등을 통해 지배/피지배 관계가 너무 명확히 드러나서 적대의식을 쉽게 자극한다. 넷째, 과거 식민지배 과정을 통해 토착지배세력이 독립적 이해를 가지기보다 제국주의 지배질서의 하위 파트너로 공고하게 편입되었기 때문이다.

　이런 이유들로 인해 과거의 식민지배 방식은 대부분 새로운 방식, 즉 토착지배세력을 전면에 내세우고 제국주의자들은 그 배후에 숨는 방식으로 바뀌었다. 물론, 제국주의적 이해가 심각한 위협에 처하게 되면 자신의 본색을 어김없이 드러낸다. 해방정국의 남한, 한국전쟁, 베트남전쟁, 쿠바혁명과 그 이후 시기, 니카라과, 엘살바도르, 아이티 지진 이후, 아프가니스탄, 이라크, 리비아 등 그 사례는 헤아릴 수 없이 많다.

2차 대전 이후 세계 패권을 장악한 미국이 130여 개의 나라에 군대를 파견하고, 각종 악행을 저지르며 CIA가 전세계 계급투쟁 현장에서 빠지지 않는 것은 이러한 까닭이다. 물론 미국의 제국주의 행각이 가장 두드러진다는 것이다. 영국, 프랑스, 일본, 독일 그리고 2진인 캐나다, 노르웨이, 스웨덴, 호주 등의 나라 역시 마찬가지다.

비유하자면 이렇다. 반팔 티셔츠에 문신 새겨진 몸으로 위협하는 깡패짓은 효과만점이다. 그러나 누가 당하고 누가 행패를 부리는지 너무 선명하게 드러나서 피해자들의 단결을 쉽게 만드는 위험한 방식이기도 하다. 그러자 정장을 걸쳐 입기 시작한다. 에티켓을 배우고 세련되게 행동한다. 그런데 그것을 보고 '이제 깡패는 사라졌다는 둥, 정말 착하게 살기로 한 것 아니냐는 둥' 말하는 것은 우스운 노릇이다. 사회주의자들은 그 까만 정장 속에 어느 때든 꺼내들 쇳조각이 감춰져 있다는 것을 늘 경계하고 알려야 한다.

주한미군은, 평상시에도 그렇지만 혁명기에는 특히, 자신이 한반도의 계급투쟁을 가름할 쇳조각이라는 것을 입증하려 할 것이다. 그것을 보지 못하는 정치의식은 재앙이고 범죄다.


## 《뿌리》가 제국주의 규정을 왜곡/수정하는 이유

그렇다면 《뿌리》는 왜 제국주의 규정의 핵심, 즉 '금융자본'을 빼놓으려 하는가? 그리하여 "'세력권'을 재분할하기 위한 경제적·정치적·군사적 경쟁과 갈등 및 극한의 충돌"이라는 술에 술 탄 듯 물에

물 탄 듯한 설명을 할까?

먼저, 그것은 국제사회주의자들처럼, 제국주의와 제국주의 사이의 갈등만이 아니라, 구소련이나, 자본주의화된 지금의 러시아 그리고 중국까지 제국주의 범주에 넣거나, 아프가니스탄, 이라크, 리비아 등 제국주의와 식민지 사이의 갈등에서 중립을 지키거나 기권하는 자신들의 입장을 합리화하기 위해서다.

바로 그런 이유로, 그 나라의 세계 자본주의체제에서 자본주의의 상대적 발전 여부, 즉 금융자본의 발달 여부와 경쟁성 정도와 관계없이, "경제적·정치적·군사적 경쟁과 갈등 및 극한의 충돌"만으로 제국주의라고 규정하려는 것이다.

참고로 현재 러시아의 한 달 최저임금은 한국 돈으로 20만 원 정도고, 중국 역시 비슷하다. 이런 나라는 스스로 원하건 원하지 않건 간에 그들에게 '제국주의적 욕망'이 있든지 없든지 상관 없이, 다른 나라에서 초과이윤('자국의' 노동자들로부터 착취하고 있는 이윤 이상의 이윤)을 획득하기 어렵다. 따라서 자본의 외국 진출과 무력을 이용한 팽창 동기 자체가 제한적이다. 그것은 러시아나 중국의 지배자들이 선해서가 아니라, 그 나라들의 자본이 능력이 없기 때문이다. 즉 외국 투자를 통한 이익이 국내 투자 이익보다 낮고 심지어 국외 진출 비용까지 감당해야 하기 때문이다. 그러므로 해외에 투자되어 있다고 그것을 초과이윤을 노리는 금융자본의 투자와 동일시하는 것은 현상 이면의 본질적 차이를 보지 못하는 청맹과니의 인식이다. 그런 식이라면, 고래는 어류다.

제국주의에 대해서 《뿌리》가 이렇게 이상한 입장을 내놓는 두 번째 이유는 자신들의 노동자주의, 즉 "주로 노동자의 계급적 정치의식은 이른바 그들의 경제 투쟁 내부로부터, 말하자면 오로지(아니면 하다못해 주로) 경제 투쟁에만 의거해서, 오로지(아니면 주로) 이 투쟁에만 기초해서 발전시킬 수 있다"는 인식을 합리화하기 위해서다. 그러한 인식은 다음과 같은 구절을 통해 나타난다.

20세기 전반기에 세계혁명의 과정으로서 제기되고 과도적인 의미를 지닐 수 있었던 '선진국 사회주의 운동과 식민지 민족해방운동 간의 동맹'이라는 전망은 식민지체제의 전반적인 해체와 나란히 일반적으로는 더 이상 실천적인 의미를 갖기 어렵게 됐다. 발전 정도의 차이는 있을지라도, 제국주의 열강들과 이미 성숙한 신흥공업국들과 이른바 주변부 국가들 모두에서, 우리는 '민족적 과제의 해결을 위해 외세에 맞서는 투쟁'이 아니라 '먹고살기 위해 자국 정부와 자본가들에 맞서는 투쟁'에 나서는 노동자들의 물결을 보게 된다.

"먹고살기 위해 자국 정부와 자본가들에 맞서는 투쟁"을 중요시하는 《뿌리》에게, 제국주의로 인한 갈등, 즉 국제적 갈등은 "자국 정부와 자본가들에 맞서는", "먹고살기 위"한 투쟁에 집중하지 못하게 만드는 요인이다. 그리하여 《뿌리》는 주관적으로 "식민지체제의 전반적인 해체"를 확신하고 확언하여, 노동자들이 "먹고살기 위해 자국 정부와 자본가들에 맞서는 투쟁"의 물결에서 이탈하지 않도록 배려하는 것이다.

## 제국주의 갈등에 대한 볼셰비키-레닌주의자의 입장

1. 제국주의와 제국주의 사이의 갈등 : 어느 쪽도 지지하지 않는다.

노동계급은 자본가계급의 이익 확대를 위한 전쟁 책동에 반대하여 노동계급의 국제적 단결을 향해 나아가고 상대 노동계급이 아니라, 자국 자본가계급을 향해 총구를 겨눈다. 1차와 2차 세계대전 등.

2. 제국주의와 식민지 사이의 갈등 : 우리는 제국주의에 저항을 주도하는 정치세력이 누구냐에 상관 없이, 제국주의 국가의 패배를 주장한다. 이 경우 어느 한쪽도 지지하지 않는 입장은 식민지 인민들을 제국주의에 팔아넘기는 배신행위가 될 것이며, 제국주의 국가의 패배는 전세계 피억압 민족과 노동계급의 투쟁을 크게 고무시킬 것이다. 다만 제국주의에 저항을 주도하는 정치세력에 대한 지지는 어디까지나 군사적 지지이며, 이것을 정치적 지지와 혼동하게 될 경우, 해당 국가나 민족 노동계급의 정치적 독립성과 지향을 크게 훼손 왜곡시킬 것이다. 해방정국의 남한, 베트남전쟁, 베네수엘라, 아프가니스탄, 이라크, 리비아, 엘살바도르 등.

3. 제국주의와 기형적 노동자국가 사이의 갈등 : 우리는 노동자국가를 무조건 방어한다. 이 갈등에서 노동자국가의 패배는 곧 사적 소유의 복귀를 의미하며, 소련 붕괴 때 그러했던 것처럼 세계적 차원의 자본과 노동의 역관계를 크게 불리하게 만들 것이다. 물론 지금의 기형적 노동자국가는 스탈린주의 관료집단이라는 반동에 의해 권력이 장악되어 있다. 하지만 그러한 사실이 기존 혁명성과의 방어, 즉 노동자국가 방어라는 사회주의자의 임무를 면제해주지는 않는다. 6.25. 전쟁, 소련, 베트남전쟁, 쿠바-미국 갈등, 북한, 중국 등.

## 반제국주의 투쟁과 연속혁명

제국주의 침략을 저지하고 나아가 제국주의체제로부터 해방하는 것은 여전히 노동계급과 피착취 인민의 중요한 과제다. 제국주의는 세계 자본주의체제를 지탱하는 기둥이다. 노동계급의 유일한 탈출구인 사회주의는 제국주의 사슬을 끊어야만 실현 가능하고, 자본주의를 그대로 두고서 제국주의의 초과착취 그물망에서 벗어나는 것은 불가능하다.

물론 그 과제를 스탈린주의 특히 NL그룹처럼 계급갈등과 민족갈등을 기계적으로 분리하여, 민주주의적 과제를 실현하거나 민족갈등을 해결한 뒤에야 계급갈등이 전면화된다는 단계적 사고는 비과학적이고 위험한 인식이다. 우리는 노동계급만이 제국주의에 맞서는 투쟁을 지도할 수 있고, 제국주의로부터의 해방은 사적소유를 철폐하고 사회주의적 소유관계를 확립할 때만이 가능하다는 '연속혁명론'으로 이 문제를 바라본다.

남한의 혁명은 미국을 중심으로 하는 제국주의 세력과 그 하위 파트너인 남한 자본가계급을 한 축으로 하고 여타 피억압인민의 지지를 받고 국제적 연대를 구축한 남한 노동계급을 또 다른 축으로 하는 결전이 될 것이다.

남한 노동계급의 정치 경제적 해방은 제국주의의 사슬을 끊어야 가능하며, 그 해방은 자본주의를 철폐할 때에만 달성될 수 있다. 그리고 자본주의의 철폐는 사적소유 철폐와 노동계급 독재의 수립을 통해서만 실현 가능하다.

—「볼셰비키-레닌주의자 강령안」

## 제국주의에 맞서는 첫 번째 힘 : 적과 아군에 대한 올바른 인식

우리가 지금까지 다루어온 《뿌리》 글의 제목은 「제국주의 범죄에 맞서는 유일한 힘—노동자 국제주의」다. "제국주의 범죄에 맞서는 유일한 힘이 노동자국제주의"라는 《뿌리》의 인식에 우리는 동의한다. 그러나 그 동의는 '부분적'이다. '부분적'인 까닭은 이렇다. 노동자 국제주의, 즉 외국 노동자들의 피침략인민에 대한 지원이 제국주의 범죄에 맞서는 중요한 힘이라는 것을 인정하지만, 그것이 "유일한 힘"이 아니며, 또한 최우선적이거나 범죄에 맞설 만큼 충분히 강력하지도 않기 때문이다. 뭐니 뭐니 해도 군사력을 포함한 해당 국가 노동자들의 단결된 저항이 제국주의 범죄를 막아내는 최우선적인 힘이고, 그것은 지난 100여 년의 역사가 증명해왔다.

그런데 해당 국가와 세계 노동계급이 제국주의 범죄에 맞서기 위해서 그것보다 앞서는 것이 있다. 그것은 제국주의를 올바로 인식하는 것이다. 그리하여 누가 적이고 누가 우리 편인지를 분명히 구별하는 것이다.

 

2차 세계대전이 끝난 뒤 소련의 영향력 확장과 격렬한 민족해방투쟁의 결과로 식민지 대부분이 형식상으로나마 독립되었다. 토착지배계급을 앞장세우고 제국주의 금융자본은 그 뒤에 숨었다. 그러자 부르주아지는 '더 이상 식민지가 존재하지 않으며, 따라서 제국주의도 더 이상 존재하지 않는 역사 속의 이야기'라고 선전하기 시작했다. 이에 많은 자칭 사회주의자들도 신식민지론을 거부하고 이 인상주의적 주장에 호응했다. 정도의 차이는 있지만, 이들의 한결같은 결론은 '식민지가 없는 시대가 되었으니 레닌의 제국주의론은 유효성을 잃었고 반제투쟁은 시대착오'라는 것이다. 반면, 레닌은 『제국주의론』에서 다음과 같이 말한다.

"식민지 정책과 제국주의는 자본주의의 최근 단계 이전에도, 아니 자본주의 이전에도 이미 존재했다. 노예제를 기초로 했던 로마도 식민지 정책을 추구했으며 제국주의를 실시했다. 그러나 경제적 사회구성체들 간의 근본적인 차이점을 무시하거나 뒷전으로 밀어놓는 제국주의에 관한 '일반' 논문들은 결국 '대로마제국과 대영제국'을 비교하는 따위의 극히 진부하고 공허한 잡소리가 될 수밖에 없다. 자본주의 이전 단계들의 자본주의적 식민지 정책이라 할지라도 금융자본의 식민지 정책과는 본질적으로 다른 것이다."

레닌은 "'대로마제국과 대영제국'을 비교하는 따위의 극히 진부하고 공허한 잡소리"가 아니라 식민정책의 물적 토대를 규명하고자 했다. 독점에 기초한 금융자본의 초과착취, 여기에 제국주의 규정의 핵심이 있다. 때문에 식민지의 본질은 군사적 점령이든 경제적 종속이든 그 형태가 아니라 '초과이윤의 수취'에 있다. 이것이 제국주의에 대한 레닌주의 이론의 핵심이다.

이 책에 실린 글들을 관통하는 관점은 제국주의에 의한 신식민지 지배와 초과 이윤의 수취가 과거의 일이 아니며 제국주의에 맞선 민족해방투쟁은 노동계급의 동맹군이라는 레닌주의적 관점을 방어하는 것이다. 이를 통해서만, 여전히 벌어지고 있는 각종 야만들, 즉 초과이윤 수탈, 더 많고 안정적 수탈을 위한 신식민지 정치군사적 지배, 제국주의 금융자본의 비위에 거슬리는 세력 제거, 식민지에 빈발하는 쿠데타, 끊임없는 전쟁 등 세계 곳곳에서 벌어지는 이 체제의 본성을 이해할 수 있다.

제국주의자들은 애국주의를 통해 인민을 제국주의 전쟁에 동원한다. 그러나 이것만으로는 부족하다. 노동인민을 효과적으로 무장해제시키기 위해 제국주의자들을 측면 지원하는 세력을 필요로 한다. 이는 흔히 평화주의를 통해 이루어진다. 사회주의연하는 자들이 사회평화주의를 유포하는 것은 효과 만점이다. 역사를 말할 때는 레닌의 권위를 무시하지 못해 제국주의의 패배를 주장해야 한다고 말하면서도, 행동으로는 평화주의적 실천으로 몸을 사리는 것이 기회주의자들의 상투다. 클리프주의 IS 경향이 대표적이다. 이들은 리비아 내전 당시 제국주의의 패배가 아니라 '폭격은 해방을 가져올 수 없다'는 등의 평화주의적 요구를 내걸었다. 또한 '징병제 폐지'와 '군비 축소'를 주장하며 평화주의를 유포하기도 했다. 게다가 '모든' 핵무기에 반대한다고 선언하기도 했다.

평화주의를 추종하는 또 다른 방법은 '폭넓은' 인민전선적 반전 운동을 건설하는 것이다. 제국주의에 맞서 공동의 행동을 건설하면서도 분명한 반제투쟁을 통해 평화주의와 개량주의를 폭로하는 것이 아니라 자본가계급의 비위를 거스르지 않는 수준으로 운동을 제한한다. 이들을 비판하고 제국주의 패배를 주장하는 자들은 연단에 초청받지 못하고 폭넓은 운동의 건설을 방해하는 '종파주의자'로 낙인찍힌다.

제국주의를 측면 지원하는 또 다른 이데올로기가 있다. 바로 노동자주의다. 미래의 지배계급이 아니라 그 자체로는 착취의 대상에 지나지 않는 임금노예의 관점으로 세계를 바라보는 이들은 노동자들의 시선을 개별 작업장에 가두려 한다. 노동자주의 지도자들은 '가장 중요한 것은 임금과 고용 등 '현장'의 문제이며 그 외의 쟁점들은 노동자들의 관심을 '엉뚱한' 곳으로 돌리는 데에 지나지 않는 것'이라고 설명한다. 그리하여 노동계급이 제국주의에 맞서는 최고의 방법은 개별 작업장에서 노동조합적 투쟁을 열심히 하는 것이 된다.

이러한 이론적 굴종으로 부족하면 적과 아군을 혼동시켜 자신들의 비겁을 감추려 한다. 제국주의 똘마니들에게 '민주 투사'의 영광스러운 훈장을 수여하며, 혁명의 이름으로 지지를 보내기도 하고, 식민지의 지배자가 얼마나 끔찍한가를 강조하며 제국주의에 맞선 싸움의 필요성을 희석시킨다. 수많은 자칭 사회주의자들이 리비아와 시리아에서 이런 일을 벌이고 있다.

'진짜 제국주의' 앞에서 꼬리를 마는 자신들의 비겁을 감추기 위해, 구소련이나 중국 또는 러시아 등을 제국주의로 묘사하는 것도 기회주의적 수작 가운데 하나다. 이들은 그 나라들과 진짜 제국주의 사이의 갈등을 '제국주의 대 제국주의' 갈등이라고 주장하며 중립 노선을 선동하고, 그런 방식으로 사실상 제국주의 편에 선다. 1차 세계대전 당시, 제국주의 사이의 전쟁에서 '노동계급은 자기 제국주의 편을 들지 않을 것이고, 전쟁을 사회주의 혁명으로 전화시켜야 한다'는 당시 혁명가들의 '혁명적 패전주의'를 운운하며 혁명가인 척하는 것도 자주 등장하는 상투적 수법이다.

제국주의는 자본주의체제를 지탱하는 최고 지휘부이고 가장 강력한 압력이다. 지금 시대 기회주의 대부분은 이 제국주의 문제로부터 비롯된다. 그리하여 계급투쟁의 가장 우악스러운 면모를 드러내는 제국주의에 대해 취하는 태도는 그 노선이 과연 노동계급의 혁명적 노선인가 아닌가를 판별하는 시금석이 된다.

이 책에 실린 글들은 러시아 혁명이 보여준 길을 올곧게 계승하려는 선진 노동자들에게, 어떤 길이 패배의 길이고 어떤 길이 승리의 길인지를 명약관화하게 보여줄 것이라고 믿는다.

볼셰비키그룹